관계 중독

관계 중독

수치심과 결별하고 공의존에서 탈출하기

달런 랜서 ― 박은숙 옮김

교양인
GYOYANGIN

방향 전환

이쪽으로 오지 않고
언제 그쪽으로 발걸음을 옮겼나요
아주 오래전
당신은 보이지 않는 곳으로 사라졌습니다

당신은 타인의 시선을 만족시키려
그들의 장단에 맞춰 춤을 추었습니다
타인의 귀를 즐겁게 하려고 노래를 불렀습니다
천천히 거듭해서 겉모습을 새롭게 치장했습니다
오랜 세월을 거치며 그렇게 당신의 참된 목소리는
자취를 감추었습니다

욕구를 외면하고 꿈을 묻었습니다
수치심 때문에 그렇게 했습니다
사랑 때문에 진실마저 저버렸습니다
하지만 여전히 고통은 달래지지 않았습니다

다시 길 위를 헤맵니다
되찾고 싶기 때문입니다
기억하고 싶기 때문입니다
당신이 자신의 이름을 잊은 때가 언제인지

사랑을 향해 발걸음을 돌려 귀 기울여보세요
어렴풋한 당신의 본래 목소리가 들릴 거예요
오랫동안 사랑하기를 갈망했던 유일한 무언가가
곁에서 늘 기다리고 있었으니까요

달린 랜서

나는 수치심에 갇힌 공의존자였다

1979년 나는 알코올 중독자 가족과 친구들을 돕는 12단계 프로그램을 운영하는 단체 알아넌(Al-Anon)에 나가기 시작했다. 알코올 중독자인 남자 친구를 돕기 위해서였다. 누군가 문제가 있는 사람은 바로 '나'라고 말했을 때 나는 불쾌감을 감출 수 없었다. 하지만 직장과 사적인 삶 양쪽에서 느끼던 우월감이라는 나의 외피 안에는 사실 두려움에 떠는, 길 잃은 어린아이가 숨어 있었다. 나는 심리 치료사들이 '공의존자'라고 부르는 사람이었다. 그리고 많은 공의존자들처럼 나 자신을 충분히 신뢰하지도 못하고 소중히 여기지도 않았다. 심지어 내가 맡은 역할들을 빼버리면 내가 누구인지조차 알지 못했다. 가족과 친구들이라는 기본 관계에서 있는 그대로의 나를 너무나 많이 포기했기 때문에 그들과 나의 관계는 소원해진 지 오래였다. 어느 때부터인가 새로운 일을 시도하려는 노력조차 그만두었다. 혼자서는 어떤 활동도 재밌지 않았다. 혼자 TV를 보는 일조차 없었다. 아무런 감정을 느낄 수가 없었다. 내가 원하는 것이 무엇인지 찾으려는 노력도 그만두었다. 대신 이런 상황을 누군가 비난하면 기다렸다는 듯이 순순히 받아들였다. 나의 내면은 서서히 죽어 가고 있었던 것이다. 다만 그 속도가 너무 느려 깨닫지 못했을 뿐이었다.

행복하지는 않았지만 사랑에 빠져 있었다. 나는 이 장밋빛 사랑이 나의 관계를 호전시키고 행복을 안겨줄 것이라 희망을 품었다. 내 문제의 원인이 무엇인지 인식하지 못했던 것이다. 게다가 '만약 그렇게만 된다면', 즉 '만약 그 사람이 변하기만 하면'이라는 고질적 믿음에 사로잡혀 있었다. 하지만 그는 알코올 중독자였다. 나 자신을 바꾸려는 노력 대신 그의 요구를 들어주었고 헛된 공상에 잠겼으며 변명할 궁리를 했다. 나 자신의 욕구에 귀 기울이고 분명한 경계선을 긋기보다는 지키지 않을 그의 약속을 믿었다. 그리고 모든 것을 합리화했으며 알코올 중독자였던 남자친구의 요구에 끊임없이 응해주었다. 관계를 호전시키려고 무던히도 애쓴 끝에 나는 마침내 그가 원하던, 혹은 필요로 하는 사람이 되어 있었다. 그의 기대에 약간이라도 못 미치면 죄책감을 느꼈다. 나의 모습은 '반드시' 내가 상상한 대로 만들어져야 했으며 그렇지 않으면 죄책감을 느꼈다. 선을 그어야 한다거나 나를 계발하기 위해 에너지를 써야겠다는 생각은 도무지 떠오르지 않았다. 나는 공의존의 교과서적인 사례였다.

알아넌을 신뢰하는 데는 시간이 걸렸다. 하지만 모임에 참석하는 이유가 결국 '나' 때문이라는 것을 어느 순간 깨달았다. 이 모임을 통해 비로소 나를 알게 되었던 것이다. 그리고 자존감이 높아지고 우정을 쌓을 수 있었다. 처음 접하는 활동들도 알게 되었고 좀 더 적극적인 사람으로 바뀔 수 있었다. 그뿐만 아니라 행복하지 않은 관계와 직업의 끈을 끊고 결혼 및 가족 심리 치료사로 전향할 용기도 생겼다. 이것은 내 진정한 자기에 더 적합한 생계 수단이었다.

　그러나 그런 관계에서 벗어난 후에도 변한 것은 없었다. 남자들과 함께한 모든 경험이 내 의식적 믿음이 틀렸음을 계속해서 증명했다. 그 믿음이란 나의 자존심이 더는 망가지지 않고도 사랑받을 자격이 있다는 것이었다. 학대에 시달린 것은 아니었다. 하지만 욕구가 덜 충족되어도 거기에 만족했고 그 상황을 합리화했다. 그때 깨달았다. 정작 나 자신에게 친절을 베푼 적이 없다는 것과 내가 매력적이라는 생각을 해본 적이 없다는 사실을. 어린 시절부터 그랬다. 마침내 나의 적을 찾아냈던 것이다. 바로 '나 자신'이었다. 거절과 버림받음의 공포와 함께 수치심이 늘 나를 지배했던 것이다. 이 모든 것들은 내가 진정으로 원하는 것을 적극 실천하기보다 나를 방어에 집중하는 방어적인 사람으로 만들었다. 그리고 나 자신을 감추고 의심하며 비판하도록 만들었다. 수치심 때문에 입은 가장 큰 피해는, 내가 어리석은 결정들을 내렸고 그것이 충격적인 결과를 낳았다는 것이다. 게다가 이어지는 거절과 상실, 건강 문제는 나의 수치심의 골이 얼마나 깊은지 훤히 드러내주었다. 그리고 삶의 의지를 꺾었다. 비록 알아넌을 통해 많은 것을 얻었지만 나는 더 깊이 파내려 가야 했고 나의 믿음을 낱낱이 분석해야 했으며, 서두르지 않고 수치심과 공의존을 철저히 치유해야 했다.

내가 가장 열정을 품은 일이 있다. 자기 자신의 진정한 자기를 발견하고 회복하고 자랑스럽게 지켜내도록 사람들을 돕는 일이다. 타인에게 미안해하지 않으면서 말이다. 이 일은 수십 년간 개인적으로, 그리고 내담자들과 함께해 왔다. 내가 구상한 이 책의 부제는 '사랑을 파괴하는 은밀한 킬러'였다. 그것이 수치심이 맡은 역할이라는 것을 알게 되었기 때문이다. 수치심은 우리의 꿈을 파괴하고 재능을 억누른다. 또한 우리가 사랑하고 싶은 만큼, 그리고 사랑받고 싶은 만큼 우리의 관계를 파괴한다. 이 책을 쓰고 연구하면서 수치심이 우리를 망가뜨리는 은밀한 방식을 훨씬 더 분명하게 이해하게 되었다. 수치심을 다루는 일이 좀 더 집중되고 효과를 보이면서 내담자들의 자기 인식 능력과 감정, 행동 문제는 놀랍게 개선되었다. 수치심 치유야말로 강력한 치료약인 셈이다.

진정한 자기와의 단절과 수치심은 공의존과 중독의 핵심이다. 실제 자기를 잃어버리면 불안과 초조함만 가득해 공허감만 남는다. 따라서 우리의 관심은 외부로 향하게 되는데 그 주요 증상이 바로 공의존이다. 공의존은 고통을 줄여주지만 동시에 자기 소외를 강화한다. 그리고 그 어느 때보다 내가 아닌 외부로 관심을 돌리게 만든다. 이제 이 습관은 자체 생명력을 지닌 듯 저절로 돌아가는 순환 시스템으로 발전한다.

때로 우리는 어떤 생각에 사로잡힐 때가 있다. 또 어떤 행동은 도저히 멈출 수 없는 강박적 성격을 띨 때가 있다. 해로운 결과를 알면서도 말이다. 12단계 프로그램은 이것을 "아집이 제멋대로 날뛴다."라고 표현한다. 이것이 공의존을 중독이라고 부르는 이유이다. 이 중독은 도박이나 일에 중독된 것처럼 어떤 행위나 물질에서 헤어나지 못하는 일반적 경우와 비교해 명확히 이해하기가 힘들 수 있다. 그래서 우리는 이것을 부정한다. 즉, 공의존과 중독의 주요 증상을 부정하는 것이다. 한편 이 책에서 내가 사용한 '중독자'라는 용어는 알코올 중독자와 도박 중독자, 물질이나 행위에 중독된 다른 중독자들을 의미한다. 하지만 그들의 공의존증을 배제하지는 않았다.

공의존의 다른 주요 증상에는 의존, 통제 욕구, 개인의 경계선 문제가 있다. 수치심은 이 증상들로 복잡하게 얽혀 있다. 그리고 그 외 다른 증상인 낮은 자존감, 고통스런 감정, 예민한 반응, 완벽주의, 친밀감 문제, 주장하지 않기, 보살핌의 공통분모이기도 하다. 이 중에 공감 가는 부분이 있을 수 있다. 하지만 그렇지 않은 부분도 있을 것이다. 공의존과 수치심은 연속체로 존재하기 때문이다. 공의존자들 중에는 삶을 파괴할 만큼 진행되어 만성적 증상을 보이는 사람들이 있다. 반면 증상이 가볍거나 가끔 나타나는 사람들도 있다.

치유의 가장 큰 장애물은 '부정'이다. 수치심을 부정하는 것은 분명하고도 큰 장애물이다. 수치심은 가장 고통스러운 감정이기 때문이다. 수십 년간 12단계 프로그램에 참여한 사람들 중에도 수치심이 자신의 삶을 얼마나 강력히 통제하고 있는지 깨닫지 못하는 사람들이 있다. 이들은 겉보기에 성공하고 자신의 역할을 똑 부러지게 수행하는 듯 보일지 모른다. 하지만 그들의 가치는 여전히 남들의 인정 여부에 달려 있다. 수치심은 이와는 정반대로 살고 싶지 않은 마음을 불러일으킬 수도 있다. 또 감정 없는, 분리된 존재처럼 살고 싶을 수도 있다. 수치심은 공개적으로 자주 다뤄지는 문제가 아니다. 또한 치료실에서 치유하기가 매우 어려운 심각한 문제이기도 하다. 우리가 치유를 하려는 이유는 자기 자신을 '변화'시키기 위해서이지, 있는 그대로 '인정'받는 것이 아니다. 수치심을 자각하지 못한다면 그것은 위험에 맞서고, 자신을 사랑하고 보호하며, 목표를 실현할 힘을 빼앗긴 것과 같다.

이 책은 공의존과 중독의 주요 원인인 수치심을 깊게 다룬다. 처음에는 완전히 소화하기 어려워 보이는 내용이 있을 수 있다. 그런 경우에는 일단 공감이 가는 개념에 집중하면 된다. 나중에 이 책을 다시 읽으면 그 의미를 더 깊이 이해할 수 있을 것이다. 각 장은 이전 장을 바탕으로 삼아 유기적으로 연결되어 있다. 수치심의 주요 내용, 특히 수치심이 공의존자에게 영향을 끼치는 방식으로 글이 시작된다. 실제 사례들이 포함되어 있으며 대부분 불특정 개인의 사례를 재구성한 것이다. 이제 당신은 수치심이 어떤 모습을 띠고 있고 어떤 느낌인지 깨닫게 될 것이다. 수치심의 뿌리도 이해하게 될 것이다. 또한 수치심이 당신의 삶 속에서 어떻게 나타나는지 깨닫기 시작할 것이다. 이것이 이 책에서 얻게 될 전부일지라도 당신은 이미 자신과 타인을 이해하는 문제에서 대부분의 사람들보다 훨씬 앞서게 될 것이다. 어쩌면 수치심이 얼마나 깊이 대부분의 사람들에게 영향을 끼치는지 발견하고 충격을 받을지도 모른다. 물론 단순하게 얻은 지식만으로는 치유가 쉽지 않을 수 있다. 하지만 각 장의 끝과 8장에 소개된 훈련을 실천한다면 지식 이상의 것을 얻게 될 것이다. 이제 당신은 자신의 실제 자기와 연결될 수 있는 도구를 갖추게 될 것이다. 이뿐만 아니라 놀랍도록 긍정적인 변화가 내면에서 일어나는 것을 느끼기 시작할 것이다. 당신은 치유되기 시작할 것이다. 그리고 이 치유는 당신의 삶과 관계를 통해 드러날 것이다.

우리는 치유되는 느낌을 받을 수 있어야 한다. 하지만 이와는 달리 완전히 혼자가 되었을 때 느끼는 고통은 우리에게 친숙한 패턴을 강화할 수도 있다. 바로 고립감에서 오는 고통의 패턴이다. 수치심은 먼저 어린 시절의 관계에서 발달하며, 받아들여지고 소속감을 느낄 수 있는 분위기 속에서 치유된다. 완전히 치유하려면 경험이 풍부하고 신뢰할 만한 후원자, 상담사, 심리 치료사와 협력할 필요가 있다. 특히 트라우마를 겪었을 때 그렇다. 트라우마 경험은 정도의 차이는 있으나 대부분의 공의존자들이 겪는 것이다. 하지만 누구든 긍정적 결과를 내기 위해 할 수 있는 일은 무궁무진하다.

수치심과 공의존은 치유할 수 있다. 이것은 앞으로 일어날 그 어떤 일보다 으뜸으로 당신을 해방시킬 것이다. 내가 진정 바라는 것이 있다면 이 책이 실제 자기의 독특한 개성을 존중하고 회복하는 여정에 등불이 되어주고 격려를 하는 것이다.

1장

내가 쓸모없다는 느낌이
불쑥 찾아들 때

{ 수치심의 뿌리 }

중학교 복도 바닥, 그곳에 내가 있었다. 일 주일 내내 나를 모욕하고 못살게 굴던 패거리 한 명과 서로 밀치고 머리카락을 쥐어뜯는 몸싸움을 벌이고 있었다. 우리 주변으로 싸움을 구경하려는 학생들이 모여들었다. 그중에는 우리 반 남학생들도 십여 명 있었다. 소동을 피우는 게 창피했다. 내 치마가 위로 뒤집혀 있어서 더 창피했다. 나중에 팬티가 좀 찢어진 것을 알고는 치욕감마저 들었다. 나의 단정한 이미지에 금이 갔을 뿐만 아니라 찢어진 팬티가 상징하는 나의 결점이 적나라하게 노출되었기 때문이다. 다시 학교에 가는 게 두려웠다. 그 남자애들과 마주치면 어떡하지? 그러나 운 좋게도 어제 일어난 소동과 내 속옷을 언급하는 아이는 아무도 없었다. 분명 찢어진 팬티를 본 아이는 없는 것 같았다. 하지만 며칠 동안 나는 모든 아이들이 나를 조롱하는 상상에 시달려야 했다.

이것이 바로 수치심의 본질이다. 수치심은 '모든 사람들이 다 들여다볼 수 있는' 더러운 속옷을 입은 듯한 느낌이다. 하지만 여기에서 멈추지 않는다. 모욕감과 거절, 자신의 결함이 느껴지는 상황이 끝난 후에도 며칠 또는 몇 년 동안 수치심은 계속 머물며 우리를 고문할 수 있다.

소속감과 인정욕은 모든 인간의 가장 기본적이고 주요한 욕구이다. 그 유래는 생존이 부족의 중대사였던 아득한 옛날로 거슬러 올라간다. 소속감은 우리에게 내적 안정감을 제공한다. 소속감에 문제가 생길 때 따르는 엄청난 이질감과 무능감, 또는 열등감의 무게는 견디기 힘들 수 있다. 수치심이 만성화되면 우리의 정체성과 삶을 즐기는 능력도 퇴화할 수 있다. 또한 자기 자신과 세상에 대한 신뢰감도 약해진다. 결국 우리는 쓸모없는 사람, 나쁜 사람이 된 듯한 느낌에 빠진다. 모든 중독의 바탕에는 수치심이 자리 잡고 있다.

중학생 시절 나의 일화처럼 대부분은 수치심을 떠올릴 때 감추고 있던 것이 타인에게 적나라하게 노출(내 경우, 말 그대로 그리고 비유적으로)되는 장면을 연상한다. 하지만 늘 관객이 필요하지는 않다. 수치심은 자신에 대한 믿음이 원인이며, 조용하고 은밀하고 스스로 자초하는 경우가 더 많다. 따라서 자기 심판에서 비롯된 불안감은 주변에 반드시 사람들이 있어야 촉발되는 것은 아니다. 자기 자신을 판단하는 그대로 다른 사람들 역시 우리를 관찰하고 판단한다고 '상상'하기 때문이다. 남들에게 보이고 싶은 자신의 모습과 거리가 먼 생각, 느낌, 행동을 가늠하면서 무능의 무게감을 제대로 느끼는 것이다.

자기 자신과 관련된 어떤 측면이라도, 즉 외모, 수입, 지위, 느낌, 행동 중에 한 가지를 선택해 자신의 무능함의 반영으로 해석할 수 있다. 예를 들어 자신의 몸이 볼품없다고 여기는 사람은 해변이나 수영장 파티 초대를 거절할지 모른다. 자동차 기름이 다 떨어진 것을 몰랐다는 사실 때문에 자책하는 사람은 상사에게 지각한 이유를 설명하지 않을지도 모른다. 목표를 이루지 못한 사람은 낙오자가 된 기분이 들어 꿈에 그리던 직업을 쉽게 단념하기도 한다. 이혼을 하고 '꽤 오랜 시간'을 슬픔에 잠긴 사람이라면 자기 자신을 한없이 불쌍하게 느낄 수 있다. 또는 이혼 후 느끼는 외로움을 잘못된 감정으로 여길 수도 있다. 그래서 우리는 감정을 감추고 말하지 않는 것이다.

수치심은 매일같이 짊어져야 하는 무거운 십자가와 같다. 그렇지만 '부끄러운 줄도 모른다'는 말을 듣고 싶어 하는 사람은 아무도 없다. 어느 정도의 수치심은 정상적이다. 수치심은 기본 예절이나 자기 표현 방식에서 사회적으로 수용되는 규범을 따르도록 촉진하는 측면도 있다. 반면에 과도한 수치심과 '올바르지 않은' 일과 관련된 수치심은 관계를 해치며 반사회적 행동, 중독, 공의존으로 나아갈 수 있다. 또한 우리 무의식 속에 숨어 기회를 엿보고, 자존감과 자신감을 떨어뜨리며, 삶에 불안과 혼란을 초래하기도 한다. 즉, 수치심은 자신뿐만 아니라 주변의 모든 사람들을 비참한 상태에 빠뜨릴 수 있다.

보통 수치심은 어릴 때 형성되기 시작하는데, 다음 세대로 전달될 수도 있다. 어떤 부모는 체면을 지키려고 자녀에게 비밀을 발설하지 않도록 가르친다. 또한 중독, 정신 질환, 범죄, 배우자의 부정, 가난, 혼외 임신 같은 집안의 수치스러운 일을 숨기도록 가르친다. 때로 아이들은 어떤 방식으로든 가정과 학교의 기대를 만족시키지 못해 수치심을 느끼기도 한다. 우리의 기준에 어긋나는 가족 구성원(또는 우리와 가까운 사람들)의 태도는 대리 수치심과 모욕감을 느끼게 하는 원인이다. 예를 들어, 식당에서 무례하게 구는 남편은 아내에게 수치심을 일으킬 수 있다. 그리고 아내는 식당 손님들이 자신과 남편에 대해 수군덕거린다는 상상에 빠질 수 있다. 남편의 무례함과 그렇게 형편없는 남편과 함께 있는 자신을 비난하는 상상이다. 아내가 생각하는 이상적 기준에 모자라는 남편은 아내에게 자의식과 자기 심판, 수치심을 촉발한다. 사실 남들이 자신을 비난한다는 믿음은 수치심을 방어하는 것일 수 있다. 단 한 차례 식사에서 벌어진 남편의 당황스러운 행동을 방어하는 것이 아니라는 뜻이다. 이 여성에게 "만약 식당에서 무례하게 구는 남자를 보게 된다면 그의 아내도 비난할 건가요?" 하고 묻는다면 아마 그렇지 않다고 대답할 것이다. 사실 대부분의 사람들은 아내의 답변에 동의할 것이다. 이처럼 우리는 그렇지 않은데도 남들이 자신을 비난한다거나 우리가 사랑하는 사람들을 비난하고 있다는 생각에 빠질 때가 많다.

누구나 수치심과 함께 살아간다

수치심은 우리 모두가 느끼는 감정이다. 사람들이 습관적으로 수치심을 언급하지는 않지만 수치심은 사실 만연해 있다. 어쩌면 수치심과 관련된 이야기를 절대 공유하지 않거나 오직 선별된 특정한 사람들에게만 드러낼지도 모른다. 하지만 우리는 모두 수치심과 관련된 일화들이 있으며 마치 어제 벌어진 일처럼 생생히 기억하는 경향이 있다.

독립을 높은 가치로 여기는 서구 사회에서는 홀로서기를 하지 못할 때 무능감을 느낄 수 있다. 그래서 도와 달라는 요청을 부끄러워하는 경우가 많으며, 누군가에게 안기고 싶고 사랑받고 싶은 것을 수치스러워하거나 애정에 굶주린 것으로 여긴다. 수치심이 인간을 나약하고 열등하게 만든다고 보는 것이다. 수치심을 경험하는 그 자체가 수치스러운 것이다.

한 문화에서 남성과 여성을 관찰함으로써 수치심을 한층 더 세분화할 수 있다. 일반적으로 남성들은 체력, 감정 절제, 일, 남성다움에 가치를 둔다. 나약함의 신호인 실직, 울음, 성적 무능은 많은 남성들에게 수치심을 불러일으킬 수 있다. 한편 성적 절제에 가치를 두는 문화의 여성들은 성적 욕구 표현을 수치스러워할 수 있다. 미국에서는 미모와 마른 몸매를 중요하게 여기기 때문에 여성들은 쉽게 자신의 외모에 드러나는 결점들을 수치스러워하기도 한다. 여성은 남성보다 더 자주 수치심을 느끼며 자기 자신을 공격하는 경향이 있다. 반면에 남성들은 타인을 공격하는 경향이 강

하다.[1]

수치심은 피할 수 없다. 즉 인간 조건의 일부이다. 태어나서 죽을 때까지 우리의 환경, 관계, 한계는 우리의 정체성과 자존감에 도전장을 내민다. 따라서 수치심에 직면했을 때 이것을 극복할 수 있는 대처 기술로 무장할 필요가 있다. 그러지 않으면 자기 자신의 기대는 물론 타인의 기대를 만족시키지 못하면 당연히 실패감과 실망감을 느끼게 된다.

특히 어린아이들은 취약할 수밖에 없다. 안전과 사랑은 물론, 너무나 많은 욕구 충족을 어른에게 의존해야 하기 때문이다. 학령기 아이들과 청소년들에게 학교생활과 친구들의 인정, 그리고 이후 이성에 대한 관심은 대단히 중요하다. 남에게 의지하지 않고 홀로서기를 한다는 것은 인생에서 획기적 사건이다. 홀로서기에 성공하지 못하면 사회적 기준을 채우지 못했다는 실패감이 유발될 수 있다. 질병과 장애와 노화는 수치심의 온상이 될 수 있으며 직장, 재산, 사회적 지위를 잃거나 인간 관계가 무너지는 것 역시 수치심을 유발한다. 사람들 앞에서 비윤리적 행동을 비난받는 것은 치욕감을 주며 아주 가벼운 비난이더라도 수치심의 기폭제가 될 수 있다. 이를테면 수치심 때문에 말을 과도하게 많이 하거나 아예 입을 다물어버리거나 또는 단순히 잊어버리는 반응을 보이게 된다. 우리가 느끼는 수치심이 무엇이든, 그 바탕에는 열등하거나 거부당한다는 무의식적 믿음이 자리 잡고 있다. 즉 사랑받지 못한다는 믿음이다.

수치심과 밀접한 감정들

미국에서는 수치심보다 수줍음, 당혹감, 죄책감 같은 감정을 더 잘 이해한다. 심리학자 실번 톰킨스(Silvan Tomkins)는 자신의 논문에서 수치심을 다음과 같이 결론 내리고 있다. "비록 의미, 경험, 강도는 같지 않지만 수줍음과 당혹감, 모욕감, 죄책감은 모두 그 뿌리가 수치심, 즉 열등한 느낌이라는 공통점이 있다."[2]

수줍음

수줍음은 낯선 사람에 대한 공포심이다. 방에 낯선 사람이 들어오면 어린아이가 엄마의 치마 뒤로 숨는 모습을 본 적이 있을 것이다. 이런 행동은 유아기에는 정상적인 행동으로 여겨진다. 하지만 이후 청소년기에도 수줍음을 탄다면 이야기는 달라진다. 사교적이지 못하고 남에게 속내를 잘 털어놓지 못하는 문제로 압박감을 느낄 수 있기 때문이다. 수줍음을 극복하지 못하면 어떻게 될까? 자신보다 외향적인 형제들이나 학급 친구들과 비교하며 자신이 열등하다고 믿을지 모른다. 시간이 갈수록 수줍음은 고통스러운 자의식이 될 수 있다. 남들에게 비판받고 거절당할지 모른다는 두려움, 또는 어리석거나 멍청해 보일지 모른다는 두려움과 결합된 자의식이다. 심지어 수줍음은 아주 친밀한 남녀 관계에서도 관찰된다. 때로 성인이 되어서도 오랫동안 눈빛을 교환하고, 데이트를 하고, 새로운 상대와 키스를 할 때 소심했던 십 대로 되돌아간 듯한 느낌을 받을 수 있다. 뺨이 달아오르거나 혀가 꼬이는 듯한 느낌이 들지도 모른다. 이렇게 수줍어하는 행동의 이면에는 탄로와 수치심이라는 핵심 공포가 자리 잡고 있다.

당혹감

사람들과 주고받는 일상적 교류도 내재된 열등감을 유발할 수 있다. 보통은 이것을 수치심으로 여기지 않지만 당혹감으로는 으레 받아들인다. 예를 들어 친구의 생일을 잊어버리거나 친구의 이름을 잘못 부르는 경우처럼 사회적 실수를 범할 때 우리는 당혹스러울 수 있다. 자의식을 강하게 느낄수록, 그리고 그 느낌이 오래 지속될수록 자의식은 더욱 강렬한 수치심처럼 느껴진다. 신용카드 사용이 거절당할 때 어떤 사람은 약간 당혹스러워하지만 어떤 사람은 몹시 고통스러워할 수 있다. 칭찬이나 과도한 관심도 많은 사람들 앞에서 듣는 비난과 마찬가지로 당혹스러울 수 있다. 지나친 관심은 마음을 안절부절못하게 할 뿐만 아니라 엄청난 자의식을 불러일으킬 수 있기 때문이다. 그래서 마음과 감정을 정서적으로 분리하거나 마비시키기도 한다. 사실 이렇게 극단적으로 반응한다면 우리의 당혹감은 더 깊은 수치심의 발현인지도 모른다.

모욕감

'모욕감'이라는 말은 종종 수치심과 혼용해서 쓴다. 하지만 모욕감은 타인의 행위에 초점을 맞추며 이때 타인이란 대개 자신보다 강력한 힘을 지닌 사람이다. 우리는 모욕감과 맞닥뜨렸을 때 수치심을 느낄 수도 있지만 그렇지 않을 수도 있다. 정신의학자인 도널드 클라인(Donald Klein)은 자신의 글에서 "사람들은 수치심을 당연한 것으로 받아들인다. 하지만 모욕감은 그렇게 생각하지 않는다."[3]라고 썼다. 필요한 만큼 수치심이 쌓이면 우리는 모욕감을 마치 합당하다는 듯 수용할지도 모른다. 그 반대의 경우도 마찬가지이다. 수치심은 인지를 왜곡하기 때문에 상대가 모욕감을 줄 만한 행위를 하지 않았는데도 모욕감을 느낄 수 있다.

조앤은 나의 내담자였다. 당시 조앤은 눈에 띄는 수술 흉터로 몹시 고통받고 있었다. 그러던 중 무심코 던진 여동생의 말에 격분하는 사건이 벌어졌다. 수술을 하면 흉터가 사라질 것이라는 말이었다. 조앤은 여동생이 자기 흉터를 역겹게 여기는 것은 분명히 모욕이라고 주장했다. 하지만 흉터를 불쾌하게 여긴 장본인은 사실 여동생이 아니라 조앤이었다. 여동생이 한 말은 조앤의 해석에 아무런 영향을 줄 수 없기 때문이다. 이와 같은 극단적 분노가 섞인 모욕감은 종종 내재된 수치심을 물리치기 위한 공격일 때가 많다. 반응이 강렬할수록 수치심이 깊다고 할 수 있다. 이 책에서 내가 의도한 모욕감은 수치심을 동시에 유발하는 경우를 가리킨다. 그렇다고 해서 의식적으로 수치심을 느낄 필요는 없다. 일반적으로 모욕감과 수치심을 둘 다 불러일으키는 예로는 학대가 있다.

죄책감

죄책감과 수치심을 혼동하는 사람들이 많다. 죄책감은 규칙을 어기거나 도덕 규범을 어길 때 유발된다. 반면에 수치심은 집단 내에서 수용되는 규범을 위반할 때 유발된다. 나쁜 짓을 '할 때' 우리는 죄책감을 느낀다. 하지만 수치심은 우리 스스로 어떤 면에서 나쁜 사람'이거나' 무능한 사람'이라고' 믿을 때 나타난다. 고질적 수치심은 우리를 얼어붙게 하고 행동하지 못하게 방해할 수 있다. 심지어 나쁜 짓을 전혀 하지 않았는데도 그렇다. 이와는 대조적으로 죄책감은 우리의 태도를 살펴보게 하고 행동에 책임을 지게 만든다. 그리 달갑지만은 않지만 죄책감은 이렇듯 건설적인 감정이 될 수 있다.

이 '건강한' 죄책감은 수치심이 아니라 건강한 양심에 의해 촉발된다. 그리고 우리의 관심을 타인, 타인에게 미치는 우리의 영향, 잘못 바로잡기에 집중하게 한다. 죄책감으로 마음이 괴로워지면 우리는 사태를 바로잡기 위해 방도를 찾는다. 그래야 양심에 부끄럽지 않기 때문이다. 잘못을 저질렀고 그 잘못을 바로잡고 싶다는 것을 스스로 아는 것이다. 이를테면 거짓말이 나쁘다는 것을 모르는 사람은 없다. 그래서 배우자에게 거짓말을 하면 죄책감을 느낀다. 이 사태를 수습하려면 거짓말을 인정하고 사과해야 한다. 죄책감의 목적은 자존감 회복뿐만 아니라 타인에 대한 공감을 높이는 것이다. 죄책감을 해소하는 행동은 우리를 기분 좋게 하고 건설적인 느낌을 준다. 이제 다시는 죄책감을 느끼고 싶지 않다. 즉, 앞으로는 윤리적 기준을 따르고 거짓말을 하지 않겠다는 자극을 받게 된다. 죄책감은 이런 식으로 우리를 정직의 길로 이끌면서 제 할 일을 다한다.[4]

우리 중에는 잘못 바로잡기를 통해서 죄책감을 다른 이들보다 쉽게 해소하는 사람이 있다. 이것은 매우 오래된 생각인데, 오랫동안 사회에 유익했다. 유대교의 율법을 보면, 해를 끼친 자는 피해자에게 최소 세 번 용서를 구해야 한다고 명시하고 있다. 이런 잘못 바로잡기는 익명의 알코올 중독자들(Alcoholics Anonymous) 12단계 프로그램과 그 외 다른 12단계 프로그램에서 9단계의 목적이기도 하다. 이 단계는 피해를 입힌 사람들에게 직접 보상하라고 권한다. 크든 작든, 죄책감을 일으키는 행동에서 비롯된 평생의 부담감을 덜어주기 위해서이다. 9단계 훈련은 회복 중인 사람들에게 엄청난 자유와 희망을 선사할 수 있다.

수치심을 죄책감으로 전환하지 못해 행동을 바로잡을 수 없으면 어떻게 될까? 우리는 혼란에 빠지고 수치심은 우리의 관심을 혼란에 빠진 내면의 어떤 곳으로 향하게 한다. 즉, 타인이 나를 어떻게 평가할지 걱정하게 된다. 그들의 거절을 두려워하고, 나의 결함을 느끼고, 그들과 관계를 유지할 가치가 없다고 느낀다. 죄책감과 수치심을 처리하는 방식의 차이점은 표 1.1에 설명되어 있다.

위에서 볼 수 있듯이 동일한 행위가 죄책감과 수치심을 둘 다 일으킬 수 있다. 예를 들어, 회사 모금 행사에서 한 푼도 기부하지 않은 사람은 죄책감을 느낄 수 있으며, 이와 동시에 '인색한' 사람, '빈털터리' 또는 '이기적인' 사람이라는 생각으로 수치심에 휩싸일 수 있다. 사실 병적이고 비이성적인 죄책감은 위장된 수치심일 수 있다. 죄책감을 느끼는 행동에 대한 자책이 수치심으로 변하기도 한다. 우리 모습 그대로 가만히 있는 것 외에 우리가 '할' 수 있는 것은 아무것도 없다고 느낄 수 있기 때문이다. 모든 것이 끝났다는 느낌이 들 수도 있다. 당연하지만 수치심에는 죄책감 조정 기능이 부족하다는 연구 결과가 있다. 다시 말해서, 수치심은 잘못 바로잡기, 자존감 향상, 우리의 행동에서 교훈을 얻도록 이끌지 못한다. 오히려 중독과 섭식 장애, 우울, 불안, 외상후

표 1.1 **죄책감과 수치심**

죄 책 감	수 치 심
행동을 판단한다	핵심 자기를 판단한다
세부적으로 평가한다	포괄적으로 평가한다
처벌을 두려워한다	버림받을까 봐 두려워한다
외부에 관심을 둔다	내면에 관심을 둔다
잘못 바로잡기를 촉진한다	감추기를 촉진한다
공감으로 이끈다	자기 중심적으로 이끈다
타인에게 미칠 영향에 관심을 둔다	자신에 대한 타인의 견해에 관심을 둔다
자기 개선으로 이끈다	분노와 공격성을 유발한다
용서를 구할 수 있다고 생각한다	용서를 구할 수 없다고 생각한다
힘을 키우게 된다	무기력으로 이끈다
반사회적 행동을 감소시킨다	반사회적 행동으로 이끈다
도덕적 판단	도덕 및 비도덕적 판단
'결백함'은 좋다	'부끄러움을 모르는 것'은 나쁘다
심리적 증상 없음 (수치심이 없을 때)	낮은 자존감, 불안, 우울증, 외상후스트레스장애(PTSD)의 원인

스트레스장애와 같은 정신 질환과 연관되어 있다. 또한 수치심은 분노, 공격, 정신적 학대, 낮은 자존감, 자살 충동으로 나아갈 수 있다.[5]

수치심의 네 범주

이제 수치심은 물론 수치심과 가까운 감정도 이해했으므로 수치심의 정의를 다양한 범주로 세분화할 수 있다. 심리학자 로버트 카렌(Robert Karen)은 수치심을 네 범주로 구분했다. 실존적 수치심, 상황적 수치심, 계층적 수치심, 자기애적 수치심이다.[6]

실존적 수치심

실존적 수치심은 자기 자신이나 자신의 상황에 대한 객관적 진실과 직면했을 때 일어난다. 이를테면 알코올 중독자가 자신이 실제로 알코올 중독자라는 사실과 맞닥뜨리는 경우이다. 또는 자기 일에만 빠져 살던 어머니가 정작 자신의 자녀들에게는 소홀했다는 것을 깨닫는 경우이다. 이런 자기 인식은 변화할 수 있는 강력한 동기가 될 수 있다. 중독에서 빠져나오려고 치유 계획을 세우는 예가 바로 그것이다. 이 계획은 해로운 행동을 지속하지 않도록 막아줄 뿐만 아니라, 자존감과 자존심을 높이는 선택을 하도록 우리를 안내한다.

상황적 수치심

상황적 수치심은 도덕 원칙이나 대인 관계의 경계선 또는 문화 규범을 어길 때 느끼는 순간적 감정이다. 이를테면 사람들이 보는 데서 소변을 보고, 표를 살 때 새치기를 하고, 민망한 옷차림을 하거나 영화관에서 시끄럽게 통화를 하는 경우이다. 한편 이런 행동에서 비롯된 수치심은 정상적인 측면도 있다. 누군가에게 받아들여지고 소속감을 느끼려면 우리가 중요하게 여기는 사회적 관습을 따라야 하는데 부끄러운 느낌이 이런 순응으로 이끌어주기 때문이다. 상황적 수치심은 조치를 취해 실수를 바로잡도록 동기를 부여할 수 있다.

계층적 수치심

계층적 수치심은 사회적 영향력과 관련 있다. 이를테면 피부색, 계층, 인종, 젠더 같은 예를 들 수 있다. 계층적 수치심은 엄격한 신분 제도나 이질적 계층으로 이루어진 사회에서 일어난다. 미국은 계층적 수치심이 만연해 있다. 그리고 부와 지위로 성공을 판가름하고, 계급, 인종, 문화의 차이가 질투와 수치심을 자주 유발한다. '아메리칸 드림'은 수치심을 강화할 수 있는데 이룰 수 없을지도 모를 희망과 기대를 품게 하기 때문이다. 이것은 가난한 사람들 또는 권리를 박탈당한 사람들이 자신을 비난하고 열등감을 느끼는 원인이다.

자기애적 수치심

계층적 수치심이 집단에서 개인으로 이동하면 자기애적 수치심과 닮아 가기 시작한다. 이것은 이 책의 주제이기도 하다. '자기애(narcissism)'라는 단어는 그리스 신화에 등장한다. 나르키소스는 아름다운 미모로 소문난 사냥꾼이었다. 하루는 맑은 연못에 비친 자기 얼굴을 바라보다가 그만 자기 자신과 깊은 사랑에 빠져 죽을 때까지 자기 얼굴만 바라보았다고 한다. 그러나 자기애적 수치심은 이와 반대이다. 나를 바라볼 때 사랑이 아니라 수치심과 열등감을 느끼는 것이다. 즉, 자기 이미지와 자부심에 상처가 났다고 할 수 있다. 이런 유형의 수치심은 자존심, 그리고 자기 자신에 대해 생각하고 느끼는 방식과 관련 있다. 자기애적 수치심은 계층이나 상황 때문에 생겨나지 않는다. 또한 우리 안에 계속 머물며 결코 사라질 줄 모른다. 로버트 카렌은 "이 수치심은 나쁜 기억을 넘어선다. 이런 의미에서 '수치심을 느낀다'는 것은 곪을 대로 곪은 부정적 자기 이미지라는 짐을 힘겹게 짊어진 것과 같다. 우리는 이 부정적 자기 이미지를 방어하려고 끊임없이 고군분투한다."[7]라고 썼다. 자기애적 수치심은 그릇된 신념이다. 이 신념은 우리를 지치게 하고 삶을 충만하게 살지 못하게 방해한다.

자기 혐오의 나르시시즘

자기애적 수치심은 보통 급성과 만성의 두 가지 방식으로 나타난다. 흥미롭거나 재미있는 무언가를 하다가 갑자기 방해를 받으면 우리는 수치스러운 반응을 보이는데 이것이 급성 수치심이다. 실번 톰킨스는 이런 반응이 유아에게서 관찰된다고 지적한다. 그리고 그 목적은 즐거움을 빼앗는 장애물을 제거하려는 것이라고 믿는다.[8] 공의존에 빠진 사람들도 늘 수치심과 함께 살아간다(만성 또는 내면화된 수치심). 수치심이 내면화된 사람들은 '수치 불안'을 안고 산다는 의미가 무엇인지 잘 안다.

급성 수치심

급성 수치심은 예기치 못한 '수치심 발작'이다. 흥겹게 파티를 즐기다가 카펫 위로 넘어지는 상황을 떠올려보자. 얼굴이 화끈거릴 뿐만 아니라 사람들이 자신을 사교적으로 미숙한 사람이라고 여길 것이라고 확신할 수 있다. 그리고 저녁 내내 자신에 대한 생각과 자의식에 빠질 것이다. 밖에서 저녁 식사를 하다가 음료를 쏟았을 때는 어떤가? 사과 한마디는커녕 함께 치우지도 않는다. 대신 유리잔을 테이블에 잘못 놓았다며 웨이터에게 고래고래 소리 지르기도 한다. 이처럼 급성 수치심 발작은 어떤 상황에서도 일어날 수 있다. 즐거운 시간을 보내고 있을 때 예기치 않게 우리를 엄습하기도 한다.

십 대 시절 내 친구는 내가 말을 걸 때마다 다른 아이들 쪽으로 시선을 돌렸다. 내가 그 아이들보다 지루하고 창피해서 그런다고 짐작했다. 그런 내가 싫었다. 말을 건네는데 상대가 관심을 보이지 않으면 우리는 무관심과 초조함 또는 경멸감을 느낄 수 있다. 그러나 수치심은 친구의 우정에 매달리던 나의 경우처럼 특히 꽁

장한 흥미 또는 즐거움을 느끼는 순간에 경험할 수 있다. 내가 나에게 느끼는 그대로 친구가 내 결함을 꿰뚫어보기 때문에 나와 함께 있기 싫은 것이라고 추측하는 것이다. 이와 마찬가지로 관계가 깨지거나 대화가 끊기고 느닷없이 연락이 두절되어도 거절의 의미로 해석한다. 그리고 수치심을 느낀다.

수치심은 가벼운 창피에서 삶의 의욕을 잃어버리는 극심한 굴욕감에 이르기까지 연속체로 존재한다. 이런 차이는 개인의 기질, 과거 경험, 수치심 유발 사건이 무엇인지에 따라 나타난다. 급성 수치심에는 많은 증상이 있다. 이 중에는 생리적인 증상과 자율신경계가 원인인 증상도 있다. 얼굴이 화끈거리고, 어지럼증을 느끼며, 속이 울렁거리거나 땀이 줄줄 흐를 수 있다. 감각이 마비되고 생각과 행동이 멈추며 말이 나오지 않을 수도 있다. 심지어 근육이 풀리기도 하는데 아이가 눈에 띄게 몸을 웅크리거나 머리를 떨구는 모습이 바로 그 증상이다. 성인의 경우 수치스러운 반응을 감추려고 웃음을 터뜨리거나 노려보거나 표정이 굳어지고 어금니를 꽉 깨물며 경멸하는 표정을 짓기도 한다.[9] 다른 사람들에게 자주 따돌림을 받는 듯한 느낌이 들 수도 있다. 남들에게 내가 훤히 다 들여다보이고 발가벗겨진 것처럼 느껴질 때도 있다. 마치 '영혼의 창'인 우리의 눈을 꿰뚫어볼 수 있는 것처럼 말이다. 또 감추고 싶은 나의 가장 추악한 면까지 전부 들여다보이는 것 같다. 그래서 우리는 서로 눈을 피하는 것이다. '낯을 들 수 없다'라는 표현은 치욕감이 느껴지는, 도저히 타인과 마주할 수 없는 상황을 가리킨다. 이제는 타인의 시야에서 사라져 어딘가로 숨고 싶은 충동이 솟구친다. 간절하게 상대방의 인정을 받고 싶은 바로 그 순간에 말이다. 이런 모순적 욕구는 양가감정(ambivalence)을 일으킨다. 나와 상대방의 관계를 완전히 망가뜨리고 싶지 않기 때문이다. 우리는 단지 '결함 있는' 자기를 숨기고 싶은 것이다.

급성 수치심은 결함, 패배감, 열등감, 자격 미달, 자기 혐오 같은 심층적 감정을 초래할 수 있다. 외부와 단절되고 자기 생각에 갇혀 위축되기 때문에 우리의 관심은 내면으로 향하게 된다. 우리는 타인뿐만 아니라 자신의 건강한 측면과도 분리되는 느낌을 받는다. 세상으로부터 느끼는 소외감은 결국 고통, 자기 비하, 내면의 아픔으로 대체된다. 임상 심리학자 거션 코프먼(Gershen Kaufman)은 급성 수치심에 대해 이렇게 말했다. "내면의 고문, 즉 영혼의 질병이다. 이 고문은 자기(self)가 자행하는 가장 격렬한 자기 경험이다. 수치심은 내면에서 느껴지는 상처이며, 우리를 우리 자신과 타인 모두로부터 갈라놓는다."[10]

급성 수치심은 중독과 공의존성이 있는 사람들이 흔히 겪는 경험이다. 이들은 수치심으로 인한 고통을 줄이고 '정상적' 감정을 느끼려고 알코올과 약물에 손대거나 타인에게 집착하기도 한다. 약물과 알코올 또는 타인에 대한 집착은 수치심을 감추는 데 도움이 된다. 그리고 제 역할을 잘하고 적응을 잘한다고 느끼는 우리의 능력을 퇴화시키는 장애물을 효과적으로 제거해준다.

내면화된 수치심

급성 수치심은 연기처럼 나타났다가 연기처럼 사라진다. 그 점에서 다른 감정들과 크게 다르지 않다. 그러나 수치심이 어느 정도 쌓이면, 특히 어릴 적 발달기에 쌓이면 이야기는 달라진다. 이때 동반되는 내면의 속삭임, 태도, 이미지가 내면화되기 때문이다.[11] 그리고 영원할 것 같고 도저히 되돌릴 수 없을 듯한 무능감이라는 고질적 믿음이 형성되기 때문이다. 수치심은 아이의 성격, 감정, 정체성을 모두 장악할 수 있다. 또한 성인기 내내 지속되거나 시간이 흐르면서 점차 강렬해지고 우리를 지배할 수 있다.[12] 정신분석가 앨런 휠리스(Allen Wheelis)는 잔인하게 군림했던 아버지의 지속적인 영향을 신랄하게 묘사한다.

우리는 목소리를 전파 신호로 테이프에 기록할 수 있다. 즉, 중간에 음파 형태로 바꾸지 않고도 수신자로부터 바로 테이프에 기록할 수 있다. 그래서 나는 지금 아버지가 보내는 그 메시지를—하늘에 있는 아버지는 내게 아무 짓도 할 수 없는데도—조용히, 아무한테도 들리지 않게, 지속적으로 수신하고 기록할 수 있다. "게을러빠지고 아무짝에 쓸모없는 멍청한 놈!"[13]

만성 수치심 또는 내면화된 수치심은 공의존자와 중독자에게 흔한 증상이다. 속이 다 드러나 보이는 아물지 않은 상처이며, 은밀히 영혼에 침입해 바이러스처럼 퍼진다. 그리고 부지불식간에 자신감, 재능, 행복감을 앗아 가는, 자신에 대한 부정적 관념을 심어놓는다. 이 시점에서 수치심의 증세는 악화될 뿐만 아니라, 관련된 감정과 생각을 일으키는 데 더는 외부 사건이나 타인이 필요치 않다. 최초의 수치심 사건(들)과 믿음(들)을 떠올리지 않아도 되며 의식하지 않아도 된다. 한번 내면화된 수치심은 그림자처럼 우리 곁을 따라다니기 때문이다. 이제 우리는 자기 비판, 자신이 만든 기준이나 목표 또는 자신과 타인을 비교하는 방식을 통해 스스로 수치심을 촉발할 수 있다. 우리는 자신의 단점과 실수들을 일반화하는데, 이것들은 하나의 특정한 결점 이상을 의미한다. 이 결점들이야말로 우리 안의 무능감이나 열등감의 확실한 증거이며, 타인에게 노출될 때 더욱 악화된다. 내면화된 수치심은 우리의 성격 형성에 주요한 역할을 한다.

표 1.2는 자신의 수치스러운 측면과 관련된 전형적 믿음을 보여준다. 우리는 모두 각기 다른 믿음을 품고 있을지 모른다. 하지만 그 바탕에는 열등감이 도사리고 있다. 이 믿음은 모두 그 크기가 다르며 이성의 지배를 받지 않는다. 다시 말해, 명백한 객관적 반증에도 불구하고 자신의 믿음을 '진실'로 여기는 것이다. 이를테면 외모가 수려한데도 자신을 매력 없다고 여기는 여성, 분명 성공을 이루었지만 실패했다고 느끼거나 자신이 성취한 것을 대수롭지 않게 여기는 사람, 누가 봐도 마른 몸매인데도 뚱뚱하다고 확신하는 사람, 창조적이고 영리한데도 자신의 이상과 존경하는 사람에 비해 열등하다고 여겨 자신을 평범하다고 주장하는 사람을 예로 들 수 있다.

내면화된 수치심이 우리의 인격을 장악한 정도만큼 우리는 근본적으로 다른 사람들이 나를 싫어한다고 믿는다. 그리고 본질적으로 사랑받을 자격이 없다고 믿는다. 숨이 끊어질 때까지 영원

표 1.2 **자신을 수치스러워하는 측면**[14]

신체, 체력, 능력, 기술 관련 문제	"난 유약하고 무능하고 멍청해."
의존/독립	무력감
경쟁	"난 낙오자야."
자기 감각	"내가 남들의 눈에 띄는 유일한 이유는 내 결함 때문이지."
개인적 매력	"내 외모는 매력이 없어. 모든 사람들이 내 못생긴 코(머리카락, 다리 따위)를 알아봐. 이것 때문에 사람들이 나를 조롱하고 경멸하는 거야."
성 생활	"난 성적으로 문제가 있는 것 같아."
타인의 시선 문제	사람들에게 노출되기 직전 그들의 시야에서 사라지려는 충동. 땅이라도 꺼져 나를 삼켜주기를 바람.
친밀감에 대한 소망과 공포	어떤 곳에도 소속되지 못하고 가족, 친구, 공동체와 단절된 느낌. 자기 자신이 사랑스럽지 않은 느낌과 영원히 혼자 남겨지고 싶은 소망.

히 자기 자신을 평가하고, 남들과 비교해 폄하하는 것이다. 이 렌즈를 통해 모든 것을 해석하려 들기 때문에 쉽게 비판받고 거절당하며 방어적 태도를 취하는 느낌이 들게 된다. 이를테면 조언을 기분 나쁜 훈계로 받아들이거나 의견 불일치를 불만으로 받아들이는 것이다. 또한 의문을 제기하면 비난으로 여기는가 하면 심지어 중립적 발언조차 비판으로 치부한다. 도움의 손길을 동정심으로 해석하기도 하는데 이것은 부정적 자기 심판을 강화한다. 이뿐만 아니라 칭찬을 들어도 믿지 않으며 상대가 잔꾀를 부리는 것이라고 해석한다. 혹은 자신을 망신 주고 있다고 해석하거나 상

대가 잘 몰라서 또는 보는 눈이 없어서 그러는 것으로 해석하기도 한다. 이렇게 늘 비난과 거절을 예상하기 때문에 자신의 노력에 대한 평가를 모두 비관적으로 받아들인다. 심지어 긍정적이고 균형 있는 평가를 받을 때에도, 단 한 번의 부정적인 발언이나 개선을 제안하는 발언이 모든 긍정적 반응을 무색하게 만들며 자신을 비난한다고 느낀다. 옆에서 타인을 비판하는 소리를 들을 때에도 예민해질 수 있다. 마치 내가 비난받는 듯한 느낌이 들기 때문이다. 수치심이 만연한 사람은 내면화된 수치심의 고통을 끊임없이 견뎌야 한다. 어디론가 숨어버리고 싶은 마음이 사라지지 않고 자기 노출과 고통스런 자의식에 대한 공포심이 끊임없이 일어난다.

수치심 불안

내면화된 수치심은 핵심 정체성을 뒤흔드는 불안을 조성함으로써 우리의 자유를 박탈할 수 있다. 이 지속적인 불안은 심신을 쇠약하게 한다. 셰익스피어는 "현재의 공포는 끔찍한 상상만큼 두렵지 않다."[15]는 사실을 제대로 알고 있었다. 불안은 누구나 잘 아는, 탈출 가능한 위험에 대한 공포와 다르다. 즉, 불안감은 미래에 벌어질 위협에 대한 두려움이다. 행복을 보장받을 수 없는 데 대한 걱정이다. 미래는 아무것도 알 수 없기에 우리의 마음은 떠돌며 무시무시한 가능성을 상상하는 것이다.

위험한 일, 관객 앞에서 하는 공연, 시험을 치를 때 엄습하는 불안감은 지극히 정상적이다. 이런 불안감은 더욱 치밀한 준비와 공부를 하도록 동기를 부여할 수 있다. 그러나 내면화된 수치심은 이와 다르다. 즉, 정상적 불안감마저 수치심을 겪을까 봐 조바심을 내는 지경까지 몹시 악화시킨다. 이 '수치심 불안'은 타인의 비판, 거절, 조롱에 노출될지 모른다는 자의식과 극단적 경계심을 불러일으킨다. 또한 우리를 내부로 끌어당기며 현실과 나의 관계, 그리고 나 자신과 나의 관계를 왜곡하고 제한한다.

무의식적으로 우리는 누군가에게 버림받는 것을 근본적으로 두려워한다. 수치심 불안은 종종 현재의 위험 요소와 아무런 관련이 없거나, 두려워할 만한 객관적 이유가 없는데도 생겨난다. 마치 소름 돋는 악귀가 우리를 몰래 뒤따라 다니며 위협하는 듯하다. 도대체 나의 적은 어디에 있는지, 무엇을 해야 하는지 도무지 알 수가 없다. 익명의 알코올 중독자들 프로그램을 거치며 회복 중인 알코올 중독자들은 '곧 죽을 것 같은' 느낌이 무엇인지 설명한다. 이들은 아침에 눈을 떴을 때 뚜렷한 이유 없이 조바심이 나거나, 불안한 느낌이 들고, 마음이 진정되지 않을 때가 있다고 한다. 왜 그런지 이유는 알 수가 없다. 어쩌면 이들은 현재에 투사되고 있는, 과거에 억눌린 수치심에 반응하는지도 모른다. 수치심을 다시 경험하는 데 대한 불안은 이런 무의식적인 내면의 전투 증상이다.[16]

수치심 불안 때문에 일어나는 이런 엄청난 공포는 하고 싶은 말을 삼키거나 행동을 억누르는 원인이기도 하다. 또한 지속적으로 자신을 의심하고, 조소하는 원인일 수도 있다. 앞에서 앨런 휠리스는 자신의 수치심 불안의 원인을 아버지가 퍼붓는 잔인한 비난으로 돌렸다. 아버지의 비난은 그를 "홀로 인간 사회에서 황무지로 내몰았다. 이것은 그 어느 때보다 분명히 나에게 타인과 더불어 살아갈 가치가 없으며, 아무런 변명을 할 자격이 없다는 나 자신의 이미지를 입증해주었다. 아무런 인정을 못 받는 것이 당연한 것처럼 말이다."[17] 사교 모임에서 한없이 위축된 휠리스는 자신의 고립을 통해 무언가를 얻었다는 것을 깨달았다.

안전하다는 기묘한 느낌과 정체를 알 수 없는 수치심. 어떤 노예가 응접실에 주인과 함께 있다는 사실을 깨닫게 된다면, 내가 조금 전에 느꼈던 것과 똑같은 감정을 느낄 것이다. 자신이 있을 자리가 아니라는 생각으로 무안해지는 순간, 노예는 자신의 처소로 도망쳐야 한다. 그곳에서는 내가 지금 느끼는 것과 동일한 감정을 느낄 것이다.[18]

내면화된 수치심이 우리를 포위하면 수치심과 관련된 모든 사건들이 실제보다 훨씬 강렬하게 느껴질 수 있다. 급성 수치심 발작이 일어나는 동안 그 증상의 강도와 지속 시간이 급상승하기 때문이다. 수치심 유발 사건이 내적이든 외적이든 상관없이 그 증상들은 통제 불능 상태가 될 수 있다. 그리고 우리를 깊고 캄캄하고 고립된 우물 속으로 내동댕이친다. 이곳에는 출구가 없다.(그림 1.1 참조)

마치 나의 존재 전체가 위험에 처한 듯한 느낌이 들지도 모른다. 위험한 느낌은 우리의 수치심을 더욱 확대할 수 있다. 대체로

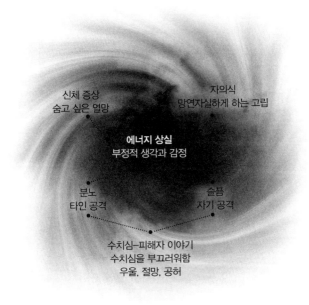

신체 증상
숨고 싶은 열망

자의식
망연자실하게 하는 고립

에너지 상실
부정적 생각과 감정

분노
타인 공격

슬픔
자기 공격

수치심-피해자 이야기
수치심을 부끄러워함
우울, 절망, 공허

그림 1.1

우리는 수치심 사건을 원상태로 되돌리고 통제하기 위해서 계속 되풀이해서 재생한다. 하지만 이 방법은 도움이 되지 않을뿐더러 수치심을 더욱 악화한다. 그리고 거절, 공포, 분노, 슬픔, 자격 미달, 외로움, 경멸, 자기 혐오 같은 부정적 감정들이 나를 에워싸고 있음을 깨닫게 된다. 또한 걷잡을 수 없는 자기 비판에 빠질 뿐 아니라 우리의 이야기를 재확인할 수 있는 당시의 사건과 감정에 대한 기억을 떠올릴지 모른다. 고통스런 수치심의 지배를 받으며 우리는 자기 안에 숨거나 타인 또는 자기 자신을 공격하기도 한다. 이런 상태는 일시적으로 좋아지기도 하지만 수개월간 지속될 수도 있다. 또는 멈추지 않는 고통이 될 수도 있다. 드물긴 하지만, 최악의 경우 어떤 사람들은 단 한 차례의 수치심 사건으로도 실제로 우울증을 겪을 수 있다. 자신의 전 생애를 수치심 렌즈를 통해 바라보는 사람은 결국 자기 자신이 하찮으며 아무것도 이룬 것이 없다는 믿음에 사로잡힐 수 있다. 시간이 흐르면서 내면화된 수치심은 외로움, 소외감, 절망감, 자포자기로 발전할 수 있다.

수치심 고리 끊기

희망은 있다. 이제 우리는 수치심이 무엇인지 알기 때문에 수치심이 엄습하더라도 알아차리고 도전할 수 있다. 수치심은 흔하고도 보편적인 감정이기 때문에 수치심을 정복한다는 말은 완파한다는 뜻이 아니다. 다만 희생자 역할에서 승리자 역할로 탈바꿈한다는 점에서 차이가 있다. 우리의 목표는 수치심에 대한 통찰력을 우리의 인격에 잘 흡수하고 관리하는 것이다. 더는 수치심이 우리를 통제하거나 우리의 선택을 제한하지 않도록 말이다. 시간이 흘러 새로운 당혹감 또는 수치심과 맞닥뜨릴 때 우리는 그것을 삶의 긍정적 측면에서 인식하고, 관찰하며, 반응할 수 있게 될 것이다. 삶의 긍정적 측면은 우리가 '우물 속으로 추락'하는 것을 피할 수 있게 해준다. 이제 우리가 반응하는 방식은 놀랍게도 과거와 똑같지 않다는 것을 깨닫게 될 것이다. 수치심은 단지 여러 감정 중에 하나가 될 것이다.

당신에게 권하고 싶은 것이 있다. 일기나 공책을 준비해 이 책에 소개된 연습 훈련의 답변과 치유의 여정에서 드러나는 감정들을 기록하는 것이다.

아래 내용과 다음 장부터는 수치심의 순환 고리를 끊을 수 있는 방법을 탐색할 것이다. 당신은 수치심이 공의존자에게 자양분을 제공하는 방식을 이해하게 될 것이다.

훈련하기

1. 수치심을 중심으로 하는 자신의 생각과 믿음을 모두 떠올려 보자. 이 목록은 추가가 가능하다. 아래 목록에 당신이 품고 있는 강력한 핵심 믿음이 있는지 찾아보자.

- 난 사랑스럽지 않아.
- 난 별 볼 일 없는 사람이야.
- 난 낙오자야.
- 나를 원하는 사람은 아무도 없어.
- 난 구역질 나는(또는 부정한, 더러운) 사람이야.
- 난 나쁜 사람이야.
- 난 행복할 자격이 없어. 벌을 받는 게 마땅해.
- 난 태어나지 말았어야 해.
- 난 사기꾼이야.

- 난 자격 미달이야.
- 난 결함이 많아.

2. 마지막으로 수치심 발작이 일어난 때를 떠올려보자. 그리고 수치심 발작으로 이끈 근본적 공포와 믿음이 무엇인지 찾아보자. 그것들은 위에서 만든 목록과 부합하는가?

3. 수치심 발작이 일어날 때 몸(자세, 근육 긴장, 눈맞춤, 자극)은 어떻게 반응하는가? 마음속에는 어떤 이미지가 떠오르는가? 어떤 감정이 솟아오르는가? 속도감, 어조, 생각 내용을 떠올려보자.

4. 앞으로 수치심 발작이 일어나면 경험한 내용을 최대한 상세히 기록해보자.

5. 수치심 발작을 균형 잡힌 시각으로 보고, 수치심 발작에 압도당하지 않으려면 내가 할 수 있는 일은 무엇일까?

2장

수치심은 내면의 성장을
어떻게 가로막는가

{ 수치심의 탄생 }

꽤 건강한 가정 환경에서 성장했더라도 대개는 수치심의 뿌리를 어린 시절에서 찾을 수 있다. 아기들은 의존적이고 욕구로 가득한 상태로 태어난다. 특히 애정과 친밀감의 욕구가 강하다. 애정과 친밀감이 없으면 발달에 심각한 손상을 입을 수 있으며 심하면 사망할 수도 있다. 여러 연구에 따르면 수용 시설에서 돌본 아기들은 음식을 풍족하게 제공했는데도 질병에 걸리고 사망했으며 지능 저하와 정신 질환 같은 심리적·정신적·행동적 문제를 일으켰다. 이는 감옥 안에서 엄마의 보살핌을 받거나 위탁 가정에 보내진 아기들과 대조적인 결과였다.[1] 아기의 울음소리가 불편하게 들리는 이유는 우리의 반응을 이끌어내려는 것이다. 우리는 본능적으로 아기의 고통을 덜어주고 보살펴주고 기쁘게 해주고 싶어 한다. 하지만 단순히 안아주기와 사랑한다는 말만으로는 정서가 건강한 아이로 키우기에 부족하다. 아이들은 누군가 각별히 자신을 원한다는 느낌을 받아야 한다. 다시 말해서 부모가 자신과 관계를 맺기 원하며, 자신이 특별하고 가치 있으며 존중받고 있다고 느껴야 한다.[2] 하지만 놀랍게도 수많은 아이들(나의 어머니를 포함해)이 원치 않은 자식이었다는 소리를 듣는다. 낙태하려고 했는데 태어났다거나 아들이기를 바랐는데 딸이었다는 말을 듣는 것이다. 자신을 낳을 때 죽을 고생을 했다거나 부모의 골칫거리라는 비난을 들으면 아이들은 자연스레 부모가 자신을 원치 않으며 사랑하지 않는다고 짐작하게 된다.

사랑은 최초로 어머니의 눈길, 손길, 목소리의 톤으로 유아에게 전달된다. 어머니가 안아주는 방식, 젖을 주는 방식, 어루만지는 방식은 갓난아기에게 어머니의 고유한 안전감이나 불안감, 사랑이나 무관심, 세심함이나 초조함을 고스란히 전달한다. 아기의 욕구를 채워주려고 늘 곁에 있어야 하는 어머니는 적절히 자신의 피로, 불안, 짜증에 대처할 수 있어야 한다. 태어난 지 겨우 몇 주 안 된 신생아조차 불쾌감을 감지할 수 있으며 움츠러들 수 있기 때문이다.[3] 연구에 따르면 아기에게 말을 건네는 어머니의 얼굴이 무표정하면 아기는 초조해지기 시작한다고 한다.[4]

아이들은 성장하면서 부모의 판단을 받아들인다. 이것은 아이들의 놀이를 통해 관찰할 수 있다. 18개월 정도 된 유아는 자의식과 당혹감을 표정으로 드러낼 수 있다. 2세에서 3세 사이에는 자부심과 실패와 관련된 신호를 외부로 드러내기도 한다. 3세가 되면 부모의 반응을 충분히 자신의 것으로 통합하는 단계에 이르며, 어떤 과제에 성공하지 못했을 때 수치심을 느끼는데, 심지어 부모와 같은 방에 있지 않을 때에도 그랬다.

부모가 자녀들의 감정과 욕구에 어떻게 반응하는가는 중요하다. 정서적 건강을 튼튼하게 하는 씨앗을 뿌리거나 공의존과 수치심의 씨앗을 뿌리는 결과로 이어질 수 있기 때문이다. 공의존과 수치심은 육아에서 함께 출현한다. 자녀와 부모 사이에 이루어지는 상호 교류는 아이의 정체성을 형성하는 생각과 믿음에 큰 영향을 끼친다. 수치심과 고통 또는 공포심을 유발하고, 벌을 주며, 무관심한 부모의 반응은 그 빈도와 지속 기간, 강도에 따라 자녀를 수치심에 취약한 존재로 만들 수 있으며, 이후 자녀는 성인이 되어서도 수치심에 여전히 취약한 상태가 된다.

'진짜 나'와 '거짓 나'

대부분의 심리학자들은 우리 안에 뚜렷이 구별되는 핵심 자기(core self)가 존재하며, 최상의 조건에서 타고난 잠재력이 분명히 드러난다고 주장한다. 양분이 풍부한 토양에 사과 씨를 심어야 과실이 열리는 나무로 성장하듯, 우리도 이와 별반 다르지 않다. 우리가 결실을 맺으려는 열매의 유형은 우리의 고유한 재능과 유전적 특징과 기질에 달려 있다. 정신분석가 카렌 호나이(Karen Horney)는 이 핵심 자기를 실제 자기(real self)와 동일시했는데 이것은 중독 치유 운동으로 유명해진 용어인 '내면 아이(inner child)'와 비슷하다.

어린 시절, 실제 자기가 허용되었다면 성인이 되어서도 직업, 취미, 흥미, 성격, 우정, 유머 감각을 통해 나를 표현한다. 무슨 옷을 입어야 할지 또는 누구와 결혼해야 할지를 결정하는 다양한 선택에서도 마찬가지이다. 실제 자기를 아는 것은 중요하다. 정체성의 토대를 형성하고 실제 목적에 충실한 사람이 되도록 돕기 때문이다. 실제 자기는 충만하고 의미 있는 삶과 관계를 가능하게 해준다.

하지만 부모 혹은 부모 역할을 맡은 사람들이 실제 자기를 완전히 또는 부분적으로 부정하거나 거부하거나 무시한다면 우리는 '가공의' 정체성을 만들어내 적응한다. 그래야 우리가 처한 가정 환경에서 살아남을 수 있기 때문이다. 이렇게 조작된 정체성은 우리를 위장할 뿐만 아니라 실제 자기와 멀찌감치 떼어놓음으로써 성인기를 비참하게 만든다. 실제로 가짜 정체성은 네 가지로 나뉜다.(그림 2.1 참조)

이상적 자기(어떤 존재가 '되어야' 한다고 믿는 나)
가면 인격(타인에게 보여주는 나)
내면 비판자(내면의 부끄러운 목소리)
자기 비하적 자기(내면 비판자가 모욕한 결과물)

어린 시절의 수치심이 이런 정체성에 어떤 영향을 끼치는지 살펴본 후 이번 장의 후반부에서는 내면 비판자에 관해서 알아볼 것이다. 여기서 이상적 자기와 공의존적 자기를 자세히 들여다볼

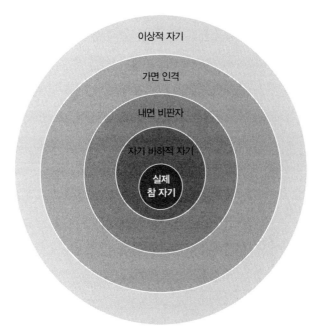

그림 2.1 **자기의 발달**

텐데, 이 자기는 가면 인격으로 표출될 때가 많다. 내면 비판자와 자기 비하적 자기의 결과물이다. 하지만 먼저 '실제 자기'의 의미를 명확히 이해해야 한다.

실제 자기

실제 자기는 진정한 느낌, 욕구, 타고난 재능, 그리고 온전함을 향해 나아가도록 우리를 이끈다. 건강한 실제 참 자기는 타인에게 반응할 때 기쁨에서 분노, 그리고 슬픔까지 자신이 느끼는 그대로 자연스럽게 표현한다. 또한 자신이 필요한 것과 원하는 것을 변명 없이 전한다. 마치 유아에게서 볼 수 있는 적극적 주장처럼 실제 자기는 '네'와 '아니오', '하고 싶어요'와 '하기 싫어요'라고 솔직하게 답한다. 이렇듯 실제 자기는 정신과 몸과 생각과 느낌 간에 심각한 내적 갈등 없이 내면의 평가에 따라 결정을 내린다. '온전한 나'를 느끼는 것이다.

세상에는 우리의 생각과 욕구, 감정을 표현하도록 허용해주고 우리의 개성을 발휘하도록 격려하는 이들이 있다. 실제 자기는 이런 사람들이 만드는 따뜻한 분위기 속에서 자라난다. 실제 자기는 보살핌과 진정한 유대, 안전한 환경이 필요한데, 이것들은 모두 우리에게 소속감을 느끼게 해준다. 자녀의 욕구, 요구, 행동에 대한 부모의 반응은 실제 자기가 성장하는 데 매우 중요하다. 건강하고 긍정적인 부모의 반응은 신뢰의 유대를 형성하고, 이 유대감은 실제 자기의 발달을 촉진한다. 부모로부터 진심으로 사랑받는다고 느끼려면, 부모가 바라는 나의 모습이 아니라 있는 그대로 받아들여지고 있다는 믿음이 필요하다.

어릴 적 우리는 정체성을 구성하는 많은 결정들을 통해 어떻게 세상을 살고 싶은지 가늠해본다. 어른이 되어서는 '나'라는 존재에 대한 믿음을 발전시킴으로써 정체성을 만들어낸다. 부모와 타인이 우리의 실제 참 자기에 공감해줄 때 그들이 나를 보고 듣는다고 느낌으로써 진실하고 건강한 정체성을 구축할 수 있다.[8] 자녀의 입장이 되어보고 자녀의 관점에서 상황을 이해하려고 애쓰는 부모는 아이가 자기 내면의 신호를 알아차리고 신뢰하는 법을 배우도록 양육하는 것이다. 예를 들어 부모가 자녀의 감정을 정확히 표현하고 공감하며 자녀의 욕구를 충족시킬 때 부모는 자녀의 참 자기를 긍정해주는 것이다. 그들은 자녀를 독립된 개체로서 공감해주고 존중해준다. 그들의 자녀는 자기 자신의 인식과 생각과 감정을 체화하고 신뢰하는 법을 배우게 된다. 또한 이런 일치 과정을 거치며 점차 온전하면서도 분리된 자기를 발전시킨다.

공감과 이해가 결핍된 환경에 놓인 어린아이는 견디기 힘든 고립감을 느낄 수 있다. 고립감은 불안을 초래하며, 인간의 가장 기본적인 욕구를 인정하지 않도록 이끄는데, 바로 아이의 개별화된 정신적 존재가 그것이다. 이런 상황에 처한 아이들에게는 '고립감과 무력감', 그리고 '극심한 불안과 막연한 두려움'이 엄습할 수 있다. 카렌 호나이는 이것을 '근본적 불안(basic anxiety)'이라고 부른다.[9] 대부분의 공의존자들은 어린 시절에 독립된 개체로서 사랑받은 적이 없다. 우리 중에는 '투명 인간 트라우마'를 겪었거나 부모가 그려낸 혼란스럽고 불확실한 세상에서 수치심과 공허감을 경험한 사람들도 있다.[10] 독립된 개체로서 부모의 사랑을 받지 못한 아이들은 그 공허감을 채우려는 갈망뿐 아니라 버림받은 느낌, 무력감, 외로움, 절망감에 휩싸일 수 있다. 이런 감정들은 분노로 나아갈 수 있지만 분노를 표출하는 일, 특히 어린아이가 분노를 표출하는 것은 위험할 때가 많다. 하지만 시간이 흐르면서 이렇게 억눌린 적대감은 삶 속에서 자신 또는 타인에게 시기심, 불신, 경멸로 표출될 수 있다. 그리고 이 행동들은 우리가 사랑을 주고받지 못하게 방해한다.

이상적 자기

부모가 자신감을 심어주지 않거나 실제 자기를 솔직하게 표현하도록 북돋우지 않으면 우리의 진짜 감정은 점차 약해져서 수치심에 포위당하게 된다. 시간이 흐르면서 수치심이 내면화됨에 따라 우리는 실제 자기를 거부하고 새로운 정체성을 만들어낸다. 바로 자신의 성격, 방어 행동, 경험에 의해 형성된 허구의 자기이다.[11] 이 이상적 자기는 실제 자기를 보호하는 역할을 하며, 필요로 하는 사랑을 받도록 해준다.

이상적 자기는 가정에서 살아남으려면 자신이 어떤 사람이 '되어야 하는지'를 반영한다. 그러나 이상적 자기는 우리의 실제 자기를 보호하지 못하며 우리의 본모습으로부터 더 멀어지게 한다. 예를 들어 가정에서 슬픈 감정이 용납되지 않는다면 아이는 끊임없이 행복해하는 모습, 심지어 즐거워하는 모습만을 마음속에 그릴지도 모른다. 그것은 '집안의 주인공', '강한 아이', 또는 '착한 아이'가 되는 것을 의미할 수도 있다. 실제 자기에는 우리의 결점이 포함되어 있다. 실제 자기를 바탕으로 하는 적절한 목표가 반영된 건강한 이상과는 대조적으로, 이상적 자기는 진정한 자신감과 자부심을 대체하는 고정 관념이라고 할 수 있다.[12] 이런 자기 이미지를 자기 자신이라고 믿는다면 그렇게 믿는 만큼, 또는 믿어야 한다거나 믿을 수 있는 만큼, 이 이미지는 미숙하고 마음에 들지 않는 실제 자기보다 더 진짜처럼 보이기 시작할 수 있다.[13]

이상적 자기는 상상에 의한 수용감, 가치감, 우월감을 느끼게 해준다. 또한 자기 충족감을 위한 통로와 정체성을 제공해준다. 겉보기에 이것은 훌륭한 해결책처럼 보일 수 있다. 견딜 수 없을 만큼 괴로운 내면화된 수치심을 완화해주기 때문이다. 따라서 이상적 자기를 완성하려는 노력은 강박적일 수 있다. 이를테면 실제 자기는 감추고 이상화된 자기만을 표현하려고 애쓰는 것이다. 불행히도 이상적 자기 집착은 우리의 전 생애와 발달 경로를 바꿀 수도 있는 엄청난 일이다.[14] 그리고 이런 거짓 이상에 맞추려고 노력함으로써 우리는 더 강렬한 소외감을 경험하게 된다. 내가 그랬던 것처럼 단지 부모님과 타인의 인정을 받기 위해 배우자, 생활 방식, 직업을 선택할지도 모른다. 나는 그런 방식으로 법률가가 되려고 잘못된 길을 선택한 좋은 예이다. 변호사가 되면 부모님이 나를 함부로 대하지 않으리라는 무의식적 생각에 빠져 있었던 것이다. 내가 처음에 원했던 직업들은 부모님 모두 인정하지 않았는데 그중 하나가 심리 치료사였다.

공의존적 자기

한편 공의존은 수치심을 없애려고 거짓 '자기'를 만들어내는 또 다른 방식이다. 그러나 이것은 이상적 자기를 만드는 것보다 훨씬 더 심각하다. 이 거짓 자기는 세상에 내보이는 가면 인격이다. 공의존자는 실제 자기와 단절되어 있다. 내가 내린 공의존자의 정의는 타고난 자기로는 역할을 제대로 수행하지 못하는 사람이다. 대신 타인, 행위, 물질을 기반으로 삼아 자신의 사고와 태도를 구성하는 사람이다. 사람이든, 행위(도박, 섹스)든, 물질(음식, 약물,

알코올)이든 그들의 중독은 모두 비슷한 증상과 특징을 보인다.[15] 자이점이라면 의존 대상이 다르다는 점이다. 공의존은 '잃어버린 자기'라는 질병이다.[16] 그것은 우리에게서 생명력과 자생력과 자기 충족의 기회를 빼앗는다.

정도의 차이는 있지만 우리는 모두 공의존 증상을 보인다. 예를 들어 결심, 의지, 행동, 욕구, 인생의 진로 결정과 관련된 능력에서 결함을 보일 수 있다. 이것은 자기 소외라고 할 수 있다. 자기 소외는 불안과 수치심처럼 증상과 행동을 통해 나타난다는 공통점이 있다. 우리 중 일부는 자기 개념이 모호하다. 이들은 자신이나 주변 사람들과 관련해 무엇이 진실이고 거짓인지 인식하지 못한다. 머리가 혼란스러울 수도 있다. 또한 무엇을 느끼고, 무엇을 믿으며, 무엇을 주장해야 할지 모른다. 또 어떤 사람들은 이상적 자기와 결합된 강한 견해가 있을지도 모른다. 자신의 감정과 만날 수 있는 정도는 다양하지만 이상적 자기의 비난에 의해 제한된다. 그들의 감정은 타인의 행동이나 말에 반응할 때를 '제외하면' 자발적으로 일어나지도 않고 깊이도 없을 수 있다. 그래서 혼자 있을 때 공허하고 우울한 것이다. 어쩌면 이런 이유로 갈등과 드라마로 채워진 생동감 넘치는 관계의 효력에 끌리는지도 모른다.

실제 자기와 이상적 자기처럼 우리의 공의존적 자기는 보통 어린 시절에 그 뿌리를 두고 있다. 특히 부모 중 한쪽 또는 양쪽 모두가 공의존적이었다면 더 그렇다. 대인 관계의 경계선이 분명하지 않은 공의존적 부모는 대개 자녀를 자신의 분신으로 여겨 독자적이고 분리된 개별 인격체로 보지 않는다. 심지어 '다정한' 부모도 그럴 수 있다. 이들은 공감할 줄 모른다. 공감하는 대신 자녀를 자신의 자존감을 높이고, 이상을 실현하며, 욕구를 충족하는 데 활용한다. 부모로부터 실제 자기를 인정받지 못한 아이는 생존을 위해 자신을 돌봐주는 사람들과 자신이 처한 상황에 적응해야 한다. 이제 이 아이는 자신의 감정과 욕구가 옳지 않으며 중요하지 않다고 믿기 시작한다. 부모와 관계를 맺고 그들의 인정을 받으려고, 또는 적어도 자신의 안전을 위해 아이는 솔직한 감정과 욕구와 필요를 억누른다. 그 과정에서 아이는 자신의 고유한 신호 및 반응과 접속이 끊어지고, 결국 자율적 자기의 건강한 성장이 손상된다. 실제 자기가 약해지면 공의존이 나타나 아이의 자연스러운 개체화를 방해한다. 개체화란 인지, 사고, 감정, 기억을 인정하고 신뢰하며, 인지적·정서적·심리적으로 분리된 개체가 되는 과정이다. 이 과정이 세대를 넘어 공의존이 전달되는 방식이다.

부모가 지속적으로 자녀의 실제 자기를 공감하고 인정해주지 않으면 공의존에 더해 수치심마저 촉발한다. 정서적 교감이 부족한 부모를 둔 자녀는 자신이 버림받았다고 느낀다. 이것은 아이가 느끼는 최악의 공포이다. 부모가 자신을 원하지 않는다는 의미로 받아들이기 때문이다. 어머니의 얼굴 표정과 목소리, 손길에서 무반응 혹은 자신을 이해해주지 않는 느낌이 들면 아이들은 자신이 사랑스럽지 않고, 외롭고, 불운하다고 생각한다.[17] 아이들은 이런 정서적 유기와 실망감을 자기 자신이 나쁘고, 중요하지 않으며, 부족하고, 근본적으로 애정 어린 관계를 맺을 자격이 없나는 의미로 해석한다. 즉, 부모의 행동을 자기 탓이라고 비난하는 것이다. 부모와 맺은 관계가 일시적이거나 우발적으로 끊어진 것이라면 사랑으로 연결된 유대는 회복될 수 있다. 특히 부모가 자신의 행동을 알아차리고 사과하면 관계가 회복된다. 하지만 정서적 유기가 자주 되풀이된다면 자녀는 자신의 실제 자기와 단절되고 수치심에 휩싸이게 된다.(그림 2.1 참조. 이 그림에서 내면 비판자는 실제 자기를 에워싸고 있다.)

공의존자들은 가짜 이상적 자기와 연결된 감정과 특성을 유지하고 촉진하는 데 모든 에너지를 쏟아붓는다. 반면에 이에 걸맞지 않은 감정과 특성은 감추려고 하는데, 타인은 물론 자신에게조차 용납되지 않을까 봐 두렵기 때문이다.[18] 하지만 이상적 자기와 불일치하는 생각과 감정을 감추거나 완전히 억제하면 우리는 우리의 진정한 자기로부터 더욱 멀어질 수밖에 없다. 수치심은 이처럼 실제 자기와 이상적 자기 사이에서 필연적으로 나타나는 틈

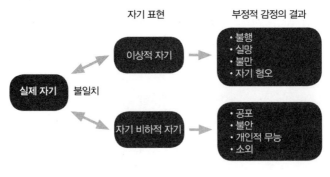

그림 2.2 **분열된 자기**[19]

을 느낄 때 발생한다. 그리고 타인이 이런 모순을 알아차렸다고 믿는 순간, 우리의 수치스러운 느낌은 몹시 고통스러울 수 있다. 그림 2.2에서 보듯이 자기 비하적 자기는 실제 자기와 이상적 자기 간에 벌어진 틈만큼 보조를 맞추어 동일하게 발전한다.

우울한 아이 곁 우울한 부모

자녀 양육은 쉬운 일이 아니며 수치심은 결코 부모가 의도한 것이 아니다. 가족을 부양하기 위한 육체적·감정적·재정적 요구는, 특히 대가족이라면 부모의 에너지를 고갈시킬 수 있다. 그리고 피곤하게 만들 뿐만 아니라 마음을 불안하고 초조하고 우울하게 만든다. 또한 늘 걱정으로 정신을 빼앗기기도 한다. 우울한 어머니를 둔 자녀는 때로 어머니의 건강과 가사 소홀을 자신의 탓으로 여겨 자책하기도 한다.[20] 아이들은 제각기 기질과 감수성이 다양하기 때문에 부모의 태도가 자녀들에게 미치는 영향은 모두 다르다. 부모가 불만, 조롱, 과도한 훈육으로 일관하고 애정을 주지 않거나 무관심한 표정을 보일 때, 자녀는 수치심을 느낄 수 있다. 그 결과 종종 이 아이들은 자라서 수치심에 취약한 어른이 되기도 한다. 테드라는 내담자가 있었다. 그는 유명한 오케스트라에 들어오라는 제안을 받았을 때 부모가 보인 무관심과 관련된 슬픈 이야기를 들려주었다. 부모는 언제나 아들이 음악이 아니라 학문에 집중하기를 바랐다고 한다. 그래서 부모 앞에만 서면 투명 인간이 된 듯했고 이해받지 못한다고 느꼈다. 가족 안에서도 마치 자신을 외계인처럼 느낀 것이었다. 실제 자기를 드러낸다 해도 자신이 부모를 만족시킬 수 있는 것은 아무것도 없다고 생각했다.

심지어 아주 사소해 보이는 사건일지라도 충격이 클 수 있다. 아이들은 어른들의 무관심, 무시, 짜증을 상처받고 버림받는 것과 동일하게 해석할 수 있다. 여덟 살 때 아버지에게 비누 인형을 건넸던 일이 생각난다. "그거 잘 만들었구나." 하고 아버지는 감정 없는 목소리로 말했다. 순간 몹시 상처를 받은 나는 아버지가 내 비누 인형을 마음에 들어 하지 않는다고 생각했다. 내가 울음을 터뜨리자 눈가에 눈물이 고인 아버지는 사랑한다고 말하며 나를 안심시켜주었다. 그때 아버지가 그렇게 하지 않았더라면 나는 아버지의 사랑을 받지 못하는 아이라고 생각했을 것이다. 그리고 비누 인형뿐만 아니라 '나' 역시 열등하다는 믿음에 빠졌을 것이다.

공의존 부모

부모의 훈육 방식과 사회화 방식에서 비롯된 내면화된 수치심은 세대를 넘어 전달될 수 있다. 그러나 공의존자들 중에는 자신이 어릴 때 무슨 문제가 있었는지 도무지 깨닫지 못하는 사람들이 있다. 지극히 정상적으로 보이거나 심지어 남들보다 운이 좋았던 것처럼 느껴지기도 한다. 하지만 태도가 호의적이고 양심적이더라도 정서적으로 결핍되어 있고 자기 감각이 부족한 부모라면 자녀에게 수치심을 안겨줄 수 있다. 어쩌면 자신의 정서적 욕구를 만족시키려고 은밀하게 자녀를 조종하는지도 모른다. 즉 어린 시절에 입었던 상처를 치유하는 대신 자녀들을 통해 해결하려 할 수 있다는 뜻이다. 자신이 양육된 방식과 정반대로 자녀를 양육하려고 애쓰면서 말이다. 심지어 무의식적으로 경계를 넘는 행위를 할 수도 있다. 예를 들어 어린 시절에 방치되었던 부모는 자녀의 일에 과도하게 관여할지 모른다. 이와는 달리 지나친 통제에 시달렸던 부모는 지나치게 방임할 수 있다. 학대받고 자란 부모는 과잉보호의 늪에 빠질 수 있다. 그 결과 자녀들은 자율성, 경계선 구분, 자기 신뢰와 관련된 공의존적 문제들을 키울 수 있다.

해소되지 않은 억울함

많은 부모들의 마음속에는 과거에 해소되지 않은 억울함이 있는데 자녀들과 자신을 비교하는 순간 이 억울함이 되살아난다. 이를테면 아들이 자신의 능력이 뛰어나다고 자랑하거나 무언가를 성취했다고 자랑할 때, 아버지는 교묘하게 창피를 줄지도 모른다. 아무리 아들이 열심히 공부를 했더라도 마찬가지이다. 또 열등하고 감사할 줄 모르는 게을러빠진 놈이라고 비난할지도 모른다. 어머니도 이와 다를 바 없다. 딸의 멋진 차림새를 못마땅하다는 듯이, 어릴 적 볼품없던 자신의 옷들과 비교하며 시샘하기도 한다. 어린 시절이 이런 빈정거림의 기억들로 채워진다면 아이들은 엄청난 상처를 입을 수 있다.

성공에 대한 압박

자녀가 이룬 성공을 인정하기는 하지만 자녀를 더욱 분발하게 하거나 더 열심히 하라고 채찍질하는 부모도 있다. 더 높은 목표를 성취하도록 이처럼 압박하는 이유는 사실 부모의 공포와 수치심과 무능감 때문인 경우가 있다. 이런 경우, 자녀들은 무엇을 하더라도 열등감을 느낄 수밖에 없다. 바버라의 부모는 성공을 위해 필요한 것이 있다면 무엇이든 다 해주겠다고 반복해서 말했다. 그리고 실제로 딸의 과제를 도와주었으며 돈을 들여 개인 지도 교사도 구해주었다. 하지만 바버라는 전 과목에서 만점을 받지 못하자 마치 낙오자로 전락한 듯한 무능감에 빠졌다. 그리고 어머니와 아버지를 실망시켰다는 생각에 수치심에 휩싸였다. '자기 자신'이야말로 이 문제의 장본인이라고 확신했던 것이다. 어머니와 아버지는 자신에게 필요한 모든 것을 제공함으로써 부모 역할을 다했다는 생각 때문이었다.

칭찬이 과하거나 인색한 부모

"넌 참 착한 아이구나!" 또는 "정말 잘했어!" 같은 긍정적인 말도 아이에게는 지나치게 막연한 느낌을 줄 수 있다. 그리고 막연한 자기 평가로 이끌 수도 있으며 이와는 반대로 "난 별로야(또는 구제불능이야)."라고 추측할 수 있다.[21] 만약 부모가 칭찬에 인색하거나 전혀 칭찬하지 않을 때, 또는 칭찬을 너무 많이 하거나 칭찬과 비난 사이를 오락가락한다면, 그래서 자녀가 자신이 어떤 상태인지 혼란스러워한다면, 칭찬에 중독될지도 모른다.[22] 수지는 재능 있는 가수였지만 수치심과 낮은 자존감으로 고통을 받았다. 자라면서 단 한 번도 칭찬도 비난도 받은 적이 없었기 때문이다.

수지는 자기 감각 또는 자신의 재능에 대한 자신감이 없었다. 그리고 타인과 관계를 맺으려고 애쓸 때마다 자의식과 불안에 시달렸다.

아이를 조종하는 부모

많은 공의존자들이 어린 시절에 보호받지 못했고, 외로웠으며, 이해받지 못했다고 기억한다. 이런 상황을 혼란스러워하는 사람들도 있다. 분명히 부모로부터 사랑한다는 말을 들으며 자랐기 때문이다. 하지만 존중이나 애정이 부족했던 것이다. 어쩌면 부모들은 아이들을 사랑하고 스스로 좋은 부모라고 믿었을지도 모르겠다. 다만 양육의 기술이 부족했거나 자녀들에게 애정을 표현하는 방법을 몰랐을 수도 있다. 질투가 많고 냉정한 부모 중에는 애정, 기회, 물질 공세를 퍼부으며 자녀를 조종하는 경우도 있다. 그리고 동시에 자식들에게 상기시키는 것이 있다. 바로 그런 선물들을 마련하기까지 치른 부모의 희생이다.

권위주의적 부모

권위주의적 가정 또는 중독이나 학대가 존재하는 가정의 자녀들은 부모에게 존중받지 못한다.(내가 의미하는 '학대'란 애정을 주지 않는 정서적 학대뿐만 아니라 성적, 신체적, 언어적 학대를 포함한다.) 부모는 협박, 애정 주지 않기, 학대, 모욕을 통해 벌과 복종이라는 칼을 뽑아든다. 수치심을 주는 행위는 화나 분노를 동반할 때가 많으며 아이들은 마치 살얼음판 위를 걷는 기분이 든다. 아이들이 수치 불안을 느끼면 결국 부모와 다른 권위적 인물들, 그리고 자기 자신에 대한 신뢰를 잃어버리게 된다.

만약 부모의 훈육 방식이 '내 방식이 싫으면 당장 꺼져!'라면 아이들은 삶에서 스스로 선택하고 통제할 수 있는 것은 아무것도 없다고 생각하게 된다. 대신 부모가 모든 힘을 장악하게 된다. 힘이란 타인에 '의해' 발휘되는 것이라는 메시지를 받으며, 아이들은 열등감과 무력감에 빠진다. 이런 가정에서 성장한 아이들은 마치 자신에게는 아무런 권리가 없으며 자신의 생각이나 감정 따위는 중요하지 않다는 생각에 빠질 수 있다. 내담자였던 낸시는 자신의 가치가 돈으로 매겨지던 시절을 내게 들려주었다. 낸시의 아버지는 매년 자신을 키우는 데 들어가는 돈이 얼마인지 상기시킨 후 '순자산' 가치 측면에서 남는 이익이 없다고 지적했다고 한다.

약물 중독 부모를 둔 가정뿐만 아니라 권위주의적 가정에서도 규칙이 엄격하고 독단적이거나 일관성이 없다. 이런 가정에서는 평온함, 칭찬, 벌을 예측할 수 없다. 따라서 아이들의 존엄성과 자존심은 손상될 수밖에 없다. 아이들은 무기력과 분노, 불신, 열등감을 느낄 수 있으며, 반항과 순종의 양극단 사이에서 갈팡질팡한다. 가정 내 규칙이 끊임없이 바뀌기 때문에 아이들은 늘 부모를 기쁘게 하려고 애쓴다. 말을 잘 들으면 부모가 인정해줄 것이라 믿는 것이다. 불행히도 이 믿음은 착각이다. 부모로부터 끊임없이 자신에게 잘못이 있고 쓸모없다는 믿음을 강요당하면서 결국 자신을 비난하게 된다.[23] 이 중에는 지나치게 독립적인 성향을 보이고 권력, 일, 돈 문제에서 안정과 자립을 모색하는 아이들이 많다.

아이 비난하기

'비난하는' 가정에서도 비슷한 패턴이 보인다. 뭔가 일이 잘못되면 해결책을 찾기보다 반드시 비난할 대상을 찾는 것이다. 수치심에 억압된 배우자는 자신의 남편 또는 아내를 비난하거나 자녀를 비난한다. 가족 구성원들 모두 비난을 하거나 비난을 당하는 배역을 맡는 것이다. 고통과 수치심은 나이가 많거나 강한 형제자매에서 어리거나 약한 형제자매로 이동한다. 이런 현상은 힘의 서열이 정해진 가정에서도 관찰된다. 가족 구성원들은 제각기 자신보다 약한 대상을 모욕하고 이래라저래라 참견하려고 한다. 때로 형제 또는 자매에게 들볶이고 정신적 충격을 받을 수도 있다. 하지만 많은 부모들이 이런 유형의 놀림이 얼마나 큰 상처가 되는지 깨닫지 못한다. 결국 한 아이가 가족 전체의 놀림과 조롱의 희생양이 될 수도 있다. 이런 가족의 역할과 패턴은 성인이 되어서도 인간 관계에서 되풀이될 때가 많다.

수치심을 잘 극복하는 아이의 부모

완벽하게 좋은 부모도 없고 완벽하게 나쁜 부모도 없다. 대부분은 무심코 자녀에게 수치심을 주는 경우가 어쩌다 일어난다. 다만 사랑과 격려라는 건강한 약이 균형을 잡아준다.

톰킨스는 수치심을 약화하는 방식과 수치심을 일으키는 두 가지 양육 방식을 비교한다.[24] 부모의 비난과 비판, 벌, 평가는 자녀의 수치심을 일으키는 반면, 자녀의 실수를 너그러이 참아주고 용서하며 부모가 자신의 실수를 사과하면 수치심은 약해진다. 또한 자녀가 실패했을 때 공감해주고, 고통받을 때 위로해주며, 자녀의 수치심, 죄책감, 부끄러움, 좌절을 기꺼이 받아줄 때 수치심은 약해질 수 있다. 이때 자녀의 기분이 나아지거나 바뀌도록 압박하지 않아야 한다.

자녀를 직접 대하는 방식만 수치심에 영향을 주는 것은 아니다. 어떤 둔감한 부모들은 자녀와 관련된 창피한 이야기들을 마구 떠벌리며 재미있어한다. 그것도 자녀가 보는 앞에서 다른 사람들을 즐겁게 하려고 말이다. 일반적으로 부모가 이야기하는 방식과 타인을 대하는 방식도 영향이 크다. 부모의 평가, 비난, 뒷이야기, 타인에게 하는 행동이 경멸감이나 혐오감과 결합한다면 문제가 될 수 있다. 특히 '빈곤'층이나 집단 또는 소수자나 집단과 관련될 때 그러하다. 부모가 자녀에게 본을 보이고 있기 때문이다. 이 아이들은 타인뿐만 아니라 자신에게도 이와 똑같이 대하는 법을 배우게 된다.

반면에 아이들을 존중하고 지속적으로 위로하고 지지하며, 자신의 힘으로 나아가도록 이끌어준다면, 삶의 일부인 실망감과 수치심을 더욱 잘 헤쳐 나갈 수 있다. 아이들은 부모를 신뢰하는 법과 동료와 상호 의존하는 능력을 발전시키는 법을 배우게 된다. 이런 가정의 아이들은 다른 사람들이 배려한다는 믿음, 언제든 도움을 받을 수 있다는 믿음, 타인을 돕는 데 필요한 의지와 공감 능력이 자신에게 있다는 믿음이 있다.[25] 또한 고통, 상실, 거절, 외로움을 받아들일 용기가 있으며 문제 해결을 위한 수단도 갖추게 되는데, 이 모든 것은 독자성과 정체성 형성에 도움을 준다.[26]

수치심에 짓눌리는 감정들

기생충이 숙주에 붙어살 듯, 수치심도 하나 또는 그 이상의 욕구나 감정과 결합할 수 있다. '기생적 수치심'은 아이였을 때 도움이 필요하다는 사실이 부끄럽거나, 무서워하거나 화를 내는 자신이 부끄러울 때 발생한다. 즉, 노골적으로 창피를 당하지 않더라도 발생한다는 뜻이다. 아이는 자신의 감정과 욕구에 반응하지 않는 부모의 태도를 짐작할 수 있기 때문이다. 어릴 때 어머니 품에 안겨본 적이 없거나 힘들 때 위로받은 적이 없는 사람이 어머니가 되면 자신의 아기가 괴로워할 때 간헐적으로 또는 모순되는 태도로 달랠지도 모른다. 또는 단순히 아기를 흔들어주거나 말로 달랠 뿐 애정이 담긴 말이나 어루만지는 행동은 하지 않을 수 있다. 이 아기는 어머니의 손길에 대한 욕구나 위로받고 싶은 욕구, 또는 정신적 고통과 관련된 기생적 수치심이 발달할 수 있다. 기생적 수치심은 은밀하면서도 파괴적일 수 있다. 수치심에 억눌린 감정과 욕구가 성인에게 주는 충격은 우리의 내면화된 수치심이 그런 감정과 욕구에 얼마나 묶여 있거나 달라붙어 있는가에 달려 있다.

일단 감정이나 욕구가 수치심에 억눌린 사람은 수치심을 일으키는 외부 자극이 없어도 수치심을 느낄 수 있다. 감정이나 욕구를 느끼는 것만으로도 수치심이 일어나기 때문이다. 또한 기생적 수치심은 우리의 감정과 욕구를 자각하지 못하게 방해할 수도 있다. 수치심을 회피하고 그런 감정 또는 욕구를 외면하기 위해 방어벽을 쌓는 것이다. 이를테면 자신의 부족한 면을 부끄러워하는 사람(수치심에 억눌린 취약성)은 취약한 상황에 놓일 때 자의식과 수치심을 경험할 수 있다. 아무도 비판하거나 수치심을 주지 않는데도 말이다. 심지어 수치스럽고 취약한 느낌을 피하려고 부정 또는 지성화(가능한 한 객관적이고 이성적인 태도로 불쾌한 감정을 회피) 같은 방어 기제를 사용할지도 모른다. 공의존자들은 공통적으로 자신의 수많은 정서적 욕구를 수치스러워하고 부정하려 한다. 따라서 도움과 위로와 응원이 필요한데도 그것을 요구한다는 것은 이들에게 수치심을 줄 수 있다. 그래서 대부분은 자립적인 사람이 되려고 애쓴다. 그리고 자신의 고유한 욕구에는 귀 기울이지 않으면서 타인을 보살피는 데만 관심을 보일 때가 많다. 그들의 부모가 그랬듯이 말이다. 수치심에 억눌린 가장 흔한 감정에는 정신적 고통, 공포, 분노가 있다.

정신적 고통

불쾌감이나 정신적 고통이 수치심에 억눌린 여성은 자기 공감이 거의 없거나 아예 없을지도 모른다. 그리고 불쾌감과 관련된 생각은 경멸하듯이 모두 자기 연민이라는 낙인을 찍으려 할 수 있다. 이 여성의 어머니는 아이가 어린 시절 울음을 터뜨리고 불평할 때마다 수치심을 주었을 가능성이 크다. 어른이 되면 그녀의 수치심은 질병, 불쾌감, 피로, 상실, 외로움에 대한 대처 능력뿐만 아니라 문제 해결 능력을 더욱 떨어뜨린다.[27] 늘 혼자서 문제를 해결해야 한다고 생각해 왔기 때문에 자라면서 고립감을 느꼈을 것이다. 또 타인을 믿거나 그들에게 도움을 요청하는 것은 있을 수 없는 일이라 믿었을 것이다. 정신적 고통을 솔직하게 표현할 때 부모가 벌을 준다면 이 여성은 공포심마저 느낄 수 있다. 그리고 상실과 외로움을 몹시 두려워하게 될 수도 있다. 심지어 공포심과 수치심을 회피하려고 자신의 감정을 부정하거나 무시할 수도 있다. 이제 이 여성은 정신적 고통을 일으킬지 모를 장애물이라면 모조리 회피할 가능성이 크다. 대신 외부 문제에 관심을 기울이거나 조작할 가능성도 크다. 이 여성은 공감 능력이 부족해지거나, 심지어 정신적 고통에 빠진 자신과 타인을 경멸할지도 모른다.[28]

공포

아이가 두려워할 때 부모가 위협하고 꾸짖는다면 기생적 공포 수치심을 일으킬 수 있다. 특히 남자아이들은 공포감을 드러내는 것을 수치스러워할 때가 많다. 또래 친구들이나 부모들은 학교에서 못된 짓을 일삼는 학생과 맞서 싸우지 않는 아이들을 '계집애 같은 아이' 또는 '겁쟁이'라고 부르기도 한다. 또는 조롱하거나 "그만 징징대라, 안 그럼 혼내줄 거야!" 하고 협박하면서 "철 좀 들어!"라고 잔소리를 할 수도 있다.

중학생 밧줄타기 활동에 심리 치료사 자격으로 참여한 적이 있었다. 9미터짜리 밧줄 사다리를 타고 작은 발판이 있는 데까지 올라가, 180도 몸을 돌려 도약한 후 공중에 매달린 그네를 붙잡아야 했다. 이전에 나도 이 활동을 해본 적이 있다. 안전 장치가 있다고는 하지만 공포심을 달래기에는 역부족이라는 것을 난 알고 있었다. 한 어린 남학생이 마지못해 겨우 사다리를 오르다가 얼마 안 가서 멈추고 말았다. 학생은 제발 내려가게 해 달라고 애원했지만 교관은 그때마다 창피를 주었다. 교관은 자신감을 키우도록 학생을 도왔을 뿐 자신에게는 아무런 문제가 없다고 했다. 하지만 남학생은 타인에게 자신의 공포가 노출된 것뿐만 아니라 유약함, 정신적 고통, 약점이 공개적으로 드러난 것이 수치스러웠다.

아이가 비이성적으로 공포심을 드러낼 때 순간 웃음을 터뜨리는 것도 수치심을 일으킨다. 어린 시절 나는 무서움을 많이 탄다고 자주 창피를 당하곤 했다. 남동생은 괴물 흉내를 내거나 내 등에 왕거미가 붙었다며 겁을 주곤 했는데 사람들은 재미있어하는 것 같았다. 그런 내가 부끄러웠다. 또 한번은 나무를 타고 오르던 친구를 따라 올라가려던 적이 있었다. 너무 무서워서 어머니에게 무섭다고 말하자 내게 용기를 주려 했는지 웃음을 터뜨리면서 이렇게 말했다. "나무를 오르는 건 새들이 날아가도록 도와주려는 거야. 언젠가는 네 친구도 너처럼 요조숙녀가 되고 싶은 날이 올 거야." 물론 선의로 한 말이었지만 내게는 큰 충격이었다. 그

후로 나는 내 수치심과 공포심을 억눌러야 했으며 나무를 오르던 내 친구를 어떻게든 따라하려고 했다. 그리고 나무타기를 두려워하는 반 친구들을 경멸했다.

분노

자녀가 분노를 드러낼 때 부모 역시 창피를 줄 때가 많다. 주로 자녀를 통제하려고 그렇게 한다. 자녀가 말대꾸를 하거나 목소리를 높일 때 꾸짖는 행위가 이에 해당한다. "네가 뭐라고 감히 엄마한테 소리를 지르니?" 여자애들이 화를 내면 '여성스럽지' 않다거나 '고상하지' 않다는 소리를 자주 한다. 어떤 사람들은 분노를 표출하는 것이 영적이지 못하거나 기독교 신자답지 못하다고 믿는다. 부모들은 자주 통제하기 위해 화를 내는 아이를 벌한다. 분노에 대한 벌은 화에는 벌이 따른다는 공포심을 주입한다. 그리고 분노 공포와 결합된 수치심을 낳는다.

나 역시 자라면서 화를 낼 때마다 혼이 나거나 벌을 받았다. 이로 인해 몇 년 동안 분노를 억눌렀다. 불쾌한 일이 벌어져도 몇 주 뒤에야 화가 났고 분명 기분이 나빠야 할 상황인데도 전혀 화가 나지 않을 때도 있었다. 억압된 분노는 수동 공격적인 행동으로 발전했다. 화가 나도 직접 표현하지 않고 간접적인 방법을 사용했는데 능청을 부리거나 고집을 피우고 다른 방식으로 불쾌감을 표출했다. 한번은 실제 감정과 완전히 다른 말을 하는 나를 자각하기도 했다. 무언가를 좋아한다고 말하고 있었는데, 사실 마음속 깊은 곳에서는 분노가 가득했던 것이다.(이것은 전문 용어로

'반동 형성' 방어라고 한다.)

　나의 분노는 알아넌에서 표출되기 시작했다. 그리고 내 분노를 해롭지 않은 방식으로 다루는 법을 배워야 했다. 나는 수동 공격적 행동을 멈추고 적극적으로 주장하는 법을 배웠는데, 바로 타인의 행동에 대해 느낀 바를 직설적으로 표현하는 것이었다. 이 방법은 단지 한 과정이었다. 처음에는 화를 냈다는 것, 특히 사랑하는 사람에게 그랬다는 사실 때문에 죄책감이 들었다. 동시에 그동안 죄책감이 나의 분노를 표출하지 못하게 막고 있었음을 깨달았다. 마음속 분노를 정당화하려고 억울함에 의지했지만 그러는 동안 분노가 더 강렬해졌던 것이다. 다른 감정들과 마찬가지로, 일단 분노를 느껴도 괜찮다고 받아들이자 비로소 분노를 놓아줄 수 있었다. 물론 죄책감과 억울함도 함께 말이다.

긍정적 느낌

　심지어 긍정적 감정도 수치심에 억압될 수 있다. 예를 들어 많은 부모들이 자녀가 '지나친 흥분' 상태 혹은 '너무 행복한' 상태에 빠지도록 놔두지 않는다. 운이 나빠진다거나 나중에 실망할 것이라고 믿기 때문이다. 자부심을 죄로 여기는 부모는 자녀가 뭔가를 성취해 자랑스럽게 느낄 때마다 창피를 줄지 모른다. 이 아이들이 성인이 되면 자신의 명예마저도 인정하기 힘들어할 수도 있다. 자신감과 자만심을 혼동하기 때문이다.

부모를 보살피는 아이들

식욕, 성욕, 접촉의 욕구를 포함한 필요와 욕구도 수치심에 억눌릴 때가 많다. 어린아이들은 자연스럽게 부모에게 특별한 존재가 되고 부모와 친밀한 관계를 맺을 필요가 있으며 또 그렇게 되기를 갈망한다. 유기나 거부는 수치심을 일으키며, 열등하고 사랑받을 자격이 없다고 느끼게 만든다. 앞에서 살펴보지 않은 정서적 유기의 한 형태가 있다. 이 정서적 유기는 병들거나 중독자인 부모를 돌봐야 해서 아이들이 너무 빨리 '철이 들어야' 할 때 발생한다. 어떤 부모들은 직업, 중독, 다른 이유로 아이들을 방치하거나 옆에 있어 주지 못한다. 이럴 때 아이들이 받는 메시지는 자신의 욕구가 충족될 만큼 부모가 자신을 사랑하지 않거나 중요하게 여기지 않는다는 것이다. 물론 '부모가 절실한 근본적 욕구'를 포함해서이다. 때로 이 욕구는 부모를 찾겠다는 책임감으로 발전하기도 한다. 부모를 찾아 술집을 두리번거리고, 술병을 숨기며, 저녁 식사와 마실 것을 준비하는 것이다. 또는 어린 동생들을 돌보고, 119에 전화를 걸고, 술에 취한 부모를 깨우기도 한다. 때로는 부모의 신세 한탄이나 신랄한 비난을 들어야 할지도 모른다.

이혼한 가정의 자녀는 외로운 부모의 상대로 이용될 수도 있다. 또는 '엄마 도우미' 또는 '애어른'이 되어 성인이 해야 할 일을 떠맡기도 한다. 이렇게 '부모화된' 아이들은 자신의 감정과 욕구를 무시할 수밖에 없다. 미숙하고 애정에 굶주린 부모를 도와야 하기 때문이다. 이 아이들이 공의존적 성인이 되면 사랑받을 자격이 없다고 느낄 때가 많다. 또한 부모 때문에 자신의 어린 시절이 희생되었다는 생각에 자주 원망을 품는다.

외모 비난

수치심에 억눌릴 수 있는 것들은 많다. 아이들의 경우에는 말투, 자세, 특정한 버릇 같은 행동 양식뿐만 아니라 자신의 몸도 부끄러워할 수 있다. 자녀의 외모를 중시하는 부모는 자녀가 조금만 살이 쪄도 비난을 퍼붓고 살이 빠지면 칭찬을 해서 부모가 중요하게 여기는 것은 외모뿐이라는 믿음을 자녀에게 줄 수 있다. 설령 악의가 없어도 손톱 물어뜯기와 구부정한 자세 또는 머리카락 만지작거리기 같은 안 좋은 습관을 비난하기는 어렵지 않다. 하지만 비난으로는 문제를 해결하기 어렵고 아이들은 그런 문제에 맞닥뜨릴 때 남의 시선을 의식하고 예민해질 수 있다. 부모가 자녀에게 비난하는 말투로 탐탁지 않은 태도를 보이거나 인격을 나무라는 태도를 보이는 것 역시 수치심을 불러일으킬 수 있다. 이를테면 "너 정말 끔찍해 보여!", "네 문제가 바로 그거야!", "그거 정말로 싫다!", "도대체 넌 무슨 문제가 있는 거니?"가 있다. 만약 아이들이 열심히 일을 하고 생산적인 사람이 되고, 게으르거나 소극적인 태도는 비난받도록 사회화되었다면, 성인이 되어 몸이 아프거나 일을 할 수 없을 때 수치심과 죄책감을 느낄지도 모른다. 또한 휴식을 취하거나 여가 활동과 즐거움을 누릴 자격이 없다고 느낄 수도 있다.

기생적 수치심은 수치심이 우리에게 미치는 전반적인 영향의 원인으로 작용한다. 기생적 수치심이 클수록 더 극심한 수치심이 정체성과 기능을 지배한다. 하지만 영향력 면에서 볼 때 수치심 경험의 강도는 빈도수와 반비례 관계이다. 그렇기 때문에 근친상간 같은 한 번 또는 몇 번의 강렬한 경험은 몇 년간 지속되는, 교묘하면서도 모욕적인 비난만큼이나 해를 끼칠 수 있다.[29]

우리는 어린 시절에 경험한 수치심이 이후 삶에 어떤 영향을 끼칠지 예측할 수 없다. 비록 부모의 양육 방식이 막대한 영향을 주기는 하지만 자녀들은 제각기 다양한 기질과 강점, 한계를 지니고 있기 때문이다. 게다가 친척, 상담사, 코치, 교사, 종교 지도자, 공동체의 어른들도 아이들에게 영향을 끼친다.

더욱이 어른으로서 수치심에 대처하는 방식은 그 영향을 최소화할 수도 있고 강화할 수도 있다. 수치심에 대한 반응과 믿음은 성인이 되어서도 계속 발전한다. 일상의 사건, 질병, 직업은 우리의 자기 이미지를 북돋워주기도 하고 철저히 파괴할 수도 있다. 때로, 수치심에 사로잡힌 어린 시절이 어른이 되어 그리 큰 영향을 주지 않을 때도 있다. 어떤 이들은 수치심을 다른 감정들과 조화시킬 수 있기 때문이다. 또 어떤 사람들은 건강 상실, 재정적 상실, 정서적 상실 같은 수치스러운 사건이 어린 시절 경험한 무능감과 무력감에 다시 불붙이기 전까지는 자신의 직분을 잘 수행하기 때문이다. 이들은 통합적 수치심에 휩싸인 사람보다 많은 대처 기술을 지니고 있지는 않다.

삶을 마비시키는 내면의 비판자

창피와 학대, 그리고 실제 혹은 느낌으로 알아차린 불공평함은 어린 시절 우리 안의 분노를 촉발한다.[30] 그러나 부모가 조종에 능숙하고, 무관심하며, 변덕스럽고, 참견하기를 좋아한다면 부모와 부모의 사랑에 의존해야 하는 자녀들은 화가 솟구치더라도 표현하지 않을 수 있다. 분노 표출이 허용되지 않거나 수치심에 억눌릴 수도 있다. 부모와 사랑으로 연결되어 있지 않을 때 이 적개심이 우리를 실제 자기에게서 등을 돌리게 만들고, 우리는 사랑받을 자격도 존중받을 자격도 없다고 믿게 된다. 게다가 창피를 주고 비하하는 부모의 목소리는 수치심을 강렬하게 경험하도록 만들고 자생력까지 키우며, 결국 내면 비판자가 되어 우리 안에 오래도록 머물게 된다. 마치 엘피판에 걸린 전축 바늘이 끊임없이 되튀며 비난으로 가득 찬 내면의 대화를 반복 재생하는 것 같다. 주로 부모가 한 비난이 재생된다. 이 목소리는 지속적으로 우리에게 이상적 자기가 되라고 채찍질하는데, 그 어조는 사소한 좌절감에서 악의적 자기 경멸까지 넘나든다. 그 어조가 어떻든 우리의 배후에는 늘 우리를 가혹하게 벌주고 괴롭히는 비방자가 있다. 우리는 이 비방자와 함께 살아간다. 이 내면 비판자 또는 내면 심판자는 우리를 실제 자기와 끝없이 충돌하게 만든다. 어린 시절의 충격적인 사건들을 내면에 다시 들추어내면서 말이다.

극단적인 경우 내면 비판자는 자신에 대해 어떤 가치도 좋은 점도 찾을 수 없는 심각한 지경까지 인격을 장악한다. 끊임없이 자신에게 실망하며 오로지 결점과 실패만 눈에 들어오는 것이다. 우리는 자신의 강점과 능력을 발휘하지 못하는 것은 물론 내면 비판자가 쏟아내는 비난을 모두 진실이라고 믿게 된다. 그리고 그것이 사실이 아니라고 아무도 설득할 수 없다. 내면 비판자는 타인과 비교하며 우리에게 결함이 있다는 증거를 더 보강하기 때문이다.

가혹한 내면 비판자와 함께 살아간다면 삶이 마비될 수 있다. 내면 비판자는 우리의 생각, 감정, 선택, 결심으로부터 기어이 결함을 찾아내고 만다. 결국 우리의 자기는 심판하는 자와 심판받는 자로 분열되어 탈출구는 보이지 않고 용서라고는 모르는 내면의 지배자에게 철저한 감시를 받으며 살아가게 된다. 당당한 내면 비판자는 결코 양보하는 법이 없고, 독단적이며, 매사에 비판적이다. 내면 비판자는 관용도 자비도 없기 때문에 공의존자와 완벽주의자는 '실수'를 두려워한다. 또한 내면 비판자는 정당성이나 상대적 배려 따위를 개의치 않는다. 따라서 우리는 결국 어떤 결심이나 자발적 행동도 불가능할 정도로 자기 신뢰를 잃게 된다. 직장이나 다른 역할에서 일을 잘 해낼 수도 있겠지만, 그 이면은 내면 비판자가 조장하는 수치심과 불안으로 늘 괴로운 상태인 것이다. 이 수치심과 불안은 에너지의 근원인 실제 자기와 단절된, 쇠약하고 분열된 자기가 나의 삶을 이끌도록 내몬다.

어린 시절부터 내면 비판자는 계속해서 이루기 힘든 것을 우리에게 기대한다. 내면의 이상과 충돌하는 우리의 진정한 감정과 특성을 억누르도록 강요하면서 말이다. 우리는 내면 비판자의 말을 고분고분 따른다. 즉 내면 비판자가 생각하는 모습'대로' 되려고 하며 내면 비판자가 믿는 '대로' 느끼고, 생각하고, 무언가를 하며, 무언가를 필요로 하는 사람이 '되려고' 한다. 이것은 우리의 이상이 힘 있고 강한 사람이든, 자기 희생적이고 협조적인 사람이든 사실이다. 우리의 이상에 부합하는 데 필요한 만큼만 우리의 진실한 감정을 억누르기 때문이다. 이를테면 강한 사람이 되려는 경우 강하게 보이려고 마음의 공포와 상처를 억누르며, 협조적인 사람이 되려는 경우 순종적으로 보이려고 대담성 또는 분노를 억누른다. 그 결과 공의존자들은 스스로 믿는 '정확한' 방식대로 생각하고, 느끼고, 행동하려고 고군분투한다. 그리고 자신의 행동이 자신의 기대에 모자라거나, 한계로 인해 자신의 이상에 도달하지 못하면 어김없이 수치심에 휩싸이게 된다. 사실 우리는 자기 자신이 아닌 다른 사람이 되려는 불가능한 일을 기대하고 있는 것이다.

일반적인 수치심은 타인에게 투사되지 않는다. 하지만 내면화된 수치심에 의한 방어 행동으로 내면 비판자는 타인을 심판하고 경멸한다. 또한 내면 비판자는 누군가로부터 비판받는다고 상상할 때 타인에게 투사한다. 비판하는 사람이 없는데도 말이다. 내면화된 수치심은 모욕, 거절, 수치심과 같은 감정과 맞닥뜨렸을 때 습관적으로 우리의 신경을 곤두세운다. 자기 비판과 투사가 순환하면서 강화되면 반복적인 자기 충족적 예언이 만들어진다.[31](그림 2.3 참조)

내면 비판자에게 취할 수 있는 한 가지 반응 방법이 있다. 내면 비판자의 주장에 반대하며 싸우는 것이다. 또 다른 반응 방법

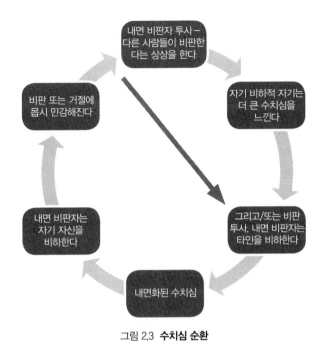

그림 2.3 **수치심 순환**

은 내면 비판자의 힘을 빼앗고 반항하는 것이다. 마치 사춘기 자녀가 엄격한 부모에게 반항하듯 말이다. 그러나 이런 전략은 우리에게 도움이 되지 않는다. 도움은커녕 자기 혐오를 부채질하고 관계를 망가뜨릴 수도 있다. 그 결과도 역시 자기 파괴적이다. 많은 사람들은 일시적이나마 내면의 적을 달래보려고 마약, 알코올, 도박에 손대거나 공의존적 관계에 기댄다. 하지만 이런 중독은 자기 파괴와 자기 혐오에 필요한 탄약을 비축하는 것과 같다.

좀체 수그러들 줄 모르는 내면 비판자는 우리가 성장하는 데 필요한 건강한 자기 성찰을 방해한다. 회복 과정에서 우리는 자신의 감정과 행동에 책임져야 한다. 하지만 이런 책임은 내면 비판자에게는 비난으로 들릴 수 있다. 그렇기 때문에 내면 비판자는 변화하는 데 필요한 정보를 모으고 배우려는 자세를 취하는 대신, 수치심을 일으킨 다음 수치심에 대한 방어 행동과 반응을 이끌어낸다. 어쩌면 우리 내면의 자기 심판은 너무나 강렬해서 우리가 저지른 실수에 대한 책임을 감당하지 못할 수도 있다. 그래서 나는 12단계 프로그램의 4단계에 참여하는 사람들에게 자신의 결점을 목록으로 만드는 행위는 내면 비판자에게 연회를 베푸는 것과 같다고 주의를 준다. 따라서 이들의 목록에서는 수치심과 자기 비판을 거의 찾아볼 수 없다. 만약 목록에 포함되더라도 내면 비판자에게 무능감의 증거를 추가로 제공하는 셈이다! 당신이 12단계를 밟고 있다면 이런 우려 사항에 대해 프로그램 후원자와 논의할 필요가 있다. 그리고 당신의 내면 비판자가 방해하는 지점은 어디인지 찾아줄 것을 요청한다.

훈련하기

이번 장에서 읽은 내용을 좀 더 깊이 이해하고 싶다면 노트나 일기에 다음의 내용을 써보자.

1. 당신은 부모님 양쪽과 형제자매로부터 자신이 가치 있고, 사랑받고 있으며, 존중받는다고 느꼈는가? 각 가족 구성원에 관해 어떻게 느끼는지 써보자.

2. 진정한 자기 또는 참 자기를 표현했을 때 마음이 편안했는가? 당신은 특별히 무엇을 숨겼는가? 이에 대한 느낌을 기억해보자.

3. 부모님은 당신의 실수, 실패, 실망, 부끄러움에 어떻게 반응했는가?

4. 이상적 자기와 관련해 기대하는 것이 무엇인지 목록을 작성해보자. 당신이 얻으려고 애쓰는 특성, 가치, 재능, 행동을 모두 포함하자. 백만장자나 할리우드의 유명인들은 포함하지 않는다. 물론 이것이 당신이 예상하는 실제 목표라면 포함해도 괜찮다. 당신은 '있는 그대로' 오늘의 자기 모습을 받아들일 수 있는가?

5. 당신이 이루기 위해 무던히도 애쓰는 이상적 모습은 무엇에 영향을 받은 것인가? 그리고 누가 영향을 주었는가?

6. 부모님 외에 당신의 자기 이미지와 자존심에 영향을 준 사람들과 사건들을 써보자. 스스로 만들어낸 믿음과 감정에 관해서 반드시 쓰자.

7. 수치스러울 때 어떤 감정을 느꼈는가? 감정을 표현했을 때 무엇을 경험했는가? 무엇을 배웠고 무엇을 관찰했는가? 오늘 느낀 감정 중에 비판할 것이 있는가?

8. 성장하면서 사랑, 손길, 놀이, 사생활, 자율성 또는 경청, 존중, 지원, 격려, 가치, 인정과 같은 욕구를 표현했을 때 경험한 것은 무엇인가? 무엇을 배웠고 무엇을 관찰했는가? 욕구를 충족하기 위해 요청하는 데 대해 오늘은 어떤 느낌이 드는가?

이 훈련은 당신의 실제 자기를 구체화해줄 어릴 적 자기 자신에게 감정을 이입하도록 도와줄 것이다. 8장에서 소개하는 1단계와 7단계를 계속 이어 나간다면 한층 더 자신을 받아들이고 수치심을 극복하는 데 도움이 될 것이다.

3장

수치심을 감추기 위한
방어 행동

{ 수치심 대응 전략 }

잘 알고 있겠지만 수치심은 믿기 어려울 만큼 강력한 감정이다. 수치심은 '나는 나쁘거나 심각하게 결함이 많은 사람이므로 어떻게 하더라도 바뀔 수 없다'는 확신을 준다. 우리는 언제나 느껴지는 불쾌한 감정을 피하려고 수치심에서 벗어나고자 한다. 어렸을 때는 자신의 성향과 가정 환경에 따라 이것저것 다양한 전략을 써보기도 한다. 강한 어른들의 세계에서 살아남아야 하고 되풀이되는 수치심과 고립감에서 탈출해야 하기 때문이다. 공의 존자인 우리는 이런 동일한 대응 기제(coping mechanism)를 사용해 사랑받으려 하고, 자신의 정체성을 위협하는 수치심에 따르는 괴로운 생각과 감정은 피하려고 한다.

이런 대응 기제는 수치심을 막으려는 방어 행동이다. 주위를 둘러보면 완벽해지려고 노력하는 사람들을 많이 볼 수 있다. 기뽐을 주는 사람이 됨으로써 사람들의 인정을 받고 존재감을 입증받으려는 것이다. 하지만 우리 중에는 나약함을 몹시 싫어하고 공격적으로 행동하는 사람들도 있다. 그들은 강력한 공격이 최고의 방어라고 여긴다. 또 어떤 사람들은 만에 하나 생길지도 모를 수치심과 갈등을 피하려고 자기 안에 틀어박히기도 한다. 아니면 오만하게 굴거나 행복한 척하는 사람들도 있다. 활동이나 중독에 의지해 관심을 다른 곳으로 돌리는 사람들도 있다. 대부분의 사람들은 한 가지 이상의 방어 수단을 사용해 수치심을 회피한다. 공의존자는 이런 대응 방식과 상관없이 모두 무능감과 자기 의심에 시달리며 어느 정도 자기 혐오에도 빠져 있다. 무의식적으로 일어나는 일일지라도 말이다.

수치심 방어 기제, 투사에서 중독까지

방어[1]는 성장할 때는 필수적일지 모른다. 하지만 장기적으로는 효과가 없다. 예를 들어 가정 내에서 힘이 약한 아이는 더 안전하게 느끼려고 자기 안에 틀어박힐 수 있다. 하지만 어른이 되어 알 수 없는 수치심 불안 때문에 관계가 끊어진다면 문제가 될 수 있다. 성인이 된 뒤에 사용하는 방어 전략은 문제를 해결하기보다 해를 끼칠 수 있기 때문이다. 내면화된 수치심에 시달리는 공의존자들에게 이런 전략은 더욱 문제가 될 수 있다. 특히 전략이 경직되고 의식적으로 조절되지 못할 때 그렇다. 수치심을 극복하려고 사용하는 가장 흔한 방어 전략을 몇 가지 살펴보자. 5장에서 살

퍼볼 공의존자들의 증상 중 하나인 완벽주의는 방어 행동으로 볼 수 있다.

부정과 억압

여러 해 전 꿈을 꾼 적이 있다. 나의 자존감에 아무런 문제가 없다고 생각하던 시기였다. 그때 나는 '수치심'이라는 이름의 여성과 한 침대에 누워 있었다. 그 여성은 모르는 사람이었고 또 알고 싶지도 않은 사람이었다. 그 꿈을 꾸고 나서야 비로소 깨달았다. 나 자신의 수치심에 대해서 너무나 무지하다는 사실이었다. 수치심은 나를 공의존자로 만든 주범이었고 '그녀'를 알기 전까지 끊임없이 문제를 만들어냈다.

'부정'은 진실을 믿는 것을 거부한다. 예를 들어, 실제로 알코올에 의존하고 있으면서도 알코올에 중독되었다는 사실을 부정할 수도 있다. 대개 진실을 받아들이기 힘들 때 이처럼 부정을 한다. 어떤 사람들은 남들이 뭐라 하든 상관하지 않는 듯 부끄럼 없이 행동하기도 한다. 이들은 수치심이 결핍되었다기보다는 수치심을 부정하고 있다고 볼 수 있다. 마치 그런 것 따위는 개의치 않는다는 듯 행동하는 것이다. 이들은 부정하지만 다른 사람들은 분명 수치심을 느낀다.

'억압'은 타인이 받아들이지 않을 것이라 믿는 자신의 욕구나 경험을 무의식 속에 가두는 것이다. 만약 이런 욕구와 기억이 의식의 표면으로 떠오르기라도 하면 걷잡을 수 없이 불안해진다. 성적 학대를 당했던 사람들이 그 기억을 억압하는 것은 드문 일이 아니다. 공의존자들은 때로 생각과 감정과 욕구를 억누르거나 의식적으로 아예 신경을 꺼버린다. 사실 부정과 억압은 유효성이 증명된 대응 기제이다. 하지만 우리가 부정하고 억압하는 것들은 사라지지 않는다. 대신 우리도 모르는 사이에 우리의 행동에 영향을 끼친다.

시기의 차이는 있지만 우리는 모두 부정함으로써 공포와 고통과 충격에 대처한다. 예를 들어 매일 죽음을 떠올리는 사람은 자신의 역할에 충실하기가 어려울 것이다. 하지만 질병 또는 의료적 문제를 부정하는 것은 적절한 치료 시기를 놓치게 할 수도 있다. 이와 마찬가지로 자신의 수치심을 인식하지 못하는 것은 치유를 막는 장애가 될 수 있다. 사랑받을 자격이 없고 관계를 맺을 수 없다는 느낌이 너무나 고통스럽기 때문에 우리는 대부분 수치심을 부정한다. 특히 내면화된 수치심이라면 더욱 그렇다.

많은 공의존자들은 수치심 속에서 어린 시절을 보냈다고 인정한다. 하지만 수치심이 끼친 영향은 축소하거나 수치심을 완전히 부정하기도 한다. 어린 시절 수치심을 느꼈을 때 아무도 이들을 위로해주지 않았기 때문에 이들의 수치심은 인식되지 못했고, 수용되지 못했으며, 삶에 통합될 수 없었다. 사실 수치심 자체가 수치심에 억압된 것이다. 다시 말해 어린 시절 겪었던 수치심에 대한 수치심이 스스로를 감금했다고 볼 수 있다. 어떤 사람들은 학대에 시달린 일을 기억할 수는 있지만, 어릴 적 겪었던 수치심만은 여전히 부정하기도 한다. 그동안 자신의 수치심을 '내면화하고 억압했기' 때문이다.

수치심을 부정할 때, 그리고 삶에 통합하지 못할 때 수치심은 쉽게 일어날 수 있다. 그리고 우리를 취약하게 만들어 수치심의 구렁텅이로 밀어 넣을 수도 있다. 예를 들어, 전문가로 구성된 회의에서 우리는 자의식을 느낄지도 모른다. 의식적으로는 그들의 축에도 끼지 못한다는 믿음을 인식하지 못하면서 말이다. 게다가 사소한 비판에도 몹시 예민해질 수 있다. 하지만 이런 악의 없는 발언이 우리에게 결함이 있다는 믿음을 노출시켰다는 점은 깨닫지 못한다. 지속적인 안도감이 절실한지도 모른다. 그렇지 않으면 연애하고 싶은 이성에게 다가가 상대가 호응하지 않았을 때 쉽게 좌절하기 때문이다. 사랑스럽지 않다는 자신의 의심은 정작 인식하지 못한 채 말이다.

역설적으로 어떤 이들은 우리가 그토록 부정하는, 수치심을 일으키는 바로 그 행위를 저지른다. 이로 인해 중독자의 무력감은 중독성 있고 자기 파괴적인 행위로 나아갈 수 있으며, 이들의 굴욕감은 엄청나게 강해진다. 찰스는 술을 끊으려고 온갖 노력을 했다. 그러다가 주말마다 폭음을 하기 시작했다. 월요일 아침에 술에서 깨어나면 자신이 혐오스러워질 테고 그러면 술을 끊을 수 있을 거라 예상한 것이다. 달라는 사귀던 남자 친구가 거부하는데도 쉬지 않고 전화를 했다. 남자 친구의 거부 메시지는 전에 만났던 남자들한테 경험한 버림받음, 자격 미달, 분노의 감정을 입증했기 때문이다. 라이언은 통제하기 힘든 학생이었다. 그는 낙오자라는 자신의 믿음을 증명하려고 고의로 공부를 하지 않았다. 조너선은 아내 몰래 외도를 했다. 하지만 자신의 외도가 들통나도록 증거를 남겼는데 아내의 눈에 띄어 죄책감과 수치심에 상응하는 벌을 받고 싶어서였다. 이런 사례들은 모두 자신의 역기능적 행동을 더욱 악화시킨 경우이며, 스스로 부정하는 감정을 느껴보는 것이 그 목적이다. 이것은 흔히 '행동화(acting out)'라고 불리는 방어 행동이다. 감정을 느끼는 대신 행동으로 감정을 방출하는 것이다. 이런 행동은 수치심을 극대화한다. 수치심을 의식하고 수치심과 마주해 치유 기회를 얻도록 말이다.

틀어박히기

틀어박히기는 사실상 수치심을 일부 경험하는 것이다. 방어 행동으로써 자신이 노출되는 것을 막으려는 욕구가 그 동기이다. 하지만 이런 방어 행동은 훨씬 더 심각한 수치심을 일으킬 수 있다. 틀어박힘은 대개 수치심 불안에서 오는 반응인데, 이로 인해 정서적 유대를 두려워하게 된다. 이때 정서적 유대 욕구의 크기는 중요하지 않다. 물론 타인과 유대할 수 있는 기회로부터 나를 숨기는 것은 내가 밖으로 드러나는 것을 막아줄지도 모른다. 하지만 다른 사람들과 친밀해질 수 있는 기회, 즉 우리가 그토록 갈망하는 기회를 스스로 거부하는 행위이기도 하다. 연구자 린다 하틀링(Linda Hartling)은 "간절한 열망에 뒤따르는 끔찍한 공포 때문에 우리는 유대가 끊어진 자기 안으로 들어가 몰입한다."[2]라고 썼다.

내향적인 사람들은 수치심에 대한 방어 행동으로써 틀어박힐 가능성이 크다. 스트레스를 받으면 자연스럽게 내면을 향하는 성향이 있기 때문이다.[3] 많은 공의존자들이 연인과 이별한 후 자기 안에 틀어박힌다. 이별을 실패나 거부로 해석하는 것이다. 따라서 이별은 이들의 자존감에 상처를 내는데 내재된 수치심이 그 원인이다. 그 결과 수치심 회피는 물론 거절당하면서 겪은 버림받음의 고통스런 감정을 회피하기 위해서 이들은 이성과의 연애를 완전히 포기하기도 한다.

한 사람의 총체적 인격은 어린 시절 형성된 고립감의 패턴을 되풀이함으로써 수치심을 회피하려는 위축된 태도에 토대를 둔 것일 수도 있다. 어떤 아이들은 수치심 불안과 정서적 불안이 너무 심해 내면에 공상 세계인 대체 현실을 만들어내 그 안에서 살아가기도 한다. 또 어떤 아이들은 가정 내에 흐르는 긴장감과 고통스러운 관계에서 벗어나려고 학교 과제, 약물, 독서, 컴퓨터 게임, 음악, 텔레비전 속으로 숨기도 한다. 이런 유형의 방어 행동은 휴식, 명상, 몽상과는 다르다. 서로의 관계에 해로울 뿐만 아니라 대개 자신과 타인의 결함을 찾아내려는 내면 비판자에 대한 반응이기 때문이다. 내면 비판자는 자기 혐오를 타인에게 투사한다. 여기에서 타인이란 내면 비판자가 회피하는 대상이다. 부모만큼이나 위험하고 비난을 퍼부으며 거절을 잘한다고 판단한 사람들이다.[4] 이들은 자립을 중요하게 여기고, 엄격하게 경계선을 긋는다. 정서적 유대를 회피하는 데 죄책감, 공포감, 수치심이 일어날 수 있기 때문이다.

내 안에 틀어박힌다고 해서 열등감이 사라지는 것은 아니다. 또한 친밀하고 서로 의지하는 관계에서 얻는 위안과 응원을 단념하고 외로움을 견뎌야 한다.

공격

공의존자들은 수치스러운 감정에 대처하려고 공격이나 강압적 행동을 취하기도 한다. 공격은 화, 격분, 복수심, 비난, 결점 찾기, 그리고 그 밖의 다른 감정적 학대를 포함해 여러 형태로 나타난다. 또한 타인이나 타인의 소유물을 훼손하는 물리적 폭력이 포함될 수도 있다. 공격은 타인의 비판이 내면의 자기 심판과 반응할 때 더욱 강해진다. 이때 우리는 격분하는 반응을 보일지도 모른다. 다시 말해서 수치심은 공격 수위와 비례한다. 지나친 부정은 긍정을 의미한다는 셰익스피어의 유명한 구절 "저 귀부인은 너무 심하게 저항하네요."는 여기에 딱 들어맞는 말이다. 남성은 여성보다 쉽게 공격 성향을 드러낸다. 반면 여성들은 폭력적 태도를 드러내지 않도록 사회화되어 있다. 하지만 여성 역시 자신의 공격성을 비꼬기와 수동 공격적 행동 또는 표정을 통해 간접적으로 표출할 수 있다. 심지어 자기 자신과 대항하려고 내면을 공격하기도 한다.

화와 격노는 수치심의 부차적인 감정으로 여겨진다. 화는 사람들이 가까이에 오지 못하게 하기 때문에 안전감을 확보하게 해주고 타인에게 원인을 떠넘김으로써 수치심을 일시적으로 완화해준다. 대개 이 과정은 무의식적으로 일어난다. 화는 필요와 욕구가 채워지지 않았을 때 일어나는 반응이다. 화가 격노로 치닫는다면 상처 입은 자기가 공격받고 있음을 인지하고 이에 반응하는 것이다.[5] 격노는 과거의 상처를 누군가 다시 헤집었다는 신호일 수도 있다. 어린 시절 겪었던 학대 같은 상처 말이다. 어떤 경우에는 학대를 일삼던 부모한테 배운 행동을 단순히 흉내 내고 있는지도 모른다.

내게 나쁜 짓을 저지른 대상에게 보복하려고 공격적으로 반응할 때도 있다. 과거에 받았던 치욕을 뒤집어 자부심을 회복하고 싶은 것이다. 하지만 복수하려는 욕구가 좌절되거나 행동으로 옮기지 못하면 무력감으로 옮겨 간다. 그리고 이 무력감은 부당함에 대한 원래의 수치심과 분노를 더욱 악화할 수도 있다. 예를 들어 강간 피해자, 늘 협박하는 상사 때문에 위신이 추락한 직장인, 부모나 힘센 형제자매, 또래 친구한테 창피를 당한 아이는 무력감에 휩싸여 복수를 할 수 없을지도 모른다. 또한 자기를 스스로 방어하지 못한다는 생각에 수치스러울 수도 있다. 우리 주변에는 어린 시절 학교에서 괴롭힘을 당했거나 형제자매에게 놀림을 당했던 기억을 떠올리는 사람들이 많다. 자신에게 나쁜 짓을 한 가해자에게 대항하지 않은 사실이 더 수치스럽다고 털어놓는 사람들도 많다.

비난은 공격적으로 수치심을 타인에게 떠넘긴다. 타인 비난은 공의존자들이 사용하는 전형적 방어 유형이다. 이들은 일이 끔찍하게 잘못되어 갈 때뿐만 아니라 일상적인 말다툼, 행동에 대한 책임 회피, 예상되는 문제에 대한 공포, 또는 내면 비판자가 심판하려고 선택한 모든 것을 방어 행동으로 사용한다. 비난은 무의식적으로 일어날 수 있기 때문에 비난하는 당사자는 단지 가볍게 그 사실을 인식할 뿐이고 죄책감이나 수치심은 결코 인식하지 못한다. 타인을 문제의 대상으로 지목할 때 기분이 한결 나아지는 것은 사실이다. 동시에 이런 행위는 우리가 내면에서 '실제로' 느끼는 감정을 그대로 상대방에게 떠넘기는 효과도 있다. 이미 자존감이 바닥인 공의존자들은 자신이 저지른 실수를 인정하기가 어렵다. 앞에서도 언급했지만 자신의 감정과 행동에 책임을 진다는 것은 내면 비판자에게 양분을 제공하는 것과 같다. 그래서 자기 심판이라는 고통을 선택하는 대신 타인을 비난하는 것인지도 모른다. 죄책감과 수치심을 회피하고 자신의 결백을 입증하기 위해서 말이다.

유감스럽게도 나 역시 아이들에게 이 방법을 사용했다. 영화를 보여주겠다는 약속을 지킬 수 없었을 때 내가 처음으로 내뱉은 말은 제때 방을 치우지 않는다는 비난이었다. 사실 이런 유형의 행동은 주변에서 흔히 볼 수 있다. 남녀 관계에서도 흔히 일어나는 일이다. 내담자 글로리아는 늘 불안에 떠는 남편에 관해 상담하면서 불만을 쏟아냈다. 남편 잭은 부부 동반 모임에 약간만 늦으면 함께 늦었는데도 자신에게 비난을 퍼붓는다고 했다. 여기서 비난을 퍼붓는 당사자는 예의도 바르고 품위도 있어 보인다. 하지만 반성의 기미는 찾아보기 힘들다. 오직 시간 엄수라는 내적 기준을 충족하지 못한 데서 오는 자신의 당혹감과 수치심만 중요할 뿐이다. 방어하느라 비난을 사용하면 관계를 망칠 뿐만 아니라 비난을 퍼붓는 자신에게도 해가 된다. 끊임없이 타인과 상황의 피해자로서 삶을 살아가게 되는 것이다.

헐뜯기, 흠잡기, 욕설하기와 그 외 다른 형태의 정서적 학대 역시 타인에게 수치심을 떠넘긴다. 학대는 타인을 지배하려고 자신의 힘을 휘두르는 것인데, 무력감, 무능감, 수치심에서 발생한다. 우월감과 타인을 지배하는 행위의 동기는 자기 방어이며, 열등감을 줄여준다. 사실 학대자는 어린 시절 자신이 경험했던 학대를 그대로 재현하고 있는지도 모른다. 인간은 이처럼 어떤 환경에서는 누군가에게 군림하려는 태도를 보이지만, 또 어떤 환경에서는 복종하는 태도를 보이기도 한다. 이를테면 영향력 있는 사업가 또는 기업체 임원이 사업에서 공격적 태도를 보이는 경우는 흔하다. 하지만 친밀한 관계에서는 냉정하게 거절하지 못하고 주저하는 모습을 볼 수도 있다.

고통과 두려움을 느낄 때마다 악의적 괴롭힘, 수치심 주기, 학대, 방어를 전형적 반응으로 보이는 공격자의 공격성은 성격 유형이 될 수도 있다. 공격적 행동은 관계를 파괴할 뿐만 아니라 공격자와 피해자 양쪽의 자존감도 훼손한다.[6] 즉 공격적 행동은 더 강렬한 수치심을 촉발하고 신뢰감을 무너뜨린다. 공격성이 내면으로 향할 때도 파괴적인 것은 마찬가지이다. 이런 방어 행동은 타인을 가까이 다가오지 못하게 하기 때문에 결국 외로움, 우울증, 고립감으로 발전할 수 있다.

투사

투사는 또 다른 무의식적 방어 행동이다. 투사하는 당사자는 스스로 용납할 수 없는 감정, 생각, 특징을 부정한다. 그리고 이 모든 것을 말로 하든 생각으로 하든 자기 탓이 아닌 남의 탓으로 돌린다. 공의존자인 우리는 내면화된 수치심 때문에 자기 자신을 가혹하게 대하는 공통점이 있다. 그리고 자주 자기 심판을 타인에게 투사한다. 투사는 대응 기제이다. 원치 않는 감정과 특질을 의식적으로 인식하지 못하도록 도와주기 때문이다. 우리가 우리의 판결을 표출하는 순간 상대방은 열등감을 느낄 수 있는데, 이것은 정확히 우리가 내면에서 느끼는 기분이다. 비록 말로 표현하지 않더라도 자기 심판의 투사는 동일한 기능을 수행한다. 즉 내면의 자기 이미지를 보호하고 수치심을 물리치는 것이다. 우리가 누군가를 비난한다면 그것은 내가 나의 책임감, 자기 심판, 수치심을 다른 사람에게 투사하고 있는 것이라 할 수 있다.

또한 우리의 고유한 생각을 타인에게 투사할 수도 있다. 특히 내면 비판자의 심판이나 자기 비판적 생각을 투사할 수 있으며 우리는 이때 스스로 비판받고 있다고 상상한다. 늘 불안하고 집요하게 사랑 고백을 요구하는 사람은 자기 자신이 사랑스럽지 않다는 믿음을 연인에게 투사하고 있는 것이다. 앞의 예에서 보듯, 잭과 그의 아내가 함께 파티에 늦었을 때 보인 태도는 잭의 내면 비판자가 집 주인에게도 투사된 것이다. 파티에 늦은 자신을 비판할 것이라 추측함으로써 말이다.

우리는 수치심에 억압된 감정과 욕구를 자주 타인에게 투사한다. 이런 감정을 인정하고 표현하기가 너무 고통스럽기 때문이다. 또한 자신의 욕구와 문제는 무시하거나 인식하지 않으면서, 누군가가 힘든 상황에 처한 것을 보면 도와주려 할지도 모른다. 또는 동물을 위로하면서 무력감을 투사하기도 한다. 정작 자신은 위로하지 않으면서 말이다. 내면의 분노를 부정하면 그것을 투사할 수 있다. 그러면서도 누군가 나 때문에 화가 났다는 생각이나 나를 괴롭히려 한다는 걱정에 휩싸인다. 자신의 공격성을 타인에게 투사하면서 피해망상에 시달릴 수도 있다. 또한 이전 관계에서 비롯된 감정들을 현재의 연인에게 투사하기도 한다. 캐시는 새로 사귄 남자 친구가 전화를 이전처럼 자주 하지 않자 좌절감을 느꼈다. 자신에게 화가 난 게 틀림없다고 계속 걱정하면서 하루하루를 보냈다. 그러다 대화를 나누고 나서 공포심과 분노가 사라졌다. 그리고 부재하던 아버지에 대한 감정이 남자 친구에게 투사되었음을 깨달았다.

방어 행동으로써 자신의 긍정적인 면과 감정을 투사할 수도 있다. 때로 사람들은 현재 사귀고 있는 연인에게 자신의 사랑을 투사하고 자신의 애정이 응답을 받고 있다고 주장한다. 분명 상반된 증거가 있는데도 그렇게 주장하는 것이다. 이것은 투사와 부정이 결합한 사례이며 수치심과 견디기 힘든 거절이라는 현실을 회피하기 위한 것이다.

오만과 경멸

우리는 때로 방어 행동으로 오만하게 군다. 자신을 부풀림으로써 다른 이들에게 우월감을 느끼는데 이는 무의식적 열등감을 피하기 위한 것이다. 오만 역시 타인에게 수치심을 떠넘기며 타인은 모두 열등하다는 투사를 포함한다. 반면에 경멸은 적대적으로 젠

체하는 것으로 누군가를 '깔보는' 것이다. 경멸에는 오만뿐만 아니라 수치심과 관련 있는 분노와 혐오도 포함되어 있다. 그리고 경멸적으로 타인을 혐오스럽고 열등한 존재로 바라볼 때 투사가 된다. 혐오감과 열등감은 자신에게는 없다고 스스로 부정하고 동시에 수치스러워하는 특성이다. 경멸은 다양한 정서적 학대를 일으키는 원인이 된다. 그리고 밖으로 표출되든 안 되든, 경멸은 우리의 열등감을 상쇄해주며 상대에게는 열등감과 무능감을 안겨준다. 물론 오만한 사람들도 경멸적일 수는 있지만, 오만은 자기 자신에 대한 태도를 반영한다. 반면 경멸은 타인에 대한 자신의 태도라고 할 수 있다.

오만과 경멸과 구분하는 다른 방법이 있다. 오만은 당혹감과 수치심을 느끼긴 하지만 여전히 우리는 타인과 관계를 맺기를 원한다. 하지만 여기에 경멸이 더해지면 우리는 경멸하는 대상들과 관계를 끊고 싶어 한다. 즉 경멸은 우리가 관계를 끊도록 만든다. 그리고 동시에 우리 자신에게 느끼는 용납할 수 없는 측면과도 거리를 두게 만든다.

경멸은 무시와 거절로 일관하는 부모로부터 배울 수도 있다. 부모는 타인과 대화하면서 경멸의 본보기를 자녀에게 보이기도 한다("한심한 놈 같으니!"). 그리고 "넌 절대 성공 못해!" 또는 "네가 아는 게 대체 뭐니?" 같은 무시하는 말과 욕설도 예외가 아니다. 어떤 부모들은 자녀들과 경쟁하기도 한다. 비웃듯이 자기 자랑을 일삼을 뿐만 아니라 "내가 네 나이였을 때 어땠는 줄 알아?" 하고 소리를 버럭 지르며 자신을 자녀와 부정적으로 비교하기도 한다. 자녀들을 놓고 서로 비교하기도 한다("넌 왜 네 형처럼 똑똑하지가 못하지?"). 또는 이웃 아이들과도 비교한다("옆집 신디라면 절대 집안을 이따위로 어지르지 않았을 거다.").

나르시시스트에게 오만과 경멸은 내재된 수치심을 상쇄하고 물리치기 위한 성격 유형이다. 이들은 오만과 경멸을 사용해 상대가 자신의 수치심을 느끼도록 애쓴다. 이 수치심은 보통 무의식 상태로 남아 있다가 큰 좌절이나 자신감 상실을 겪으면서 표출된다.

유머

타인을 비꼬기와 조롱으로 깎아내리는 무기로 유머를 사용해 경멸을 표현할 수도 있다. 유머는 공격의 한 형태이기도 하다. 수치심을 감추는 비꼬기와는 달리, 재치 또는 자신을 비하하는 유머는 당혹스럽고 수치스러운 일을 표현하고 드러낼 때 사용할 수 있다. 유머를 성숙한 방어라고도 하는데 좀 더 방어에 대한 자각과 조정이 가능하고 부정적 결과를 덜 초래하기 때문이다. 유머가 있는 사람은 비웃음을 사는 대신 사람들을 웃기고 관심을 받는 방식으로 그들을 통제한다. 이런 유머는 우리 안에 내재된 무능감을 누그러뜨린다. 또한 불편함을 없애주고, 동시에 자존감, 관계, 즐거움을 강화한다. 유머는 또한 자신감과 성취감을 높여준다. 이런 사례로는 텔레비전에 나오는 유명 인사들이 있다. 이들은 어색하고 당혹스러운 순간을 수습하려고 자신의 실수를 농담 삼아 이야기하기도 한다. 하지만 감당하기 힘들 만큼 수치심을 느낀다면(또는 성숙한 방어를 사용할 수 없는 경우) 이와 다른 모습을 보인다. 즉 유머를 사용해 수치심에 집중하기보다 숨을 곳을 찾고 온몸이 얼어붙는 느낌이 들 수도 있다.

수치심을 감추는 것이 목적인 유머는 성격 유형이 될 수 있다. 우리 중에는 어린 시절 부모님의 인정을 받고 가정 내 불안과 갈등을 해소하려고 남을 기쁘게 하는 법을 배운 사람도 있다. 위장한 성격 뒤로 숨는 법을 배우며 아무도 자신의 본모습을 보지 못하도록 조심한다. 한 예로 학창 시절 우리를 늘 웃기던 친구를 떠올려보면 쉽게 이해할 수 있다. 겉으로는 유쾌한 척하지만 실제로는 수치심과 큰 고민에 휩싸인 우울한 친구 말이다. 이런 식의 유머 사용, 즉 늘 '남들을 웃기고' 속내를 드러내지 않는 삶의 방식은 진을 빠지게 한다. 내담자였던 존은 학교에서 유머를 활용해 인기를 얻음으로써 폭력으로 물든 어린 시절의 공포에서 살아남을 수 있었다고 했다. 어른이 되어서 그의 유머는 완벽주의자인 아내와 상사에 대처하는 방어 행동으로 이어졌다. 물론 유머가 일시적 위안이 되어주긴 했지만 남들을 웃긴다고 해서 그의 분노, 수치심, 절망감이 사라지지는 않았다. 장기적으로는 인간 관계에 전혀 도움이 되지 못했던 것이다. 결국 존은 이 감정들을 자신의 일부로 받아들이고 나서야 자존감이 향상되었고 자신의 경계를 분명하게 세울 수 있었다. 경계선은 관계를 원만하게 하고 행복감을 키워주었다.

시기심

나와 타인을 비교하거나 타인의 소유물, 성공, 자질이 탐날 때 사람들은 시기심을 드러낸다. 이런 시기심의 바탕에는 수치심과 무능감이 자리 잡고 있다. 시기심은 분명 불쾌한 감정이지만 박탈감과 열등감보다는 낫다. 좋든 싫든 우리 중에도 나와 타인을 자주 비교하는 사람들이 있다. 시기심과 감탄은 다르다. 감탄은 존경하는 대상에 대한 긍정적 감정이지만 시기심은 부정적인 감정이다. 시기하는 사람은 상대를 못마땅해한다. 자신에게 없는 것이 상대한테 있다는 게 싫은 것이다. 특히 시기심 많은 나르시시스트는 남들을 업신여기고 이기려 하며 상처를 주는 경향이 있다. 심지어 상대의 아이디어를 훔치거나 관계를 깨뜨리려 할지도 모른다. 나르시시스트는 자신의 시기심과 열등감을 물리치려고 때로 자신의 부정적 측면을 시기 대상에게 투사하기도 한다. 그런 다음 그들이 자신을 시기하는 것이라고 믿는다.

자기 연민과 희생자 역할

사람들은 때로 자신에게 벌어지는 안 좋은 일에 책임을 지지 않아 실제로 희생자가 된다. 그리고 희생자가 된 느낌을 자기 혐오, 수치심, 죄책감에 대한 방어로 사용하기도 한다. 대개 우리가 느끼는 피해의 크기는 우리가 느끼는 열등감의 크기에 비례한다. 이런 태도가 방어 행동이 될 수 있다는 사실이 이상하게 여겨질지 모른다. 하지만 자신을 불쌍하게 여기는 사람은, 다시 말해 자기 연민에 빠진 사람은 비난하는 경우와 마찬가지로 자기 자신에 대한 불쾌한 감정의 원인을 드러낼 수 있다. 희생자는 '불쌍한 나'라고 생각하기 때문에 자신은 아무런 잘못이 없으며 심지어 우월감마저 느낀다. 다른 사람들은 대개 고통스런 사건에서 비롯된 분노와 슬픔과 마주하면 그것을 받아들이거나 해결책을 찾으려 한다. 하지만 자기 연민에 빠져 스스로 희생자라고 여기는 사람은 그렇지 않다.

많은 공의존자들은 학대 피해자들이다. 어린 시절 그들은 무력해서 학대를 방어할 수 없었다. 하지만 학대 피해자들은 어른이 되어서도 그들이 처한 상황 또는 낮은 자존감 때문에 학대에 저항할 수 없을 만큼 무력감을 느낄 때가 많다. 성인 피해자 중에는 스스로 학대를 유발하는 사람도 있다. 벌을 받기 위함이 목적인데, 그래야 마땅하다고 믿는 것이다. 그래야만 '학대자'에게 분노를 느낄 수 있고 정당하게 자기 연민에 빠질 수 있기 때문이다. 즉 원래 자신에게 향했던 분노를 이제 마음껏 배출할 수 있는 출구가 생긴 것이다.[7] 학대자도 이런 방어를 사용한다. 이들은 공격적으로 행동할 때 자신이 피해자가 되고 자신의 정당성이 증명된다고 느낀다. 그런 다음 피해자를 비난한다.

희생자 역할의 또 다른 방식으로 갈등이 생겼을 때 대화를 거부하는 사람을 들 수 있다. 이들은 "네 말이 맞아. 다 (항상) 내 잘못이지!" 또는 "그 일이라면 난 이미 너보다 기분이 훨씬 안 좋아."라고 쏘아붙인다. 이런 태도는 의사소통을 단절할 뿐만 아니라 억울해하는 상대의 입장을 경청하고 이해할 기회를 차버리는 것이다. 겉으로는 마치 '피해자'가 모든 책임을 떠안는 듯 보이지만 사실 명백한 방어 행동이며 실제로는 "난 이미 너무 큰 상처를 받아서 네 말을 들어줄 수가 없어."라고 말하는 것이다. 상대방의 상처 따위는 들을 필요가 없도록 말이다. 하지만 이런 태도는 피해자의 죄책감과 자기 혐오를 더할 뿐이다.

회피의 수단, 중독

수치심을 의식하지 않도록 해주는 또 다른 방식인 중독은 고통스러운 감정들을 마비시킨다. 중독자는 자기 자신으로부터 도망치려고 애쓰지만 그것은 불가능하다. 우리는 중독을 수치심을 통제하는 데 사용하는데, 중독 대상이 사람이든, 물질(알코올, 약물, 음식 등)이든, 또는 활동(쇼핑, 섹스, 도박 등)이든 상관없다. 또한 권력, 자극, 쾌락에 탐닉하는 방식으로 수치심을 다스릴 수도 있다. 강박적으로 사랑에 탐닉하는 행위 역시 사랑스럽지 않은 느낌에 대한 방어이다. 사랑과 연애에 중독된 사람은 잠시나마 이상적 관계에 대한 환상에 젖어 수치심에서 벗어날 수 있다. 완벽을 추구함으로써 수치심을 통제할 수도 있다. 이를테면 성형 수술을 반복한다든지 또는 강박적으로 살을 빼거나 운동을 하는 경우이다. 이렇게 내면을 달래기 위해 애써 겉모습을 바꿔보지만 효과가 없을뿐더러 이 과정은 무한 반복된다. 나의 고통이 어디에서 오는지 근본 원인을 해결하지 않기 때문이다.

중독은 도피하고 싶은 마음에서 시작되었을 수도 있다. 하지만 시간이 지나면 우리의 행동은 굴욕감을 안겨주며 인간 관계와 일은 고전을 면치 못하게 된다. 자신에게 실망하고, 자제력을 잃고, 부정적 감정을 없애려고 중독의 강도를 높일 수도 있다. 한없이 아래로 추락하는 듯한 부정적 소용돌이 속에서 결국 무력감을 느끼게 되며 중독을 줄이지도 끊지도 못하는 처지가 된다. 반면에 그렇게 피하려 한 수치심과 모욕감은 활성화된다.

관계 중독 유형: 지배자, 방관자, 순종자

우리가 사용하는 수치심 대처 기술은 결국 우리의 성격을 형성하기 시작한다. 카렌 호나이는 불안, 수치심, 적대감에 대처하는 세 가지 유형을 대조를 통해 설명한다. 그리고 각 유형은 신경증적 욕구(neurotic needs)에 의해 뚜렷이 구분된다.(표 3.1 참조) 첫 번째 접근 방식은 지배자 유형이다. 또는 사람들을 공격한다는 뜻이며 그들에게 '대항하는' 태도를 보인다. 두 번째 전략은 자유 유형이다. 또는 사람들과 분리된다는 의미이며 그들과 '거리를 두는' 태도를 보인다. 세 번째 방식은 사랑 유형이다. 또는 자기를 내세우지 않는다는 의미이며 사람들에게 순종하며 '다가가는' 태도를 보인다. 지금부터 우리는 카렌 호나이가 설명한 이 세 가지 유형을 '지배자', '방관자', '순종자'로 요약해 부를 것이다. 이 대응 방식들은 모두 성격 유형으로 굳어질 수 있다. 하지만 한 가지 유형으로만 굳어지는 사람은 거의 없다. 일반적으로는 한 가지 이상의 특징을 보인다. 눈여겨보면 알겠지만 표 3.1에 소개된 욕구는 모두 정상적이다. 하지만 욕구가 강박적이거나 부적절하며 비현실적일 때 신경증 증상을 보인다. 이들 대부분은 공의존

표 3.1 **카렌 호나이의 대응 전략**[8]

사람들에게 대항한다 – 공격성
- 권력, 통제, 완벽 욕구
- 타인 착취 욕구
- 사회적 명성과 인정 욕구
- 존경 욕구
- 성취 욕구

사람들과 거리를 둔다 – 분리
- 절제된 삶에 대한 욕구
- 자립적 욕구
- 완벽 욕구

사람들에게 다가간다 – 추종
- 애정 및 인정 욕구
- 파트너 욕구
- 절제된 삶에 대한 욕구

자들의 전형적인 증상이며 특히 온순한 순종자 유형에 해당하는 것들이다. 이들은 내면의 갈등과 고통을 사랑을 통해 해결하려고 한다.

지배자 – 공격형 나르시시스트

지배자 유형은 성격이 활달하며 타인과 맞서려는 특징을 보인다. 이것은 수치심을 외향적으로 해결하는 방식이다. 이 유형은 자신의 욕구를 채우기 위해 늘 우월감을 느끼려 하고 지배하려 들며 타인과 환경을 통제하려 한다. 무슨 수를 써서라도 취약하고 무력한 느낌을 회피하려는 것이다. 따뜻함과 부드러움을 유약함과 동일시하는 사람들도 있다. 이들은 유약함을 두려워하고 수치스러워한다. 반면에 완벽주의, 명성, 권력 같은 이상적 목표는 어떻게든 손에 넣고 싶어 한다. 이것은 이들이 열등감을 회피하기 위해 추구하고 꿈꾸는 것들이다. 힘과 우월감은 자기 의심, 자격 미달, 죄책감, 자기 경멸의 감정으로부터 이들을 보호해주기 때문이다. 지배자 유형은 비싸거나 힘 좋은 자동차, 젊고 매력적인 아내, 대저택 같은 권력, 성공, 힘의 상징을 축적한다. 이런 목표는 수치스러운 감정과 행동에 대한 부담을 덜어주긴 하지만 실제 자기와는 더욱 거리가 벌어지게 한다.

내담자였던 팀은 전형적인 지배자 유형의 사례였다. 이혼 과정 중에 치료를 시작한 팀은 아내가 자신의 부정을 받아들이지 못한다며 몹시 불안해했다. 치료의 일부로 진행했던 자기 성찰이 문제였다. 이 과정에서 너무나 많은 부분이 드러났고 팀은 더욱 죄책감과 무력감에 빠졌다. 팀은 얼마 안 가서 치료를 중단했다. 자신의 약점과 마주해야 하는 것은 물론이고 자신이 지나치게 노출되고 취약한 상황에 놓인다는 점이 이유였다. 이런 방식의 자기 성찰이 팀의 이상적 자기를 위협했던 것이다. 자기 성찰은 지배자 유형에게 무척 어려운 일이다.

모든 지배자 유형이 노골적으로 적대적인 것은 아니다. 하지만 이들이 세상을 보는 시각은 기본적으로 적대적이기 때문에 타인에게 공격적으로 맞서는 것이다. 이 가운데 어떤 이들은 자신의 적대감을 타인에게 투사하기도 한다. 그리고 자신의 태도와 행동을 정당화한다. 이들은 분노를 억누르기보다는 표출하고 타인에게 힘을 행사하려고 한다. 존경, 명성, 인정을 얻기 위해 타인을 이용하는 방식으로 말이다. 설령 그 일에 두려움이 느껴지더라도 그렇게 한다. 지배자 유형은 타인을 복종시키려 할 수도 있는데 한때 통제가 심한 부모한테서 배운 그대로 복종하지 않기 위해서이다. 이것은 남성다움 과시, 약자 괴롭히기 또는 언어와 신체적 학대로 표출될 수 있다.

겉보기에 지배자 유형은 침착하고 완고하고 절제하는 태도를 보일 수 있다. 누가 봐도 부러울 만큼 유능하고 자신감이 넘쳐 보일 수도 있다. 그러나 이들은 성공, 명성, 타인의 인정과 존경에 극단적으로 의지한다. 그래야 무의식적인 내면의 수치심을 누그러뜨릴 수 있기 때문이다. 결국 다른 유형과 별다를 게 없는 것이다. 이것은 이들을 비판과 모욕에 몹시 예민하게 만드는 원인이다. 그리고 실제로 비판을 하거나 모욕을 준 사람이 없는데도 그렇게 인식할 때가 많다. 또한 의식적으로든 무의식적으로든 이들은 사기꾼으로 몰리기, 실패, 약점 들키기, 자신의 의견과 권위에 대한 문제 제기, 자존감과 자부심이 상처 입는 것을 몹시 두려워한다. 이런 일이 벌어지면 지배자 유형은 좌절감과 우울감을 느낄 수 있다. 이들은 공허감과 수치심을 회피하려고 격분과 공격성을 드러내기도 한다.

수치스럽고 자기 비하적인 자기와 동일시하는, 자신을 내세우지 않는 공의존자들과 달리 지배자 유형은 나르시시스트인 경우가 많다. 이들은 자신의 이상적 자기를 자기 자신'이라고' 믿는다. 이들의 특권 의식은 무의식적 박탈감과 열등감을 줄여주긴 하지만 특권 대접을 받지 못하면 다시 수면 위로 떠오른다. 지배자 유형은 자존감이 높아 보이고 타인을 필요로 하지 않는 듯 보일 수 있다. 하지만 사실은 그렇지 않다. 이들이 타인을 매료시키려는 이유는 그들의 존경을 받기 위해서이다. 자기 자신은 물론 자신의 계획 및 업적에 대한 자랑을 늘어놓는 이유는 수치심 또는 낙오자가 된 듯한 기분에서 벗어나기 위해서이다. 평범함은 지배자 유형에게 열등함과 같다. 이들은 어린 시절 부모와 따로 분리된 적이 없다. 이런 경험이 내면의 공허감으로 이어졌으며 이는 관심, 지배, 인정 욕구와 실현 불가능한 욕구를 탄생시켰다. "황제가 못된다면 차라리 죽어라."는 르네상스 시대 이탈리아의 전제 군주인 체사레 보르자(Cesare Borgia)가 처음 했던 말이다. 이 구절은 그의 원대한 포부뿐만 아니라 황제가 못 된다는 것은 상상도 할 수 없음을 표현하고 있다. 황제의 지위와 권력 없이는 자신은 '아무것'도 아니며 그런 자신을 도저히 견딜 수가 없는 것이다.[9]

지배자 유형 중에는 도덕적 지배를 추구하면서 자신을 도덕적으로 타인보다 우월하다고 생각하는 사람들도 있다. 수치심에 이끌린 이들은 강박적으로 완벽한 사람이 되려고 노력한다. 그리고 자비보다는 정의에 더 높은 가치를 둔다. 자신이 이룬 성공은 자신의 선행 덕분이라고 생각하며 타인의 문제는 물론 자신의 문제에도 동정심이 없다. 그렇기 때문에 끔찍한 불행이 닥치면 근본 성품이 뿌리째 흔들릴 수 있다.

방관자 – 회피형 자유주의자

방관자 유형은 체념하거나 또는 초연한 듯한 태도를 보인다.

마치 구경꾼처럼 자기 인생의 주인이 자신이 아닌 듯 행동한다. 앞에서도 살펴보았지만 방관자 유형의 성격은 심리적 위축을 토대로 형성된다. 자신의 욕구와 필요 또는 상처와 실망을 피하기 위해서이다. 이들의 수치심은 타인과 교류할 자격이 없다는 생각을 일으키는데 그 해결책은 사람들과 거리를 두는 것이다. 의도적으로 삶의 반경을 줄여 어떻게든 마음의 평화를 얻고 싶기 때문이다. 또한 친밀한 관계에 따르는 수치심 불안을 피하고 싶기 때문이다. 근본적으로 움츠러든 태도로 일관하면 친밀감에 대한 욕구, 친밀감에 따르는 불안, 타인과 분리되는 데서 오는 고통은 사라지는 경향이 있다.[10] 아무런 노력도 하기 싫어하는 이 유형은 경쟁, 논쟁, 목표 성취에 관심이 없거나 타인과 관련된 일에는 관여하지 않는다. 심지어 너무나 소중한 사람이나 집단이라 해도 상처받지 않으려고 자신의 감정을 외면한다.

　방관자 유형은 결혼을 하더라도 중독, 직장, 컴퓨터, 자위행위 또는 그 외 고립적 활동에 빠져 감정적으로나 성적으로 배우자로부터 벗어나려 할 때가 많다. 또한 스스로 알고 있는, 배우자가 바라는 성격적 특징 또는 협력, 애정, 섹스, 칭찬, 참여를 멀리할지 모른다. 타인의 욕구와 필요에 의해 만들어지는 마찰 없는 상상 속 관계는 현실의 관계보다 이들에게 훨씬 더 만족스러울 수 있다.

　방관자 유형은 놀라울 만큼 자립적 성향이 강하며 특히 자유를 중요시한다. 그렇기 때문에 이들은 의존, 강제, 압박, 충고에 극도로 민감하며 벽을 쌓아 그 누구도 필요로 하지 않거나 어떤 영향도 받지 않으려 한다. 타인의 요구는 마치 명령처럼 들릴 수도 있다. 누군가 자신에게 의지하려 하거나 기대를 품기라도 하면 압박감을 느끼고 떠나버리기도 한다. 하지만 이런 엄격한 경계선은 이들의 무력한 자기 감각과 어긋난다. 때로 자신의 고유한 욕구와 타인의 바람을 뚜렷이 구분하지 못하기도 하며, 심지어 자기 스스로 하고 '싶어 했던' 일에도 압박감을 느끼고 분노할 수 있다. 이들은 이처럼 자신의 고유한 욕구에도 압박감을 느낄 수 있는데, 이것은 얼마 안 가서 명령처럼 느껴지기 때문에 자기 자신에게 저항하기도 한다.

내담자였던 제리는 마약 중독에서 회복 중이었다. 하지만 나와 정기 상담 일정이나 친구들과 어울리는 계획을 세우느라 정기 회복 모임에 참여하기를 거부했다. 처음에 하고 싶은 어떤 일의 일정을 잡고 나면 곧 의무처럼 느껴졌고 늘 그렇듯 취소해버렸던 것이다. 전에는 관심도 없던 정원 가꾸기를 시작하기도 했는데 의무감에서 안전하게 벗어날 수 있는 탈출구라고 생각했기 때문이다. 하지만 이 결심 자체로부터 다시 내면의 압박감을 느끼자 이 생각마저도 접어버렸다. '반드시' 해야 할 의무가 되어버려 정원 일의 즐거움이 감쪽같이 사라졌기 때문이다.

방관자 유형은 수동 공격적인 사람일 수도 있다. 분노하거나 마음이 산란해지는 것을 용납할 수 없기 때문이다. 이들은 타인을 기쁘게 하고 싶은 생각과 자신의 자유를 지키고 싶은 생각 사이에서 갈등한다. 그렇기 때문에 수동적 반항으로 저항하는 동시에 순종적인 태도를 보임으로써 타협점을 찾을지도 모른다. 때로 자신의 공격성과 내면의 '당위성'을 타인에게 투사하기도 한다. 이때 타인이란 이들이 반드시 저항해야 할 대상이다. 방관자 유형의 한 형태로 피상적이고 무신경하게 살아가는 사람들이 있다. 겉으로는 평범하게 살아가는 듯 보이지만 실제로는 그렇지 않다. 단순히 타인에게 자신을 맞추며 그럭저럭 살아가는 시늉만 내는 것이다. 진정으로 전념하지 않으면서 말이다.

방관자 유형은 표면상으로 공의존자처럼 보이지 않을지 모른다. 그러나 이들의 자기 소외, 감정과 욕구 억압, 완벽주의, 통제, 친밀감 문제, 역기능적 경계선, 타인에 대한 반응은 모두 공의존자가 보이는 증상이다. 이 증상들은 방관자 유형에게 '의존의 정반대' 또는 과도한 독립처럼 보일 수 있다. 이는 많은 공의존자들이 고통스럽고 복잡하게 얽힌 관계에서 빠져나와 자유를 만끽할 때 사용하는 전략이기도 하다. 또한 회복 단계에 들어선 지 얼마 안 된 공의존자들이 사용하는 전략이기도 하다.

순종자 – 순종형 공의존자

지배자 유형과 방관자 유형 중 많은 사람들이 공의존자들이긴 하지만 순종자 유형은 '스스로 인정한' 공의존자가 대부분이다. 사랑, 연애, 관계에 중독된 사람들은 전형적인 공의존자들과 매우 유사한 모습을 보인다. 사랑은 이들이 간절히 바라는 마법의 묘약이다. 외로움, 불행, 수치심을 마법같이 사라지게 하는 묘약 말이다. 순종자 유형은 소중한 사람과 함께 행복하고 인정받는 삶을 살고 싶어 한다. 소중히 여기는 사람과 함께라면 마침내 삶이 온전해질 수 있다고 믿는 것이다. 순종자 유형은 사랑과 타인의 마음에 드는 것이 상처를 입지 않도록 보호해줄 것이라 믿으며 타인에게 다가간다. 그리고 타인이 자신을 원하고 받아들이고 응원해주고, 자신을 필요로 하고 이해해주며 사랑해주기를 바라는 욕구가 강하다. 이런 갈증은 다른 중독자들이 특정한 행위나 약물에 의존하는 것만큼이나 관계에 의존하게 만든다. 공의존자들은 확실하게 타인이 자신을 원하고 필요로 하며 버리지 않도록, 그들을 돌보고 기쁘게 하며 그들의 욕구와 감정을 늘 최우선으로 여긴다. 이들의 성격은 수동적이고 유순하며 자기를 내세우지 않고 순종적이다. 타인의 인정을 받으려고 호감이 가는 특성을 드러내고, 실제 감정은 감추고, 분노는 억누르며, 경계선을 긋지 않는다. 하지만 타인에게 보여주는 모습과 자신의 실제 모습 사이의 불일치는 이들의 수치심과 공허감을 보여준다.

지배자 유형과 달리 순종자 유형은 순종적인 역할을 선호하며 권력을 회피한다. 이 두 유형은 여러 면에서 서로 달라 보인다. 하지만 겉모습과 달리 순종자 유형은 자부심, 야망, 경쟁 욕구 같은 활달한 측면을 억압하고 있을 뿐이다. 이들은 경쟁을 피하기도 하며 직업에 관련된 일이나 게임을 할 때 스스로 억누를지도 모른다. 실제로 타인을 이기기라도 하면 바로 죄책감을 느낀다. 자신감 대신 열등감, 결점, 죄책감을 더 의식하는 것이다. 또한 이들은 성공을 두려워하고 인정을 회피한다. 따라서 임원의 조언자, 유명 인사의 매니저 또는 '능력 있는 남자의 정부'가 되기를 선호한다. 이들의 생활에서 권력을 휘두르는 모습은 찾아볼 수 없으며 권위적 위치에 서는 것은 불편한 일이다. 감독자의 역할을 맡으면 그런 임무를 맡았다는 사실 때문에 자주 죄책감을 느끼기도 한다. 그뿐만 아니라 직원들에 대한 기대, 비판, 실망감을 전달하는 데 어려움을 겪는다. 순종자 유형에게 자기 주장은 불친절을, 제한을 두는 행위는 무례함을, 요구하는 행위는 부담을 의미하기 때문이다. 다른 사람들에게는 지극히 정상적으로 들리는 본인의 자신에 찬 목소리마저 이들에게는 가혹하게 들릴 수 있다. 순종자 유형도 지배자 유형처럼 자신에게 더 많은 책임이 주어지고, 칭찬을 받고, 성공을 이루면 마치 자신이 잘못을 저지른 듯한 느낌을 받을 수 있다.

순종자 유형에게 사랑은 가장 고귀한 이상이다. 그렇기 때문에 이들은 다정하고 사랑스럽고 성스러우며 자애로운 이타적 박애주의자가 되려고 노력한다. 무결점의 숭고하면서도 자애로운 사람이 되려는 것이다. 영화 〈파계(The Nun's Story)〉에서 오드리 헵번이 주연한 루크 수녀처럼 순종자 유형은 지속적으로 자신이 해야 할 일이 무엇인지 생각한다. 또는 자신의 이상적 자기 이미지에 부합하려면 지금까지 무슨 일을 이루어놓아야 했는지 생각한다. 특히 이들이 생각하는 가장 높은 가치인 사랑하는 마음, 이타적인 마음, 배려하는 마음과 관련해서 더욱 그러하다. 순종자 유형은 자신에게 권리가 있다는 믿음이 없으며 욕구를 표현하면 죄책감을 느낀다. 하지만 이것을 자각하는 사람은 거의 없다. 이런 개인적 욕구 부정, 그리고 갈등과 버림받음에 대한 두려움은 순종자 유형에게 경계선 긋는 것을 극도로 어렵게 만든다. 이는 이들을 쉽게 학대하고 착취하도록 타인에게 빌미를 주게 된다. 이들은 자신을 학대하고 필요로 하는 사람에게 '아니오'라는 대답을 하기 힘들어한다. 게다가 그들을 기쁘게 해주려고 고군분투하면서 자신은 희생하는 경향이 있다. 그리고 그렇게 되려고 자신이 받았던 학대와 상처투성이 감정을 부정하고 축소하며 합리화하려 할 뿐만 아니라 자신의 결점을 찾으려 하며, 더욱 이해심이 깊은 사람이 되려고 애쓴다. 이런 태도는 이들이 가장 두려워하는 것, 즉 거절을 막아준다. 거절은 영원한 사랑을 찾으려는 희망을 파괴하며 자신이 사랑스럽지 않다는 이들의 믿음을 입증한다.

순종자 유형은 자신의 분노와 공격성을 억눌러 자신들의 이상에 부합하는 삶을 살고 소중한 관계를 위험에 빠뜨리지 않으려고 한다. 하지만 이런 태도는 이들을 더욱 수치심에 취약한 사람으로 만든다.[11] 이들은 어린 시절에 목격한 사건들 때문에 자신의 분노와 타인의 분노는 물론 버림받는 것을 두려워한다. "소동을 일으키지 마라!"는 이들의 좌우명이다. 비록 각자 경험하는 학대의 형태는 다를지 모르지만 대개는 어린 시절에 겪은 수치심을 다시 경험하고 있는 것이다. 그리고 이 경험은 이들이 자신의 부모와 동일시한 배우자에 의해 촉발된다. 이들은 과거의 정서적 감금 상태에서 헤어나지 못하기 때문에 성인이 되어서도 자신의 힘을 발휘할 수 없다. 또한 자기 주장을 하고 자신을 보호하며 학대를 막아내는 능력은 더욱 감퇴하게 된다. 대신 평화를 깨지 않으려고 정직하지 못한 방식, 교묘하게 일을 꾸미는 방식, 수동 공격적인 방식으로 에둘러 소통하려 하고 달래고 어르려고 한다. 이들의 공격성은 자기 자신을 향해 있으며 통제, 비판, 불평, 수동적 조종을 통해 간접적으로 타인에게 표출된다.

다른 공의존자들처럼 순종자 유형도 자신에게 악영향을 끼칠 수 있는 행동에 대해 책임지는 것을 힘들어한다. 그런데도 정서적 교감을 유지하려고 빈번히 "미안해."라고 말한다. 또한 행복하지 않은 관계 속에 계속 머무르려고 하는데 혼자가 되는 것은 더 끔찍하다고 여기기 때문이다. 이들은 자신의 필요뿐만 아니라 자신의 욕구도 등한시한다. 자신에게 행복할 권리, 사랑받을 권리, 성공할 권리, 꿈을 꿀 권리가 있다는 생각도 하지 않는다. 결국 무력한 피해자가 된 기분에 빠지게 된다. 이뿐만 아니라 자기 희생적 행동이 고통을 키우고 자신의 분노가 자기 연민에 가려져 있다는 사실도 깨닫지 못한다. "왜 또 나지?" 하는 말은 내면의 자기 혐오가 표면화된 것이며 자기 연민을 초래한다. 수치심은 삶을 변화시킬 수 있는 힘이 자신에게 있음을 부정하게 만든다. 욕구와 분노를 장기적으로 부정하면 괴로움, 억울함, 우울로 발전할 수 있으며 심리적 증상과 절망감을 초래할 수 있다.

훈련하기

수치심을 감추기 위한 방어 행동을 하더라도 수치심 치유는 '가능'하다. 우선 의식적으로 수치심을 느껴야 한다. 인식은 치유 과정의 첫 단계이기 때문이다. 방어와 수치심이 당신에게 영향을 끼치는 방식을 인식하는 데 도움이 되는 제시문이 아래에 있다.

1. 수치심에 대한 방어 행동들을 살펴본 후 자신의 방어 행동에 집중해보자. 방어 행동과 그런 행동을 한 순간을 알아차리고 더 들어보자. 자기 자신에 대한 비판은 하지 말아야 한다. 방어 행동을 멈추어야 한다는 걱정도 하지 말자. 당분간은 건설적이지 않은 수치심을 회피하는 자신의 방식에 익숙해지도록 하자. 당신이 가장 많이 사용하는 방어 행동은 무엇인가?

2. 가장 자주 사용하는 방어 행동을 멈추도록 의식적으로 노력해보자. 당신의 느낌에 집중하고 그것을 기록하자. 부정적 감정이 솟구치면 자신을 위로하도록 하자.

3. 개인 또는 집단을 비판하고 경멸하고 오만한(침묵의 방식일지라도) 태도를 보일 때가 있을 것이다. 당신의 비판을 촉발한 그들의 행동이 무엇이었는지 기록해보자. 그런 다음 당신의 비판 대상이 자기 자신이라는 상상을 해보자. 개인 또는 집단을 '나'로 대체해 큰 소리로 읽어보자. 당신의 비판 내용은 자신에게 해당하는가? 자기 비판을 투사하고 있지는 않은가?

4. 유익하고 적극적인 방식으로 수치심에 대응하려면 자신뿐만 아니라 타인에게도 자애롭게 대해야 한다. 즉 방어로써 비난이나 공격을 사용해서는 안 된다는 뜻이다. 언제 타인에게 비난하고 분노하는지 생각해보자. 심지어 자신에게조차 마음속으로 비난하고 분노하지는 않는지 살펴보자. 어떤 상황이었는지 기록하

고 그 상황 속 자신의 역할에 집중하자. 필요하면 수정을 해도 된다.

5. 시기심의 느낌을 적어보자. 시기심을 느낄 때 자기 자신에 대해 어떤 생각이 드는가? 삶에서 놓친 부분은 무엇이고 충족되지 않은 욕구는 무엇인가? 나의 욕구를 채우기 위한 행동 계획을 세워보자.

6. 지배자 유형, 방관자 유형, 순종자 유형 가운데 자신과 가장 닮은 성격 유형은 무엇인가? 어떤 세부적 특징에 공감하는가?

7. 당신을 행동하게 만드는 동기와 이상이 있으면 모두 써보자.

이번 장에서는 방어 행동과 세 가지 대응 전략을 사용해 수치심을 회피하는 여러 방식을 살펴보았다. 공의존자들은 수치심 때문에 고통스러우면서도 어떻게든 그 원인을 회피하려고 한다. 다음 장에서는 수치심의 밑바닥까지 깊숙이 들어가 공허감을 들여다볼 것이다. 공허감에서 탈출하고 싶은 마음은 공의존자만의 문제가 아니다. 모든 사람들이 겪는 문제이기도 하다. 이제 당신은 공허감의 뚜껑을 벗겨내고 공허감과 함께하는 방법들을 배우게 될 것이다. 이 배움은 마음의 평화를 얻고 온전한 존재가 되도록 등불을 밝혀줄 것이다.

4장

이 채울 수 없는 허기는
어디서 오는가

{ 공의존자의 공허한 내면 }

최근에 앞이 탁 트인 태평양 바다를 즐긴 적이 있다. 저녁 해가 청록빛 하늘 아래 금빛 물결을 비추고 있을 때였다. 마음이 고요해지고 기분도 좋았다. 해안에는 바다 갈매기들이 몰려들었고 바다와 한 몸이 된 나는 썰물과 밀물이 왔다 갔다 하는 장면을 바라보았다. 그러나 분명 같은 바다인데도 수십 년 전 어머니의 죽음 직후에는 내게 슬픔과 공허함과 고립감을 안겨주었던 바다였다. 그리고 눈에서는 눈물이 주르르 계속 흘러내렸다. 공허한 바다는 나의 내면의 공허감을 거울처럼 비추어주는 것 같았다. 수그러들 줄 모르는 파도와 멀리 보이는 수평선은 인생의 덧없음과 절망감을 더해주는 것 같았다. 황홀하기만 한 일몰과 태연자약해 보이는 새 한 무리마저 내게 고립감을 더해줄 뿐이었다. 지나가는 행인들은 모두 즐겁게 또는 진지하게 대화를 나누는 것 같았지만 나는 살아 있는 느낌이 들지 않았다.

이혼이나 사랑하는 사람의 죽음 같은 충격적인 상실에 이어지는 공허감은 누구나 느끼는 감정이다. 그러나 슬픔과 상관없이 따라오는 공허한 느낌은 공의존자와 중독자의 이면을 보여줄 때가 많다. 공허감은 수치심의 근원 밑바닥에 있다. 공허한 느낌을 좋아하는 사람은 아무도 없다. 하지만 공허감을 인식하고 다루는 법을 터득할 수 있다면 가치 있는 기술이 될 것이다. 공허감은 중독적인 행동으로 발전할 수 있기 때문이다.

우리는 공허감을 의식하지 못할 수도 있다. 특히 자신의 감정 통로가 막혀 있는 사람은 더욱 그렇다. 충격적인 상실을 겪지 않았는데도 공허한 느낌이 든다면 오랜 학대에 무방비로 노출된 것이 원인일 수 있다. 혹은 가짜 '같은' 삶을 사는 데서 오는 순간적이거나 가슴에 사무치는 느낌일 수도 있다. 또한 공허감은 수치심의 바닥에서 수면 위로 부상할 수도 있다. 이를테면 좁은 의미로 규정된 역할에 맞추어 살아가는 삶의 예가 있다. 한 집안의 가장이나 가정주부처럼 문화적으로 한정된 역할로만 살아가거나 또는 자라면서 집안의 광대나 자랑거리로 고착화된 역할로만 살아가던 사람은 갑자기 환경이 바뀌는 순간 공허감이 밀려올 수 있다. 환경이 바뀐다는 뜻은 자녀들이 성장해 모두 떠나고 집안이 '빈 둥지'가 되거나 실직을 당한 상황을 가리킨다. 우리는 우리를 규정하는 역할이 없으면 공허감과 상실감을 느낀다. 힘과 용기, 삶의 나침판의 내적 원천인 실제 자기와 단절되기 때문이다.

수치심의 근원, 공허감

공허감은 알 수 없이 밀려오는 불안하고 초조한 감정이며 여러 형태로 나타난다. 공허감의 한복판에는 근본적인 불안이 자리 잡고 있다. 태평양 바다에서 내가 느낀 감정처럼 공허감은 개인적인 관점에서 비롯된 것이다. 삶이 만족스러웠을 때는 바다의 아름다움이 가까이 다가오지만 공허감이 밀려오자 세상은 내 안의 감정을 그대로 되돌려주었다. 공허감이 어디에서 시작되었든, 우리는 과거 혹은 현재의 트라우마의 크기와 성격에 따라 다양한 방식으로 공허감을 경험한다.

우리는 모두 제각기 다른 방식으로 공허감을 경험한다. 그것은 뭐라 형용할 수도 없고 뚜렷하지도 않은 느낌일 때가 많다. 이를테면 괜히 소외된 기분이 든다거나 질문에 유쾌하게 대답하지 못하고 얼버무리는 경우가 많아진다. 또는 독립된 인격체로서 나의 존재, 내가 하는 일, 나의 인생이 시시하고 의미 없어 보이기도 한다. 세상과 단절되어 기계적으로 인생을 살아가는 '시늉을 하는' 느낌일 수도 있다. 오랫동안 감정을 부정해 온 사람의 공허감은 혼자 있을 때 무감동, 무감정, 권태와 같은 허무가 되어 썰물처럼 밀려온다. 순종자 유형인 사람들은 혼자 있거나 자신감이 부족할 때 공허해진다. 반면에 지배자 유형과 나르시시스트는 권력과 공격성, 활발한 사회생활이 자존감을 세워주지 못할 때 공허감을 경험한다. 자신감에 찬 지배자 유형뿐만 아니라 버림받을까 봐 두려워하는 순종자 유형의 바탕에도 공허감이 자리 잡고 있다.

어떤 사람들은 뱃속 깊숙한 곳에서 감지되는 허무를 묘사하기도 한다. 이혼을 한 뒤 나와 상담 중이던 한 여성이 그린 그림이 있었다. 바다에 둥둥 떠다니는 뗏목 그림이었는데 아무런 목적 없이 표류하며 혼란스러워하던 자신의 감정을 표현하고 있었다. 사랑하는 사람의 죽음도 현재뿐만 아니라 미래의 삶 역시 공허하고 덧없을 것이라는 생각을 일으킬 수 있다. 사랑하는 사람이 없는 인생을 상상하기는 불가능하기 때문이다. 살아남은 사람은 사망한 배우자에게 의존했던 내면의 정신적 기능 또는 감정적 기능을 상실할 수도 있다. 우리의 공허감은 외로움 또는 타인과 단절된 느낌이 들 때 강렬해진다.

외로움

외로움과 공허감은 동시에 느낄 때가 많으며 동일한 근본적인 불안의 두 측면으로 여겨진다.[1] 그러나 외로움을 느낄 때 우리는 슬픔과 그리움 또는 다른 사람들과 함께 있고 싶은 욕구도 느끼기도 한다. 반면에 공허감은 무언가가 결핍된 듯이 갈망하는 마음도 없으며 아무런 감정도 느낄 수 없다. 공허감에 빠진 사람들은 아무것도 느낄 수 없으며 아무것도 원하는 것이 없다고 말한다.

시인이었던 알퐁스 드 라마르틴(Alphonse de Lamartine)은 사랑하는 줄리를 잃은 후 "이 광활한 우주에서 원하는 것은 아무것도 없다."[2]라고 썼다. 그의 "감정 없는 영혼은 매력도 기쁨도 알지 못한다." '정처 없이 헤매는 혼령'처럼 세상을 응시하고 '시든 나뭇잎'³처럼 세상이 바람에 흩날리는 상상을 한다. 내담자였던 마사는 아들이 죽고 겪은 슬픔에 이어진 공허감을 '온몸에서 뜨거운 피가 다 빠져나가는 심정'이라고 표현했다.

해리

공허감은 죽음과 고립의 느낌, 그리고 자기 또는 현실과 격리된 느낌인 해리(disassociation)와 같이 올 수도 있다. 붕 떠 있는 느낌, 구역질, 어지러움, 정신과 감정의 마비 또는 땅이 움푹 꺼지는 듯한 느낌을 받을 수 있다. 모든 사람에게 해리가 발생하는 것은 아니다. 보통 트라우마를 겪는 동안 일어나며 극심한 수치심 발작이 따를 수 있다. 슬픔과 달리 해리는 감정이 상실되는 것이고, 삶과 타인과의 정서적 단절을 의미한다.

실존적 공허감

큰 슬픔을 겪지 않았는데도 찾아오는 공허감은 공의존자들만의 문제가 아니다. 20세기에 철학자들은 '실존적 공허감'이라는 개념을 내놓았다. 많은 실존주의자들⁴은 공허감을 의미와 목적이 결핍됨에 따른 결과라고 보았는데, 이 시각은 현대에 와서 더욱 주목을 받았다. 즉 부모한테 물려받은 것이 아니라는 뜻인데, 이는 카렌 호나이가 주장한 내용이기도 하다. 실존주의 철학자, 심리학자, 사회 평론가는 북적이는 도시에 거주하면서 단조로운 직업에 종사하고 선전, 광고, 대중 매체를 즐기는 사람은 사실상 자연과 타인, 실제 자기로부터 고립된, 피상적이고 만족스럽지 않은 삶을 산다고 주장한다.[5] '모든 것을 다 가졌는데도' 공허감이 밀려와 고통스러운 사람은 '내가 존재하는 이유가 뭘까?' 하는 의문을 품을 수 있다. 이 현상은 잠시나마 살펴볼 가치가 있다. 자신이 속한 사회와 삶의 방식이 별 의미 없이 느껴져서 슬픈 일을 겪지 않았는데도 공허감이 밀려오는 것은 아닌지, 아니면 공의존자에게서 나타나는 증상인지 이해하는 데 도움이 되기 때문이다. 그러나 이 두 가지를 구분하기가 늘 쉽지는 않다.

실존주의 작가들은 실존적 공허감을 주된 심리적 문제로 보지 않는다. 이들에게 공허감은 존재의 위기이지 정신 질환이 아니다.[6] '실존주의'라는 용어는 철학자 장 폴 사르트르(Jean Paul Sartre)가 만들었으며 2차 세계대전 이후에 발전했다. 그는 외로운 우주에서 살아가는 인생의 덧없음과 공허감을 묘사했는데 이것은 수많은 철학자, 작가, 영화 감독, 예술가가 표현한 감정이기도 하다.

사르트르는 개인의 존재에 의미를 부여하려면 자신의 선택과 행동에 진실함이 있어야 하고 이를 스스로 책임져야 한다고 주장했다. 그는 책임감 있고 진실한 삶을 사는 것만이 공허감에서 벗어날 수 있는 방법이라고 보았다. 타인을 기쁘게 하거나 타인의 기대를 충족시키는 역할은 진실한 삶이 못 되며 자기를 기만하는 행동이라고 생각했다. 사르트르는 실제 자기의 중요성을 역설했던 것이다.

심리적 공허감

나 자신과 삶의 관계를 보여주고 지적이고 정신적인 면과 좀 더 가까운 것이 실존적 공허감이라면, 심리적 공허감은 주로 우리 자신이 나와 맺는 관계와 관련된다. 심리학자들과 정신분석가들은 공허감을 현재의 결과물이 아니라 어린 시절에 뿌리를 둔 것으로 본다.[7] 주요 차이점은 심리적 공허감은 우울을 동반하며[8] 수치심과 깊이 연관되어 있다는 점이다.

우울은 슬픔, 불안, 초조함, 수치심 또는 해소되지 않는 죄책감, 무감정, 피로, 식욕 및 수면 습관의 변화, 집중력 저하, 자살 충동, 허전함, 허전함을 채우려는 갈망 같은 다양한 증상을 포함한다. 전부는 아닐지라도 대부분의 공의존자들은 우울을 어느 정도 겪고 있다. 우울은 어린 시절에 시작된 자기 소외, 고립감, 수치심 속에 깊이 스며들어 있다. 정신과 의사 제임스 매스터슨(James Masterson)은 이런 우울증을 유기 우울증(abandonment depression)이라고 명명했다.[9] 공허감을 지속적으로 느끼는 사람도 있지만 주기적이고 또렷하지 않거나 극심한 사람도 있다. 그리고 보통 극심한 수치심이나 상실 때문에 일어난다. 인생이 공허하다는 생각은 우리가 책임져야 할 삶의 영역을 모두 지배할 수 있다. 트라우마에 시달린 사람이라면 '뭐든 삼켜버리는 블랙홀' 안으로 빨려드는 기분일 수 있다. 또는 현실 세계가 무너지는 느낌이 들 수도 있다.[10] 이런 유형의 우울증은 중독자와 공의존자가 관계를 이용하는 것을 멈추거나 관계를 끊을 때 자주 경험한다.

공허감과 우울감은 때로 자기의 삶을 효율적으로 운용하지 못한 무능의 결과물이기도 하다. 그 결과로 기쁨, 만족, 자기 사랑하기, 권한 같은 것을 놓칠 수 있다. 즉 실제 자기에서 분출되는 에너지, 꿈, 열망을 감지하지 못하는 사람이 될 수 있다. 이로 인해 우울감은 더욱 심해지고 자신의 인생을 주도적으로 이끌어갈 수 없다는 믿음이 확고해진다. 내가 어떻게 되든 아무도 상관하지 않으며 아무것도 바뀌지 않을 것이라는 생각의 함정에 빠질 수도 있다. 아울러 우리에게는 보살핌에 대한 갈망이 솟구친다.(그림 4.1 참조)

우리는 혼자 있을 때 또는 직장에서 받은 스트레스와 압박감이 아무것도 하지 않는 상태로 전환될 때 그 공허감을 채우려 한다. 안 그러면 공허감에 압도당할 수 있기 때문이다. 이를테면 타인에 대한 집착이나 환상에 빠질 수 있으며 수치심이 촉발하는 부정적 생각으로 머리가 복잡해지기도 한다.[11] 그래도 실제 자기는 공의존적 자기 또는 이상적 자기처럼 우리를 그리 형편없게 대하지는 않는다.

병가 중이던 내담자가 자신의 공허감을 탐색하도록 도와준 적이 있다. 그녀는 뭔가 유용한 일을 하지 않으면 공허감이 밀려오고 '아무런 권리가 없는, 쓸모없는 사람 같은 느낌'이 든다고 했다. 그녀는 생산적인 사람이 됨으로써 그 권리를 찾아야 했다. 심지어 나와 상담을 할 때마다 죄책감을 느꼈다고 했다. 다음 상담 회기까지 내가 자신에 관한 생각을 약간이라도 한다거나 자신이 내뱉은 말로 인해 슬픈 반응을 보인다면 내게 부담과 불쾌감을 주는 것이라 여긴 것이다. 결국 눈물을 글썽이던 그녀는 그동안 나의 관심을 끌기에 충분한 흥미를 유지하면서 동시에 내가 지나친 반응이나 배려를 하지 않도록 아슬아슬한 줄타기를 하고 있었다고 고백했다. 내가 자신을 흥미로운 사람으로 여길 수도 있다는 생각을 할 수가 없었던 모양이다. 그리고 오직 자신의 문제에만 관심을 집중했지 한 인격체로서 자신에게 관심을 보일 것이라 여기지 않았다고 했다. 나의 흥미를 끌 만한 자격이 없다고 여긴 것이다.

내면화된 수치심으로 인해 우리는 지금 이 순간에도 자신이 자격 미달이기 때문에 또는 사랑스럽지 않기 때문에 거절의 두려움과 외로움에 휩싸이는 것이라고 믿는다. 그리고 타인의 행동과 감

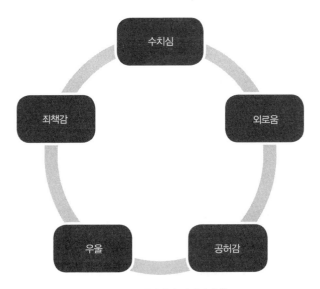

그림 4.1 **공허감과 수치심의 순환**

정을 자기의 일로 받아들이고 언제든 책임감과 죄책감에 시달릴 준비가 되어 있다. 이런 태도는 우리의 자존감을 더욱 낮추고 수치심을 극심하게 만든다. 그뿐만 아니라 우리가 지금과 완전히 다른, 완전무결한 사람이었더라면 어떠했을지, 타인에게 버림받지도 거절당하지도 않았을 것이라고 가정한다. 수치심은 스스로 자초한 고립감의 원인이기도 하다. 이 고립감은 우리의 수치심, 우울감, 외로움, 공허감의 증상을 악화시킨다. 자기 자신이 강화한 이 악순환은 그림 4.1이 잘 보여주는데, 각 감정의 순서는 특별히 정해져 있지 않다.

공의존자가 중독에 빠지는 이유

실제 자기와 연결된 통로가 막히고 이상적 자기를 실현할 수 없기 때문에 우리는 공허감에서 탈출하려고 외적 조건에 의존하게 된다. 하지만 공허감에서 탈출하기는 불가능하며 충족되지도 않는다. 우리는 그칠 줄 모르는 허기 상태, 즉 갈증 상태가 된다.[12] 우리의 갈증은 물질적인 것, 섹스 또는 기분을 바꿔주는 마약에서부터 사람에 이르기까지 다양하다.

공의존자의 갈증

외부로 관심을 돌리지 않는 공의존자들은 생명력의 내적 원천인 실제 자기와 단절되었기 때문에 불만스럽고 우울한 감정을 느낀다. 어떤 사람들은 입증, 관심, 이해, 또는 인정에 대해 지칠 줄 모르는 욕구를 느끼는데, 아무도 이런 욕구를 채워주지 않으면 불안감과 공허감을 느낄 수 있다. 그리고 욕구를 절대 채울 수 없다고 믿게 된다. 자신에게 다른 선택의 여지가 없다는 생각 속에서 이들은 지속적으로 공허감을 채우려고 애쓴다. 이를테면 타인을 통제하거나 타인을 통해 대리 만족하는 삶을 사는 것이다. 또는 약물 남용이나 운동, 일, 섹스 같은 강박적 행동에 의지하기도 한다. 활동에 몰입해 관심을 다른 데로 옮기는 방법도 있다. 사랑, 관계, 연애에 중독된 사람은 타인으로부터 공허감 탈출, 동기부여, 친밀한 관계를 기대하고 그들에게 의존하는 것이다. 생동감 있는 삶을 원해 극적인 사건으로 채워진 관계에 이끌리는 사람도 있다. 대부분의 사람들은 안정적인 사람을 지루해하기 때문에 약물 중독, 만나서는 안 될 연인, 문제 많은 직장 환경, 흥분, 학대 또는 갈등에 끌리기도 한다.

하지만 기분 전환과 중독이 온전한 존재가 되려는 우리의 허기를 채워준다 해도 그것은 일시적 위안에 불과하다. 실제 자기로부터 더욱 멀어지게 할 뿐만 아니라 진정한 해결을 회피하는 길이기 때문이다. 이 전략은 늘 그렇듯 열정이나 중독 상태의 황홀감이 식어버리면 효과가 끝나게 된다. 그러면 실망감이 밀려오고 욕구는 채워지지 않고 외로움, 공허감, 우울감이 다시 되돌아온다.

열정적이고 생동감 있는 관계를 갈망하는, 외로움을 느끼는 연인이나 부부는 한 침대에 나란히 누워서도 공허감을 느낄 수 있다. 이 현상은 정서적 친밀감이 결핍된 관계, 틀에 박힌 관계 또는 몇 년간 억울함이 쌓인 관계에서 나타난다. 어떤 부모는 자녀 문제에 깊이 개입하기도 하는데 친밀감이 부족한 부부 관계에서 비롯된 공허감을 채우려는 것이라 할 수 있다.

중독적인 관계에서 벗어나려고 애쓸 때, 혼자 있을 때, 또는 타인을 도와주고 지배하며 다가가기를 멈추려 할 때, 불안감과 공허감은 커질 수 있다. 비록 타인에 대한 자신의 무력감을 수용하고 놓아주는 일은 치유의 첫 단계이지만 이때 중독자가 마약이나 행위 중독을 끊을 때 경험하는 동일한 공허감이 유발될 수 있다.

알코올 중독을 치유 중이던 에드워드는 정서적으로 무미건조한 결혼 생활에서 벗어나 애인과 함께 살고 싶었다. 주기적으로 맨 정신을 유지하려고 애썼는데, 이런 변화가 가능한 것은 새로운 관계 덕분이라고 생각했다. 그리고 감사한 마음이 들었다. 그의 애인은 다른 도시에 살고 있었기 때문에 자주 만날 수는 없었다. 애인을 간절하게 갈망하게 된 계기는 애인과 떨어져 살면서부터였다. 에드워드는 애인에 대한 간절함을 그칠 줄 모르는 허기로 묘사했다. 미칠 듯이 애인과 함께 있고 싶었던 것이다. 그녀에 대한 지독한 갈망이 야기하는 자기 혐오, 그리고 자신의 부정행위로 인해 가족이 겪게 될 아픔이 기다리고 있었지만 말이다. 애인에 대한 갈망은 고통에 가까웠지만 그를 더 힘들게 하는 것이 있었다. 바로 내면에 묻어 둔 공허감과 수치심이었다. 그는 자신이 '비참하고 쓸모없는 낙오자'처럼 느껴졌다. 오직 정부와 함께 있을 때만 '자기 자신'이 된 느낌이었다. 그는 점차 자신이 동일한 중독 패턴을 반복하고 있음을 깨달았다. 모두 괴로움에서 탈출하기 위한 몸부림이었다. 다만 이번에는 알코올 대신 연애와 섹스에 중독되었다는 차이가 있을 뿐이었다. 결국 공허감을 채우려던 그의 모든 시도는 더욱 강렬한 수치심을 끌어들였던 것이다.

섭식 장애

공허감은 때로 섭식 장애로 이어질 수 있다. 한 여성은 폭식이 공허감과 인생의 '결핍'을 채워주었다고 내게 말해준 적이 있다.[13] 폭식증과 거식증은 일부 정신적 공허감이 원인이라고 알려져 있다. 이 정신적 공허감은 '영혼의 육체 이탈감이 강렬하고 내적 자기와 타인과 소통이 어려운' 사람들에게 '영혼의 허기'처럼 느껴진다.[14] 이들은 자신의 육체를 마음의 위안이 될 음식으로 채워넣어야 할 '생명 꺼진, 텅 빈 껍질'로 묘사한다. 하지만 이 생각은 진정한 유대와 통제에 대한 착각을 일으킨다.[15] 작가인 샌디 리처드슨(Sandy Richardson)은 발버둥 치던 과거를 회상하며 자신을 완전히 포위하던 공허감을 '영혼의 허기'라고 명명했다. 아무리 배불리 먹어도 그녀의 공허감은 묵묵히 '잔인하고 포악한 방식'으로 제 할 일을 했다.

섭식 장애는 나를 안전하게 보호해주었다. 내가 아주 날씬하고 예쁘다면 아무도 뒤돌아보며 수치스럽고 못난 나의 모습을 쳐다보려 하지 않을 것이다. 내 가면은 거짓말을 유지하기 위한 압박감 때문에 점점 두꺼워졌고 결국 나는 그 무게를 견디지 못하고 쓰러질 뻔했다. 섭식 장애 치료를 시작하면서 비로소 깨달았다. 나의 문제가 다이어트, 음식, 몸무게가 아니라는 것을. 그동안 나는 음식이 결

코 채워줄 수 없는 허전함, 즉 영혼의 허기를 채우려 했던 것이다.[16]

자극에 대한 허기

특별히 나르시시스트는 '자극에 대한 강렬한 허기'가 있으며[17] 공허감에서 탈피하기 위해 지속적인 입증이 필요하다. 에드워드가 앞에서 경험한 대로 중독자가 한 가지 중독(또는 내성이 생겨 효력이 떨어진 중독)을 멈출 때, 이들은 그 양을 더욱 늘리거나 다른 중독 행위로 대체하는 경우가 많다. 하지만 이 방법은 근본적 문제를 해결해주지 않는다. 아무것도 생화학적 욕구가 될 수 있는 것을 만족시킬 수 없기 때문이다. 어니스트 헤밍웨이(Ernest Hemingway)는 멋진 식사를 끝낸 후 이런 생각을 했다.

우리가 다리 위에 서 있을 때 느낀 허기는 집으로 오는 버스 안에서도 여전했다. 방에 들어와서도, 잠자리에 누워서도, 어둠 속에서 섹스를 할 때도 그대로였다. 잠에서 깨어보니 창문이 열려 있었다. 높다란 지붕 위로 달빛이 비추고 있었다. 그 순간에도 나의 허기는 그대로였다.[18]

나중에 경마 도박을 그만두면서 헤밍웨이는 이렇게 썼다.

나는 그때 좋은 일이든 나쁜 일이든 그것을 멈추는 순간 공허감이 밀려온다는 것을 깨달았다. 나쁜 일을 멈추면 공허감은 저절로 채워졌다. 하지만 좋은 일을 그만두면 그것보다 더 좋은 것을 찾아

내야만 채워졌다.[19]

공허함 받아들이기

"삶의 보물을 되찾을 수 있는 방법은
우리 안의 심연 속으로 들어가는 것이다." – 조지프 캠벨

사람들은 공허감과 외로움을 자신과 완전히 분리된 감정으로 여긴다. 마치 내면의 허전함을 제거할 수 있고 회피할 수 있으며 채울 수 있다고 생각하는 듯하다. 그러면서 이런 일에 전념하며 인생을 보낼 때가 많다. 하지만 이런 착각은 지속적으로 내면의 갈등을 유발한다. 우리의 공허감이 실존적이든 심리적이든 그것을 해결할 수 있는 방법은 현실과 직면하는 것에서부터 시작한다. 외적인 조건으로는 공허감을 탈출할 수도 채울 수도 없다는 현실 말이다. 뭔가에 중독되었다는 것은 근본적으로 실제 자기, 독립, 자기 표현으로부터 멀어졌다는 뜻이다.[20] 우리는 이 순환을 멈춰야 한다. 그러려면 익숙한 영역에서 벗어나 낯선 길인 회복의 길로 들어서야 한다. 공의존이란 그리 간단한 문제가 아니기에 처음에는 어려울 수 있다. 하지만 꾸준히 치유를 하다 보면 언젠가 긴 터널 끝에 희망의 불빛이 보일 것이다. 이제 우리는 도망가는 것을 멈추고 실제 자기와 연결될 것이다. 그리고 충만하고 진실한 삶을 살기 시작할 것이다.

절제하라

우리는 치유를 하면서 더는 도망(아인슈타인이 어리석은 짓이라고 정의한 대로 똑같은 일을 계속 반복하면서 다른 결과를 기대하는 것) 가지 않는 법을 배우게 된다. 그것은 스스로 절제하는 것이다. 즉 관계든, 약물이든, 또는 행위든 우리는 중독에 사용된 것을 모두 멈출 것이다. 그렇게 할 때 우리는 우리 자신이 중독에 얼마나 무력한 존재인지 인정하게 된다. 이것은 12단계 프로그램의 1단계에 해당한다.

절제 기간에는 우울감, 공허감, 수치심이 자주 수면 위로 떠오른다. 공의존자들은 반드시 중독과 타인에 대한 자신의 무력감을 인정해야 한다. 누군가를 변화시키려고 더는 헌신하지 않기 때문에 갑자기 해야 할 일이 사라진 듯한 느낌이 들 수도 있으며 무능감과도 싸워야 한다. 이제는 이로 인한 삶의 의미 상실과 직면해야 한다. 다시 말해 이전까지 극적인 활동(타인을 통제하고 조종하기 위한 정신 활동과 신체 활동)으로 채워졌던 공허감과 직면해야 한다. 이것은 마치 마약 중독자가 마약을 빼앗긴 상황에 직면한 것과 같다. 중독으로 가려져 있던 공허감은 이제 두 파트너에게 훤히 드러날 것이다. 자신이 중독자라는 사실을 인정하는 것이 몹시 충격적일 수 있다. 맑은 정신 상태로 간신히 하루하루를 연장하는 알코올 중독자처럼 자신의 의지로 통제가 안 되는 중독자라니 믿을 수가 없을 것이다.[21] 하지만 이런 감정적 동요는 강력하기는 하지만 일시적이다.

받아들이고 집착을 버려라

우리의 실제 자기가 드러나려면 집착을 버리고 타인이나 어떤 상황을 통제하려는 욕구를 내려놓아야 한다. 가족 상담 치료사인 토머스 포가티(Thomas Fogarty)는 변화하려면 타인에 대한 기대와 그들을 바꾸려는 시도를 모두 내려놓으라고 조언한다. 그 목적은 '의도적으로 절망감에서 도망치지 않을 때' 촉발되는 공허감을 자발적으로 경험하는 것이다. 그는 희망마저도 버려야 하며 수치스러운 무력감이 솟구치더라도 그대로 내버려 두라고 말한다. 포가티는 이런 태도가 외부로부터 얻는 것을 줄이고 자기 자신으로부터 무언가를 얻도록 만든다고 믿는다. "역설적으로 들릴지 모르지만, 외부로부터 무언가를 얻으려는 노력을 하지 않는 사람일수록 더 많은 것을 얻는다. 이것은 낯선 방식이긴 하지만 자존감과 자부심은 이런 내려놓기에서 나오는 것이다."[22] 혼란, 불안, 우울감이 초래될 수도 있지만 우리는 충분한 시간을 두고 견뎌내야 한다. 결코 오래된 믿음과 패턴으로 되돌아가서는 안 된다. 그래야 진정으로 바뀔 수 있고 받아들일 수 있기 때문이다. 이때 우리의 기대는 현실과 좀 더 가까워지고, 우리의 행동은 필요에 따라 좀 더 건설적으로 된다. 통제 행위를 그만두려면 용기가 필요하다. 즉 공허감에 직면할 용기와 무력감을 받아들일 용기가 필요하다. 이런 태도는 그 자체만으로도 신념에 찬 행동이고, 삶을 긍정하는 행동이며, 실제 자기의 행동이다.

에이에이(AA, 익명의 알코올 중독자들)와 알아넌, 코다(CoDA, 익명의 공의존자들)와 같은 12단계 프로그램에서 이런 절제는 우리보다 더 강력한 힘이 삶으로 들어와 맑은 정신을 회복하도록 도와준다(2단계). 3단계에서는 우리의 삶과 의지를 나보다 더 강력한 힘에 맡기겠다는 결심을 한다. 물론 이것은 수동적 자세를 의미하지 않는다. 3단계는 중독과 관련된 불안감과 강박적 생각과 행동을 놓아주도록 도와준다. 이를테면 타인을 조종하고 통제하려는 행동이다.

무력감을 받아들이면 실제 자기에 대한 의식에 큰 변화가 일어난다. 삶을 책임지고 분리할 수 있는 인식 능력이 생기는 것이다. 이것은 변화의 시작이다. 음식 중독에 관한 글을 쓴 제닌 로스 (Geneen Roth)는 자신의 생각에 대한 어떤 반박도 환영하면서 '완전한 우주'[23]를 책에서 언급했다. 즉, 공허감과 음식(또는 다른 중독)으로 공허감을 채우려는 행위 사이에서 '완전한 우주'를 발견할 수 있다는 것이다. 그렇다면 우리가 해야 할 일은 우리의 실제 자기를 발견하고 표현하며 그리고 진정한 목표를 추구하는 일일 것이다.

책임지기

실제 자기의 상실이 가장 절망스러운 일이라면 그 해결책은 자신의 삶을 책임지고 진실하게 사는 것이다. 즉 실제 자기로 살아가는 것이다. 실존주의자들은 개인의 의사 결정과 가치에 대한 결단을 강조한다. 이것은 어떤 위험도 감수하고, 관습, 내면의 '당위성', 버림받음이라는 공포의 노예가 되어서는 안 된다는 의미이다. 진실한 삶을 살아가는 것은 강력한 치료제와 같다. 공의존을 치유하고 우울감과 공허감의 해독제이기 때문이다. 실존주의자들과 12단계 프로그램은 모두 개인의 책임과 행동을 강조한다. 즉 도덕적 삶을 살아가는 것이며, 일상적인 일들을 점검하고 잘못을 수정하는 것이다. 이 모든 것은 알아넌, 코다, 에이에이 프로그램의 4단계에서 10단계에 이르기까지 두루 다루어진다.

누구든 자신의 삶을 책임지려 할 때 위험을 받아들여야 하는 순간을 맞게 된다. 하지만 이때 처음 해야 할 일은 자신의 감정과 욕구와 열망을 점검하는 것이다. 그래야만 이것들을 하나씩 수행해 나갈 수 있기 때문이다. 미국의 실존주의 심리학자 롤로 메이(Rollo May)는 인간이 무언가를 '향해' 성장하지 않는 것은 단순히 정체된다는 의미가 아니라고 주장한다. 억눌린 잠재력이 병적 상태, 절망감 그리고 결국 파괴적인 행동으로 바뀔 수 있다는 뜻이다.[24]

자신의 생각 관찰하기

진실하게 산다는 것은 내려놓기와 놓아주기에 따르는 정서적 고통을 겪는 일이다. 따라서 사랑하는 사람의 행동과 문제, 그리고 중독이나 관계에서 일어나는 사건과 드라마에 휘말리기보다 시간을 들여 자신의 감정, 갈증, 공의존 욕구를 점검해야 한다. 즉 마음을 안정시키고 내면에서 올라오는 감정들을 그대로 관찰하고 환영하되, 강박 관념과 걱정으로 마음을 채우거나 반응하지 않는다. 이렇게 집착을 내려놓을 때 비로소 도와주거나 접촉하려는 욕구 또는 비판하려는 욕구를 다스릴 수 있고 자신의 생각에도 도전할 수 있다. 우리는 스스로 이런 질문을 할 수 있다. "과거에 한 행동과 반응은 어떤 결과를 낳았나? 이 두려움 속에서 공허감과 외로움을 경험하는 것일까? 내 고유한 감정을 통제하지 않거나 외면하지 않는 시간을 하루 더 지속할 수 있을까?" 관찰자가 되면 이런 마음속 두려움과 이미지가 마음의 구조물에 불과하다는 것을 깨달을 수 있다. 즉 이 구조 자체가 공허하다는 사실을 깨닫게 된다. 공허감과 고통과 공포를 포용할 때 우리는 실제 자기와 연결되며 우리 안의 신성한 힘을 불러일으킬 수 있다. 이것이야말로 의미 있고 흥미진진한 삶이 아닐 수 없다.

명상하라

카를 융(Carl Gustav Jung)은 알코올 중독을 정신 문제로 보았다. 그는 에이에이의 창립자 빌 윌슨(Bill Wilson)에게 보낸 편지에서 알코올 중독은 "온전함을 향한 인간의 몸부림, 즉 신과 하나가 되려는 시도"라고 썼다. 그리고 이것이 해결책이라고 믿었다.[25] 널리 통용되는 이 영적인 관점, 즉 중요하지만 그동안 자주 간과되었던 이 관점 덕분에 고통스러운 감정에 대한 해결 방식이 하나 더 늘어날 수 있었다. 바로 명상이다. 명상은 우리의 마음을 평온하게 해주며 정신적인 면과 교감하는 데 대단히 유용하다. 그리고 이런 교감은 우리의 실제 자기와 밀접하게 관련되어 있다. 11단계는 기도와 명상을 통해 고차원적 존재와 의식적으로 접촉하는 능력을 높여준다. 이 과정은 우리의 감정과 진정한 자기와 익숙해지는 방법이 될 수 있다.

깊은 이완과 명상을 통해 마음이 진정되면 순간적일지라도 삶의 몰입도가 올라가며 긍정적인 변화가 일어난다. 내면으로 더 깊이 들어가 잘못된 믿음과 그 믿음의 정서적 뿌리를 찾아낼 때 드디어 치유가 가능해진다. 트라우마는 생리적인 것이며 우리 몸 안에서 살아간다. 수치심과 트라우마 치유가 명상의 초점은 아니지만 몸을 통해 그 감각을 느낄 수 있다면 우리는 그 감정을 다른 무언가로 변화시킬 수 있다. 명상은 의식적인 인식을 가능하게 하며 이전에 겪은 고통의 기억을 자주 되살린다. 그리고 이때 몸과 마음을 위축시켰던 억눌린 에너지가 방출된다. 이제 우리는 한층 더 용기와 생명력이 샘솟는 경험을 하게 되고, 이것은 현재에 몰입하도록 도와준다.

명상은 고통스러운 감정을 헤쳐 나가도록 도와준다. 하지만 명상을 힘들어하는 사람들도 있다. 이들은 명상 자체가 불가능할 뿐만 아니라 혼자 가만히 있지를 못한다. 우리 중에는 습관적으로 방어하는 사람들도 있다. 감정 또는 문젯거리로부터 도망치려고 자기 성찰을 피하거나 명상을 이용하는 경우이다. 어떤 사람들은 견딜 수 없을 만큼 혼란스럽고 두려운 감정이나 장면들이 떠오르기도 한다. 또 어떤 사람들은 명상에 강박적인 태도를 보이기도 한다. 이들은 실제 자기를 받아들이기보다 환희의 상태를 경험하거나 이상적 자기에 도달하려고 무척 애쓴다. 깨달음에 이르는 길은 매력적일 수 있다. 하지만 우리의 수치심과 낮은 자존감을 직면하지 않은 채 다른 길로 잘못 우회하는 원인이 될 수도 있다.

이제 막 치유의 여정을 시작했다면 몹시 불안하고 두려워 강박 관념이든, 마음을 산란하게 하는 것이든, 또는 이 과정에서 촉발될지 모를 감정의 판도라 상자든, 이것들을 깊이 탐색하기가 어려울 수도 있다. 겉으로는 아무리 강하고 자신감 있어 보이는 사람일지라도 말이다. 이런 감정들로 인해 막다른 골목에 다다른 느낌이 든다면 심리 치료로 외부의 도움을 구하는 편이 현명할 것이다.

심리 치료사를 찾아라

적지 않은 공의존자들이 자립적 방식에 익숙하긴 하지만 미지의 영역으로 떠나는 여정이라면 동행자를 데려가는 편이 지혜로울 것이다. 여러 날을 혼자 절망감, 수치심, 공허감 속에서 보내면 어린 시절의 정서적 트라우마를 다시 경험할 수 있기 때문이다. 경험이 풍부한 안내자를 만날 수 있다면 두려움이 가라앉고 안심이 될 것이다. 정신분석학자 로버트 스톨롤로(Robert Stolorow)는 '친밀한 안식처' 역할을 하는 안전한 환경에서 트라우마를 치료하는 것이 얼마나 중요한지 강조한다. 이런 환경은 불안한 정서를 치료하고, 이해하며, 삶에 통합할 때 충격을 덜 받고 훨씬 잘 견디도록 도와주기 때문이다. 또한 한층 더 진실한 삶을 살아가도록 도와준다.[26] 심리 치료는 안전한 환경에서 이런 불안한 정서 상태에 조금씩 접근하도록 해준다. 개인적으로 판단하지 않고 경험이 풍부한 심리 치료사, 정신의 안내자 또는 후원자는 정서적 안식처, 즉 '친밀한 안식처' 역할을 제공할 수 있다. 친밀한 안식처에서는 고통을 있는 그대로 직시할 수 있다. 물론 이것은 성장하면서 경험한 방식과는 다르다. 하지만 이와 같은 위협적이지 않은 환경에서 극심한 수치심과 공허감을 부르는 목소리와 감정을 스스로 점검하고 자신과 동일시하지 않을 수 있다. 이보다 강도가 약한 것으로는 알아넌이나 코다 같은 12단계 모임 또는 집단 치료가 있다. 이 역시 집단 구성원, 중독 물질의 성격, 트라우마의 상태에 따라 비슷한 효과를 얻을 수 있다.

자신의 삶을 살아라

공허감과 수치심과 트라우마는 당연히 치유되어야 한다. 하지만 고통스러운 감정을 삶을 긍정하는 활동과 균형을 이루려는 노력 역시 중요하다. 이외에도 치유에 포함되는 것으로 위험 감수하기, 행동하기, 진실한 의사소통 방법 익히기가 있다. 우리는 이를 통해 더욱 건강한 자기와 의미 있는 삶을 구축할 수 있다.

내 경험에 비추어볼 때 한 가지 방식으로 공허감을 다스릴 수 있는 비법은 없다. 게다가 올바른 접근 방식조차 핵심 자기의 힘, 성격, 회복 정도, 현재 처한 삶의 안정도에 따라 다양할 수 있다.

훈련하기

명상 준비가 되었다면 이제 주문 외우기, 호흡 관찰 또는 호흡 수 세기와 같은 수많은 기법들을 시도해볼 수 있다. 내가 쓴 다른 책에서 여덟 가지 기법을 소개했는데[27] 그중 몇 가지를 소개한다.

제니 로스의 접근법 외에 인도의 정신적 스승이자 철학자인 크리슈나무르티(Krishnamurti)의 방식이 있다. 크리슈나무르티는 인간이 공허감과 외로움으로부터 분리될 수 있다는 믿음은 착각이라고 가르쳤다. 외로움을 이해하는 것은 가능해도 외로움으로부터 도망갈 수 없고 그것을 극복할 수도 없다는 것이다. 물론 일시적으로는 가능하지만 말이다. 그는 인간을 힘들게 하는 외로움, 공허감, 슬픔과 같은 감정들에 집중하고 따뜻하게 '사랑'하라고 말했다. 이것은 선입견이나 거부감 없이 자신의 고통과 '직접 교감'한다는 뜻이다.

이것을 실행에 옮기려면 경험과 하나가 되는 것을 막는 모든 장벽들을 제거해야 한다고 크리슈나무르티는 제안했다. 그것에 관한 생각마저도 말이다. 크리슈나무르티의 방식은 관찰자인 '나'라는 존재 역시 공허하다는 상당히 어려운 깨달음을 요구한다. 그렇기 때문에 '나'는 공허감을 관찰할 수는 있어도 행동으로 공허감을 바꿀 수는 없다. 이런 자각은 우리가 공허감과 외로움으로부터 분리될 수 있다는 착각을 여지없이 무너뜨린다. 그는 '나'라는 관찰자와 나의 경험 사이에 분열이 사라지기만 하면 두려움, 외로움, 공허감, 슬픔은 없어진다고 믿었다. 실제로 이런 일이 일어난다면 당신은 온전함과 만족감으로 채워진 '홀로 있음'의 상태에 들어갈 것이다. 홀로 있음 속에서는 충만함을 느낄 수 있으며 마음은 더할 나위 없이 고요해진다. 그리고 더는 추구하는 바도 없다.[28] 따라서 외로움은 홀로 있음으로 가는 출입문이 된다. 홀로 있음은 고립과는 확연히 다른 것이다. 홀로 있음 속에 있는 사람의 마음은 무언가가 결핍된 느낌이 없으며 창의성과 독립심을 느끼게 된다. 저항과 반발도 일어나지 않으며 밖에서 행복을 추구하거나 무언가를 구하려는 마음도 없다.[29]

한 가지 유용한 명상 실천법이 있다. 편안한 자세로 고요히 앉아 자신에게 "누가 생각을 하고 있지?"라고 질문해보거나 자신의 행동과 계획과 의도 사이에 모순은 없는지 살펴본다.[30] 이것은 마음 챙김과 자기 인식 능력을 기를 수 있는 강력한 도구이다. 이 텅 빈 공간은 자신의 감정과 타인에게 덜 반응하도록 '새로운 활력을 주는 잠시 멈춤 기능'을 가능하게 해준다. 마치 웹페이지의 새로 고침 기능처럼 습관적 최면 상태에서 우리를 각성시켜 어떤 방식으로 반응할지(반발이 아니라) 선택할 수 있는 순간을 제공하는 것이다.

불교에서는 '공허'의 개념을 완전히 다르게 생각한다. 고통스러운 정서 상태라기보다 아픔과 고통을 끝내고 깨달음에 이르는 방법이라고 본다. 다음은 또 다른 명상 기법인 20세기 태국의 아잔 차(Ajahn Cha) 스님의 가르침이다.[31]

방 한가운데에 의자를 놓으세요.

이제 의자에 앉으세요.

그런 다음 누가 방문하는지 구경하세요.

많은 사람들이 가만히 앉아 명상하는 것을 어렵다고 생각한다. 어떤 사람들은 명상을 피하기도 한다. 스님의 기법에서 '방문자'

는 대개 불안, 수치심, 고통 또는 졸음을 의미하는데, 실제로 피로한 경우가 아니라면 방어 기제일 수 있기 때문이다. 나는 이런 방문자들과 관계, 활동, 중독을 통해 도망치지 말고 친숙해지라고 강력히 권하고 싶다. 방문자들과 함께 있어보라. 나중에 자신의 명상 경험을 일기장에 기록해보라. 명상 전과 도중, 그리고 이후의 느낀 점을 포함하라.

이번 장에서는 공허감에 대한 다양한 접근 방식과 공허감과 함께 지내는 방식을 식별하고 살펴보았다. 이런 접근 방식이 수치심과 중독의 원인을 탐험하고 자각하는 데 도움이 되었기를 바란다. 다음 장에서는 수치심과 공허감이 공의존자의 주요 증상을 어떤 방식으로 이끄는지 살펴볼 것이다.

5장

낮은 자존감이 부르는
불안과 중독

{ 공의존의 증상들 }

공허감은 공의존의 가장 깊고 어두운 면을 보여주며 가장 만연한 증상이다. 하지만 수치심과 불안은 공의존과 관련된 수많은 증상에서 공통적으로 나타난다. 결과적으로 이 증상들은 우리를 예측 가능한 방식으로 행동하게 한다. 수많은 증상, 이를테면 완벽주의, 부정하기, 보살피기도 수치심 방어 행동이다. 가장 흔한 증상인 타인이 들여다볼 수 없는 자신에 대한 생각과 믿음을 살펴보자.

낮은 자존감과 관계 중독

수치심은 생리적 증상이 따르는 강렬한 감정이다. 반면에 자존감은 자신에 대한 인지 평가이다. 다시 말해 내가 나를 생각하는 방식이다. 운명이나 성공 또는 실패는 대개 자신의 생각과 자존감의 결과물이다. 자존감은 자신과 맺는 관계뿐만 아니라 타인과 맺는 관계에도 영향을 끼친다. 또 자기 치유, 경계선 긋기, 의사소통에도 영향을 끼친다. 대화를 나눌 때 우리는 타인에게 허용하는 대화의 기준이 있다. 자존감은 바로 그 기준과 자신의 욕구, 생각, 감정을 전달하고 가치를 매기는 방식을 결정한다. 자존감은 긍정적 삶의 목표 추구, 의사 결정, 유능한 부모 되기를 가능하게 하는 능력과 성실성의 토대이다. 공의존자들이 지닌 거의 모든 증상의 중심에 낮은 자존감이 있다.

칭찬과 인정을 받으면 당연히 기분이 좋아진다. 하지만 공의존자의 자존감을 타인이 애써 북돋워준다면 불편한 감정이 나타날 수도 있다. 자신에 대한 긍정적 평가가 내면에서 일어나지 않기 때문이다. 그동안 이룬 성취를 대수롭지 않게 여기거나 자신을 칭찬하는 사람들의 판단 능력과 그 동기에 의문을 품을지도 모른다. 심지어 타인의 인정을 즐기는 공의존자들도 좋은 감정을 계속 유지할 수 없다. 왜냐하면 이들에게는 자존감이 없기 때문이다. 건강하고 참된 자존감은 성공이나 타인의 사랑, 또는 타인의 동의에 의존하지 않는데, 이것들은 '타인 존중감(other-esteem)'으로 불리기도 한다. 참된 자존감은 내면에서, 자신에게 품고 있는 건강한 생각과 믿음에서 나온다.

건강한 자존감

건강한 자존감을 지닌 사람이라고 해서 고난이 닥쳤을 때 실망하거나 낙담하지 않는 것은 아니다. 하지만 이들은 다시 기운을 차려 빨리 회복할 수 있다. 문제가 발생하더라도 개인적으로 받아들이지 않으며 결점, 실패, 한계에도 불구하고 자신을 있는 그대로 받아들인다. 실수를 한 자신을 더 많이 용서하며 자기 심판에서 자유롭다. 이뿐만 아니라 긍정적이든 부정적이든 타인과 자신을 비교하지 않으며 자신의 독특한 개성을 높이 평가한다. 또 자기 계발에 대한 압박감이 없으며 있는 그대로도 부족함이 없다고 믿는다.

건강한 자존감은 부풀려진 자존심과 다르다. 부풀려진 자존심은 건강하지 못하며 사실상 수치심 방어 행동이다. 3장에서 살펴보았듯이, 자신에 대해 비현실적이며 자만으로 가득 찬 시각을 지닌 나르시시스트와 오만한 사람도 자존감이 망가진 경우가 많다. 건강한 자존감은 정확한 자기 인식 능력을 의미한다. 건강한 자존감을 지닌 사람은 독특한 성격과 재능뿐 아니라 한계와 실수가 있는 불완전한 인간으로서 자신을 받아들인다. 수치심 없이 말이다. 건강한 자존감은 감춰진 수치심을 오만함으로 위장해야 한다는 뜻이 아니다.

공의존자들에게서 나타나는 그 밖의 증상들은 모두 낮은 자존감을 반영한다. 다행스러운 점은 몇 가지 쉬운 방법을 사용해 자존감을 키우고 많은 증상을 치유할 수 있다는 것이다. 우리는 이런 방법을 이 장의 후반부에서 배우게 될 것이다. 우선은 공의존자들이 보이는 몇 가지 증상을 살펴볼 것이다. 그런 다음 이 가운데 익숙한 느낌이 드는 증상이 있는지 알아보자.

자기 심판

자기 심판은 단지 자존감이 망가지면 나타나는 증상만은 아니다. 자존감을 훼손하는 '가장 큰 요인'이기도 하다. 하지만 대부분의 사람들은 얼마나 자주 자신의 외모, 행동, 대화, 생각, 욕구, 감정을 심판하는지 인식하지 못한다.

우리는 일상적으로 자신에게 '당위성의 횡포(tyranny of the shoulds)'를 퍼부을 가능성이 있다. 이 말은 카렌 호나이가 처음 만들었다.[1] 내면 비판자가 결함과 실수를 찾아 외모, 행동, 성격, 대화를 살피는 것은 우리를 움츠러들게 한다. 내면 비판자는 우리가 '반드시 해야 했거나' 또는 '하지 말았어야' 할 일과, 우리가 '해야 하거나' 또는 '하지 말아야' 할 일을 말해준다. 또 우리가 생각'해야 하거나' 또는 생각'하지 말아야' 할 것과 느껴'야 하거나' 또는 느끼'지 말아야 할' 것을 말해준다. 종종 '당위성'은 융통성이 없으며, 관련 있는 사람과 사건의 사실과 변수를 고려하지 않는 경우가 많다. 오히려 당위성은 타인과 어떤 결과를 통제할 수 있다고 생각하게 만든다. 다시 말해, 다른 사람들이 저마다 고유한 결정을 내릴 수 있다는 사실을 고려하지 않는다. 또 많은 상황이 우리의 통제 밖에 있다는 점도 고려하지 않는다.

우리는 학대자이자 피해자이다. 즉 우리가 결점을 고치면 고칠수록 우리의 불안감도 높아진다. 불안에 휩싸인 사람은 즐길 수 있는 능력이 퇴화할 수밖에 없다. 자발성과 창의성, 그리고 즐기고 싶은 마음을 억누르기 때문이다. 이것은 마치 우리를 수치심이 머물고 있는 지하 감옥으로 보내려고 잘못된 행동을 끊임없이 감시하는 스파이를 고용하는 것과도 같다. 문제가 발생하거나 실수를 하거나 부정적 감정이 들 때 내면 비판자는 해결책에 집중하는 대신 대대적인 결함 찾기에 착수한다. 이런 이유 때문에 우리는 적절히 행동하기가 어려우며 자기 불신과 불안감은 더욱 커진다. 내담자들이 뚜렷한 이유 없이 마음이 울적해져서 나를 찾아오는 경우가 많다. 최근에 일어난 사건에 대한 내담자들의 반응을 살펴보면 문제를 일으킨 장본인은 어김없이 내면 비판자와 내면 비판자의 심판이다. 일단 내면 비판자의 훈계를 살피고 그것에서 벗어나기만 하면 이들의 에너지는 다시 회복된다. 그리고 기분도 한결 나아지며 이들의 실제 자기는 현재를 마음껏 즐길 수 있게 된다.

일반적으로 내면 비판자는 피해자들을 차별하지 않는다. 비난과 결점 찾기는 내면과 외면, 또는 양쪽에서 일어날 수 있다. 내면 비판자는 살면서 만나는 사람들에게 비판적일 수 있다. 특히 가장 가까운 사람들에게 그렇다. 이것은 모욕적인 의사소통, 보살피기, 행동 통제의 원인이 될 수 있다. 내면 비판자를 타인에게 투사하면 우리는 극도로 예민해지고 심지어 칭찬을 비판으로 받아들일 수도 있다. "너 참 좋아 보여."는 "그럼 그전에는 나빠 보였다는 거야?"로 받아들인다. "너 살 빠졌니?"는 "그럼 그전에는 뚱뚱해 보였다는 건가?"가 된다. "너 A학점이라는데!"는 "네가 A학점을 받았다고?" 하는 의심처럼 들린다. 특히 공의존자들은 타인이 정한 경계선에 민감하게 반응하는데, 경계선 긋는 법을 모르기 때문이다. "나 이제 가야겠어."는 "내가 널 지루하게 하는구나."

또는 "넌 날 싫어하는구나."라는 의미로 해석한다. 자기 비판은 우리 내면의 날카로운 가시일지도 모른다. 하지만 자존감 향상을 위해 바꿀 수 있는 첫 번째 과제이기도 하다.

자신감 부족

자주 자신의 생각과 의견을 의심하거나 집단 내에서 의견을 나누는 것을 주저하는 사람은 자신감이 부족한 사람일 수 있다. 타인의 요구에 응하고 반응하는 데 익숙해지면 자신의 고유한 가치와 믿음과 신념에 확신을 잃게 된다. 이런 사람은 타인 의존이 한층 더 심해진다. 위험 부담이 크거나 변화를 일으키는 일이라면 정색하는 태도를 보일지도 모른다. 자기 비판과 수치심 불안은 새로운 일에 도전하지 못하게 하거나 새로운 것을 배우지 못하게 방해할 수도 있다. 프로젝트를 시작할 때 쉽게 압도되거나 무언가를 배우는 동안 쉽게 좌절한다면 맡은 일이 자신의 능력에 비해 어렵다는 의미일 수 있다. 하지만 일반적으로 그 일을 성공시키거나 완수할 만한 자신감이 부족하다는 신호이기도 하다. 프로젝트를 망치거나 실패하거나 또는 어리석어 보일지도 모른다고 생각하는 것이다. 이런 예측은 너무 일찍 일을 포기하게 만든다.

자기 신뢰 부족

자기 신뢰는 자기 이해에 토대를 둔다. 자기 신뢰도는 실제 자기, 즉 자신이 원하는 것, 필요로 하는 것, 바라는 것, 가치를 두는 것, 선호하는 것을 얼마나 잘 아는가에 달려 있다. 실제 자기는 가장 좋은 것이 무엇인지 알고 있다. 실제 자기는 건강한 사람이 문제의 해답을 얻는 원천이다. 실제 자기와 이어지지 않은 사람은 자주 불확실한 느낌에 휩싸인다. 또 이상적 자기가 하려는, 무엇을 '해야 하는지'라는 문제에 관해서만 생각한다. 우리에게 무엇이 필요한지 잘 모르면 머릿속이 혼란스럽고 타인에게 쉽게 영향을 받는다. 무언가를 결정하는 데 힘든 시간을 보내게 되며 심지어 온몸이 마비되는 느낌이 들 수도 있다. 그리고 실수하는 것을 죽을 만큼 두려워하게 된다. 결과적으로 우리는 타인의 확인, 의견, 답변을 확인하려 한다. 이런 행동은 실제 자기와 더 큰 괴리를 만들며 자기 신뢰의 성장을 방해한다.

우리는 자신의 욕구와 필요에 반응하지 않고 무엇을 '해야 하는지'만 생각한다. 즉 이상적 자기가 하는 일에 관해서만 생각한다. 이런 내면의 갈등은, 이를테면 어떤 아내가 두 가지 '당위성' 사이에서 갈등할 때 고조된다. '순종적인 딸'이 되어 부모의 생일 파티에 참석하거나 '순종적인 아내'가 되어 집에서 병든 남편을 돌보는 경우가 바로 그것이다. 이 내적 갈등은 부모와 남편에 대한 '당위성'으로 인해 고조된다. 치유를 하기 시작하면 의사 결정 과정의 초반에는 '나'라는 감각이 느껴지지 않는다. 하지만 아내는 결정을 내려야만 하며 결국 자기 신뢰를 쌓기 위해 앞으로 나아간다. 이때 그녀는 하고 싶은 일, '반드시 해야' 한다고 인식하는 일, 그리고 타인이 자신에게 바라는 일 사이에서 발버둥 치게 된다. 이것은 결코 해결하기 쉬운 일이 아니다. 하지만 이 과정을 거쳐 마침내 성장하며 의식적 선택을 할 수 있는 기회가 주어진다. 파티에 가기, 남편과 함께 집에 머물기, 또는 둘 다 안 하기(예를 들어 휴식이 필요해 친구와 영화 보러 가기)와 같은 의사 결정은 모두 유익한 선택이 될 수 있다. 물론 자신의 욕구와 필요를 고려해 결정을 내렸다고 가정했을 때 말이다.

신뢰의 추는 극에서 극으로 흔들릴 수 있다. 내가 나를 신뢰하지 못하는 것과 마찬가지로 우리는 타인을 믿지 못한다. 어쩌면 믿을 수 없는 사람을 신뢰하거나 적대적 렌즈를 끼고 타인을 바라볼 수 있다. 적대적 렌즈란 어린 시절의 가정 환경 렌즈를 통해 타인을 바라본다는 뜻이다. 이것은 잠재적 위험이 도사리고 있는 이 세상에 무방비로 노출되는 느낌을 일으킬 수 있다. 또는 너무 쉽게 인정하고 애정을 주며 보호해주는 듯한 사람을 신뢰할 수도 있다. 자신의 고유한 인식과 감정을 부정하거나 신뢰하지 않기 때문에, 사람들과 상황을 정확히 평가하는 우리의 능력은 손상된다.

쓸모없다는 느낌

많은 공의존자들은 자신은 욕구와 필요를 채울 자격이 없으며 행복, 사랑, 성공을 누릴 자격도 없다고 느낀다. 타인에게 부담을 준다고 믿거나 자신의 요구가 비난받고 거부당하는 수치스러운 상황을 예측하기도 한다. 자신의 생각을 솔직하게 말하더라도 그 주장을 쉽게 굽힐지도 모른다. 타인이나 다른 무언가가 더 설득력 있어 보이거나 중요해 보이기 때문이다. 아니면 자신이 이기적이고 요구하는 게 많으며 애정에 굶주려 있다는 생각이 들기 때문이다.

낮은 자존심과 수치심은 타인이 우리를 이용하거나 학대할 수
있도록 무방비 상태로 문을 열어 두는 것과 같다. 생명을 잃을 수
도 있는 병과 싸우던 내담자가 있었다. 그의 걱정은 온통 자신의
병이 자녀들에게 끼칠 영향뿐이었다. 자기 인생 따위는 정작 자녀
들에게 그리 중요하지 않다는 듯이 말이다. 하지만 보통은 이와
다른 양상을 보인다. 즉 자기 존재가 '타인에게' 그리 중요하지
않다고 의식적으로 믿는 경우이다. 이것은 연인 관계에서 나타나
는 주된 불만이기도 하다. 자신이 파트너에게 아무런 영향을 주
지 못하거나 자신의 의견과 욕구가 대수롭지 않게 여겨진다고 불

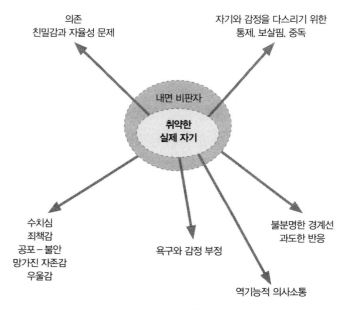

그림 5.1 **공의존자의 증상**

만을 품는 것이다. 하지만 진실을 말하자면 공의존자들은 자발적으로 타인을 앞에 두며 자신의 욕구와 권리는 포기하려 한다. 그러나 이들은 이 사실을 거부하거나 무시해버린다. 불평하는 경우도 있지만 삶을 나아지게 하려고 노력하지는 않는다.

공의존자의 핵심 감정

쓸모없다는 느낌, 공포, 오만, 분노, 시기심 등 수치심과 관련된 수많은 느낌과 감정을 지금까지 살펴보았다. 하지만 불안과 죄책감과 우울감은 공의존자들에게 흔히 나타나기 때문에 더욱 주목할 만하다.

불안감

대부분의 공의존자들은 불안과 함께 산다. 이 불안은 학대자, 알코올 중독자, 마약 중독자와 함께 살아갈 때 겪는 실제적인 공포가 아니라 수치심 불안에서 오는 공포를 말한다. 수치심 불안은 우리가 어렸을 적 경험한 것처럼 창피당하고 버림받는다고 예측할 때 만들어진다. 사랑받고 인정받고 싶은 욕구가 강한 사람은 약간의 불만이나 버림받음의 신호에도 매우 민감해질 수 있다. 우리는 거절, 버림받음, 실수, 심지어 성공마저도 불안해한다. 우리를 탐탁지 않게 여기거나 매몰차게 거절하는 사람들에게 매달리기도 한다. 이런 행동은 불안과 수치심을 더욱 높이고 지속시킬 수 있다. 불안은 우리가 내뱉은 말이나 우리의 행동을 걱정하게 한다. 그리고 앞으로 하게 될 말이나 행동에 대해서도 초조하게 만들 수 있다. 또 타인의 의도와 반응에 숨겨진 의미가 있는 것은 아닌지 끊임없이 의심하게 만든다.

근원적인 수치심을 찾아내고 치유할 수만 있다면 수치심 불안에서 벗어나는 것은 물론 실제 자기를 자유롭게 놓아줄 수도 있다. 이것은 내면의 갈등을 누그러뜨리며 자기 인식 능력을 높여준다. 이 모든 것은 우리가 위험에 당당히 맞서도록 해준다. 내면의 힘이 강해지면 세상은 덜 위협적으로 다가오며 불안은 서서히 약해진다.

죄책감

과거와 현재에 대한 죄책감은 미래에 대한 불안만큼이나 우리를 괴롭힌다. 이런 죄책감은 전형적으로 우리 안에 깊이 뿌리박힌 수치심에 의해 촉발된다. 따라서 건강한 죄책감과 달리 수치심은 죄책감을 유발하는 상황에 아무런 행동도 할 수 없게 우리를 마비시킨다. 사람들은 이상적 자기와 관련된 '당위성'에 못 미칠 때 죄책감을 느낀다. 순종자 유형은 분노나 질투 같은 감정과 마주할 때 죄책감을 경험한다. 분노와 질투는 이들의 이상인 선량함과 충돌하기 때문이다. 또는 자율성에 가까워질수록 죄책감을 느끼는데, 타인의 불만을 사고 타인에게 버림받을 위험에 처할 수 있기 때문이다. 나의 욕구가 타인의 욕구와 충돌할 때 이기적이라는 생각과 죄책감 때문에 자기 주장을 못 할 수도 있다. 우리는 다른 사람의 감정에도 죄책감을 느끼고 언제든 그들을 순순히 따르고 책임지려 한다. 이런 이유로 우리는 경계선을 긋기가 어려우며, 경계선을 긋는다 해도 어김없이 죄책감이 따른다. 우리는 더 잘하지 못하거나 더 많이 하지 못해서 끊임없이 사과하고 죄책감을 느낀다. 때로 타인의 감정을 달래려는 목적으로 죄책감을 인정하기도 한다. 이것은 자신의 행동을 책임지는 것이 아니다. 자신의 행동에 책임을 질 때 엄습하는 뿌리 깊은 수치심을 피하는 방식일 뿐이다. 죄책감은 이런 방식으로 나타날 뿐만 아니라 수치심을 방어하기 위해 사용되기도 한다.

방관자 유형은 내면 비판자의 '당위성' 문제로 고통을 받는다. 어떻게든 자유를 지키려는 내면의 원칙은 반드시 고수해야 한다는 생각과 부딪치거나 타인이 그들에게 하기를 바라는 것과 충돌한다. 심지어 산책하기, 낮잠 자기, 샤워하기처럼 일상적이거나 유익한 일조차 저항해야 할 '당위성'이 될 수 있다. 이런 저항은 동시에 죄책감을 유발하는데, 이것은 끝없는 내적 충돌을 일으킨다.

반면에 지배자 유형은 죄책감에 개의치 않을 가능성이 크다. 이들은 자신의 성공 기준과 완벽함의 기준을 채우기 위해 충분히 노력하지 않았을 때 죄책감을 느낀다. 또는 자신의 방식을 지나치게 고수할 때 죄책감을 느낀다. 그러나 이들은 스스로 책임을 지기보다는 타인에게 죄책감을 느끼게 하려고 비난이나 투사를 사용할 때가 많다. 설령 책임을 진다 하더라도 이들은 신속히 책임감을 놓아버린다.

우울감

"가장 흔한 절망의 형태는 자신의 본모습으로 존재하지 못하는 것이다." - 쇠렌 키르케고르

오래된 자기 소외, 자신의 욕구 무시, 수치심 노출은 우울증으로 발전할 수 있다. 이 현상은 공의존자들이 흔히 경험하며 특히 여성들에게 많이 일어난다. 아마도 여성들은 무언가에 실패할 때 자기를 탓하고 성공을 이루어도 외부 환경 덕으로 돌리는 경우가 많기 때문일 수 있다. 반면 남성들은 이와는 완전히 다른 모습을 보인다.[2] 우울증은 감정 억압, 특히 분노와 수치심을 억누름으로써 감정이 마비될 수 있다. 하지만 많은 사람들은 활동, 보살피기, 불안한 관계 속에서 주의가 산만해지기 때문에 알아채기 힘든 가벼운 우울감만을 느낀다. 관계 문제는 계속해서 불행한 느낌을 일으키는 원인을 제공할 수 있다. 하지만 더 우리를 불안하게 만드는 것은 인생이 술술 잘 풀리는 것 같은데도 왠지 알 수 없는 공허감이 밀려올 때이다. 결국 우리는 에너지와 생명력이 고갈되는 느낌이 들게 된다. 수치심이 어디에서 오는지 통찰할 수 있을 때(이 책에 소개된 훈련의 실천을 포함해서), 혼자 힘으로는 부족해 전문적 도움을 구할 때, 회복 프로그램에 참여할 때 우리는 비로소 수치심에 대응할 수 있으며 우울감을 기쁘게 놓아줄 수 있다.

감정을 부정하고 욕구를 억압하는 사람들

대부분의 사람들은 어쩌다 한 번씩 부정을 사용한다. 부정은 어려움에 대처하는 데 도움을 주는 불가피한 방어 행동이다. 그러나 부정이 제 기능을 하지 못하는지 공의존의 증상인지는 우리가 얼마나 자주 이 방법을 사용하는지에 달려 있다. 또 우리와 우리의 삶, 그리고 관계에 부정이 얼마나 영향을 끼치는지에 달려 있다. 많은 사람들이 자신의 중독이나 사랑하는 사람의 중독을 부정한다. 이 가혹한 현실과 직면하면 진정한 변화를 이루는 데 필요한, 삶을 바꾸는 변화에 불안뿐만 아니라 수치심이 생길 수 있다. 하지만 진정으로 바뀌고자 한다면 이런 변화를 피할 수 있는 사람은 아무도 없다. 반면에 부정을 대응 기제로 지나치게 사용한다면 더 심각한 은폐, 소외, 수치심, 질병으로 발전할 수 있다. 이것은 우리를 치유로부터 더욱 멀어지게 한다.

현재의 감정과 욕구를 부정하는 사람들이 있다. 어린 시절에 감정과 욕구가 수치심에 억눌려 있었기 때문이다. 부모에게 감정을 존중받지 못했을 때 감정 표현을 단념했던 것이다. 그리고 결국 어른이 되어서도 자신의 감정을 느끼거나 분간하는 데 어려움을 겪을 정도로 감정을 억눌러 왔을 수 있다.

감정은 정직한 정보이다. 즉, 우리의 욕구가 채워졌거나 채워지지 않았다는 신호를 제공하는 데이터와 같다. 이처럼 감정은 대단히 중요하다. 그런데도 감정을 부정하고 대수롭지 않게 여긴다면 삶이 불행해질 수 있다. 즉 우리의 실제 자기를 차단하는 높은 장

벽이 될 수 있다. 부정은 몇 단계로 분류할 수 있다.

- 현재의 감정이나 욕구를 합리화하고, 비판하며, 축소한다.
- 현재의 감정이나 욕구를 인식하지 못한다.
- 현재에 대한 정보를 주는 과거의 감정이나 사건을 인식하지 못한다.
- 욕구 또는 감정에 대한 과거의 수치심을 인식하지 못한다.

공의존자는 수치심에 억압된 자신의 욕구를 알 리가 없다. 그래서 지금까지 자신의 욕구를 억압하고 욕구 없이 살아가는 법을 터득했던 것이다. 또는 애초부터 욕구를 채울 자격 따위가 자신에게 없다고 생각한 것이다. 그러나 인간은 우리가 생각하는 만큼 진정으로 자립할 수 있는 존재가 아니다. 부정은 어떤 식으로든 우리의 욕구를 줄여주지 못한다. 단지 박탈감을 줄여줄 뿐이다.

지배자 유형은 자신의 힘이 약한 상황이나 어려운 상황에 놓이는 것을 싫어한다. 그런데도 이들은 타인이 자신의 욕구를 채워주기를 기대한다. 순종자 유형은 타인을 기쁘게 해줄 때 행복해한다. 타인의 욕구에 비해 자신의 욕구와 열망은 대수롭지 않다고 여기기 때문이다. 자신의 고유한 욕구를 채우려는 행위는 이들의 이상인 이타주의 원칙에 어긋난다. 순종자 유형은 타인의 욕구를 채워주고 무의식적으로 그들에게 희망을 품는다. 언젠가는 보답을 받고 자신의 욕구도 채워지리라는 희망을 품지만 그러지 않으면 분노한다. 우리 중에는 직접적으로 타인(주로 또 다른 공의존적 보살핌을 베푸는 자)에게 자신의 정서적 욕구, 때로는 물질적·경제적 욕구까지 채워주기를 기대하는 사람도 있다. 우리가 이 범주에 해당한다면 스스로 욕구를 채우는 법을 배울 수 있다.

예를 들어 어린 시절에 위안과 보살핌을 받지 못하고 수치심에 억눌린 사람은 어른이 되었을 때 문제가 생길 수 있다. 즉 위안과 보살핌이 필요할 때 그것을 인식하지 못하거나 너무 창피해서 요구하지 못할 수 있다. '자기 돌보기'가 불가능할 수도 있는데, 이는 정신적 고통을 더한다. 이런 사람은 보살핌을 받지 못할 때 기분이 변덕스러워지고 쌀쌀맞으며 시비조의 태도를 보일 수 있다. 자신의 욕구를 인식하더라도 중독 상태에 빠져 마음을 달래려 할지도 모른다. 또는 분노를 터뜨리거나 마땅히 상대가 이 문제를 해결해주고 자신의 욕구를 채워줘야 한다고 생각하기도 한다. 심지어 자신에게 마음을 주지 않는 파트너와 함께하려는 선택을 할수도 있다. 파트너가 어린 시절의 기억을 떠올리게 하기 때문이다. 하지만 서서히 치유가 되면 자신의 욕구를 채우는 법과 직접적으로 구체적인 도움을 요청하는 법을 배우게 된다. 만약 파트너가 지속적으로 마음을 주지 않는다고 해도 다른 곳에서 도움을 구하거나 그 관계를 떠나는 선택을 할 수도 있다.

수치심 때문에 억눌린 감정들을 인식하지 못하더라도 그 감정들을 부정한다면 엄청난 결과를 부를 수 있다. 피로와 통증 같은 심신상의 문제가 발생하거나 위험한 자해 행위로 발전할 수도 있다. 공포심을 느끼는데도 공포를 부정하는 사람은 위험한 행동을 할지도 모른다. 예를 들어, 강박적으로 자해하는 사람은 자신이 그토록 부정하는 정서적 고통을 드러내려고 신체적 고통을 이용하는 것이다. 수동 공격적 행동과 다투기(또는 잘 따지기)를 잘하는 사람은 더 깊은 분노를 부정하고 있을 가능성이 크다.

감정은 자연스럽게 내면을 보여주는 시스템을 제공한다. 이 시스템은 주변 환경에 대한 반응을 전달한다. 즉 안전한 환경인지 안전하지 않은 환경인지, 그리고 기분이 좋아지는 환경인지 아닌지를 알려주는 것이다. 자신의 감정을 부정하고 내면화된 수치심을 겪는 공의존자들은 자신을 보호할 수 없다. 심지어 자신이 학대받고 있다는 사실조차 모를 수 있다. 이들은 스스로 느끼는 불편한 감정, 분노, 공포를 신뢰하기보다 성적 유혹, 거짓 약속, 거짓말, 비난을 더 믿을지도 모른다. 오랫동안 학대당한 사람들 중에는 자신을 학대하는 사람에게 끌리는 사람도 있다. 공포와 흥분을 혼돈하기 때문이다.

욕구와 감정 인식하기

자신의 욕구가 채워지기를 바라면 우선 욕구를 인식할 수 있어야 한다. 감정과 욕구를 인식한다는 것은 그것이 무엇인지 명명할 수 있는 것이다. 감정과 욕구를 인식하는 것은 치유의 중요한 요소이며 감정에 대처하고 욕구를 채우며 양쪽의 소통을 원활하게 해준다. 심지어 자신의 감정과 욕구를 인식하는 공의존자들조차 그것들을 직접 표현하는 것은 어려워할 수 있다.

자신의 욕구와 감정을 정확히 알아차릴 수 없다면, 또 취약해지기도 싫고 욕구와 감정을 드러내기도 싫다면 갈등 해결은 어려울 수밖에 없다. 부부나 연인은 서로의 잘잘못을 따지며 다툴 때가 많다. 자신이 채우고 싶은 욕구를 구체적으로 파악하거나 요구하지 못하기 때문이다. 이를테면 상처와 외로움을 느끼는 아내는 자신의 진짜 감정을 인정하기보다 (심지어 자기 자신에게조차) 화를 내면서 컴퓨터에서 떨어질 줄 모르는 남편을 비난할 수도 있다. 하지만 아내의 비난은 남편을 더 멀리 밀쳐낼 뿐이다. 과거의 감정을 억누르는 것도 갈등을 부추길 수 있다. 어쩌면 아내는 어린 시절 부모의 관심을 받지 못했거나 남편은 아내의 내면 깊숙이 묻혀 있던 방치된 경험의 아픔을 자극하는지도 모른다. 만약 아내가 과거에 억누른 감정을 감추려고 공격적인 태도를 보인다면 남편은 두려움과 분노를 느끼거나 의도적으로 아내를 피할지도 모른다. 아내의 행동은 그가 어린 시절 당했던 학대를 연상시키기 때문이다. 과거의 감정들을 의식적으로 인식하지 못하더라도 그렇다. 과거의 트라우마를 치유할 때 두 사람은 비로소 서로에게 덜 민감하게 반응한다.

때로 우리는 억눌린 욕구와 감정을 별생각 없이 애써 의식하려할 때가 있다. 거부감을 느끼려고 사람들을 무시한다든지, 공포를 느끼려고 위험한 활동에 참여한다든지, 분노를 느끼려고 싸움을 걸기도 한다. 또한 수치심을 느끼려고 무분별하게 특정 신체부위를 노출하기도 하며, 흥분을 느끼려고 배우자 몰래 부정을 저지르기도 한다. 또는 슬픔을 느끼고 싶어 멜로드라마를 시청하기도 한다.

일단 자신의 욕구를 정확히 명명할 수 있으면 그 욕구를 심판하지 않도록 유의해야 한다. 그런 욕구에 의문을 제기하거나 욕구를 느껴서는 안 된다고 생각할 가능성이 있기 때문이다. 스스로 자신의 감정을 심판한다면 감정을 드러내고 분출하는 것을 막게 된다.

완벽주의자는 왜 실수를 두려워할까?

완벽주의자가 되지 않고도 높은 기준과 목표에 다다를 수 있다. 이를 훌륭한 행동이나 최선의 노력으로 부를 수 있을지도 모르겠다. 완벽주의는 여기에 엄격하고 강박적인 면이 더해지며 해로운 자기 심판을 포함한다. 공의존자들에게 완벽주의는 타인에게 받아들여지기에 자신이 충분히 훌륭하지 않다는 핵심 믿음을 보여준다. '평균적인' 수준은 열등감이 느껴지고 '완벽한' 수준 이하인 것은 자신에게 얼마나 결함이 많은지를 반영한다. 공의존적인 완벽주의자들은 강박적으로 도달하기 어려운 수준의 이상적 자기를 목표로 삼는 경향이 있다. 무의식적으로는 타인에게 받아들여지려고 더욱 애쓰면서 말이다.[3] 이들은 가치를 느끼기 위해 완벽함을 추구한다. 그렇기 때문에 일이 잘되면 자신에게 공을 돌리고 일이 잘못되면 자신의 실수를 감추려 한다. 또 이 과정에서 자신을 취약하게 하거나 실수할 수 있는 인간으로 만드는 데 필사적으로 저항한다.

이런 불가능해 보이는 일을 쫓는 것은 이들의 감춰진 수치심을 누그러뜨린다. 하지만 그 기준은 우리가 성취하기에 불가능하며 목표에 도달하려고 시도해도 끊임없이 실패하게 된다. 결국 완벽을 추구하는 태도는 내면 비판자에게 완벽주의자들의 열등감, 결함, 죄책감의 증거를 제공한다. 이들에게는 타협이나 실수를 할 여지를 찾아볼 수 없다. 완벽주의자에게는 좋거나 나쁘거나, 성공이나 실패만 존재할 뿐이다. 이들은 내면 비판자의 심판에서 탈출하려는 끊임없는 압박감 속에서 살아간다. 완벽주의자들이 투사하는 내면 비판자의 심판은 남들도 완벽주의자들을 심판하고 거절할 수 있다는 확신을 준다. 내면 비판자가 내린 판결은 이미 내면 비판자가 믿고 있는 것, 즉 완벽주의자들의 무능을 확인해준다. 죄책감에 시달리던 어느 완벽주의자 회계사는 이렇게 농담을 건넨 적이 있다. "나 방금 실수 딱 하나밖에 안 했어. 벌써 실수한 줄 알았는데 말이야."

자녀들을 지나치게 고치려 들고, 더 잘하라고 압박하며, 오직 성과만을 바탕 삼아 자녀를 인정해주는 부모들은 완벽주의를 조장하는 것이다. 이런 태도는 자녀들이 실수했을 때 이들의 좌절감과 실패를 수용하고 인정해주는 태도와 굉장히 다르다. 자녀의 좌절감과 실패를 수용하고 인정해주면, 자녀는 자신을 받아들이고 실패를 딛고 다시 시도하는 사람으로 성장할 수 있다. 자녀들에게 자신의 능력과 수준에 맞는 현실적이고 성취 가능한 목표를 세우도록 가르치는 것은 유익한 일이다. 또 목표에 이르는 단계에 하나씩 성공할 때마다 자녀들의 발전을 인정해주는 것도 유익하다.

완벽주의자들은 실패를 두려워한다. 심지어 실패를 피하려고 어려운 프로젝트를 맡으면 포기하기도 한다. 새로운 일을 배우거나 창조하는 것은 완벽주의자들에게 어렵다. 내면 비판자가 이들의 노력을 처음부터 심판하면서 배우려는 의지와 창의성을 막기 때문이다. 완벽주의자들은 포기하고 발버둥 치며 실패하거나 심지어 실수할 때조차 자신에게 비난을 퍼붓는다. 자기 비난은 이들을 수치심과 우울감에 휩싸이게 할 수 있다. 이들은 목표를 실제로 이루더라도 그리 대수롭지 않게 여기는 경우가 많다. 완벽주의자는 완벽한 성적을 받는 순간 만족감보다는 안도감을 훨씬 크게 느낄지도 모른다. A 학점을 받은 학생은 시험 결과에 대한 선생님의 반응이나 틀린 답에 더 집중할 수도 있다. 우등상을 받아도 자신의 피나는 노력이나 재능 덕분이 아니라 그저 운이 좋았기 때문이라며 자신의 성취를 축소하기도 한다.

재클린은 저명한 학자였다. 그녀가 성공할 수 있었던 것은 모두 아버지 덕이었다. 매번 책을 출간할 때마다 아버지의 칭찬이 뒤따랐지만 아버지는 다음에는 더 이해하기 쉽고 더 관심을 끌 수 있는 책을 써야 한다는 말을 덧붙였다. 이런 아버지의 태도 때문에 재클린은 책을 계속 내야 한다는 압박감과 자신의 글을 개선해야 한다는 압박감에 시달렸다. '향상하다'라는 단어 'improve'의 어원은 '증명하다'라는 뜻인 'prove'이다. 재클린은 자신이 아버지의 인정을 받을 자격이 있음을 온몸으로 증명하고 있었던 것이다. 재클린은 누구나 우러러보는 출세를 했지만 이것은 슬픈 결과를 초래했다. 자신이 이룬 놀라운 성과에서 조금도 자부심이나 만족감을 느낄 수 없었기 때문이다. 아무리 발버둥쳐도 아버지를 만족시킬 수 없었던 그녀는 늘 결핍감과 실패감에 시달렸다.

완벽주의는 심각한 결과를 초래할 수 있다. 완벽주의가 일으키는 불안과 수치심은 우울증, 거식증, 자살과 연관되며 관계를 해칠 수도 있다.[4] 완벽주의자들은 자신의 완벽주의 성향을 외모, 직장, 가정, 가족까지 확장하기도 한다. 물건들은 반드시 제자리에 있어야 하고 배우자와 자녀들은 최선을 다해야 한다. 물론 완벽주의자의 기준에서 말이다. 이들은 남들이 다르다는 것을 받아들이지 못한다. 자신과 타인을 부정적으로 비교하거나 자신의 이상적 기준을 잣대로 삼아 타인을 판단하기도 한다. 경쟁적 태도를 보일 수도 있으며 자신의 연인 또는 배우자의 노력이나 성공을 깎아내리기도 한다. 완벽주의자들의 자기 비판이 겉으로 드러나면 상대는 불안해지고, 인정받지 못하며, 받아들여지지 못하는 느낌이 들게 된다.

"혼자 남느니 불행한 관계가 낫다"

어린 자녀를 무한히 신뢰하고, 통제하려는 욕심을 내려놓은 부모의 자녀는 독립심을 배우게 된다. 부모는 자녀의 개인적인 생각, 감정, 욕구를 포함해 자녀 스스로 독립성과 독자성을 느낄 수 있도록 지원해줄 필요가 있다. 자녀의 개별성이 무시되면 의존성이 발달할 수 있기 때문이다. 부모가 공의존자였다면 채워지지 않은 정서적 욕구와 개별화의 결핍 때문에 많은 제약이 따랐을 것이다. 그렇기 때문에 직간접적으로 부모가 자녀의 독립성을 지원해주지 못했을 수도 있다. 어떤 부모들은 자녀가 자기처럼 성장하기를 기대한다. 그리고 부모로부터 받지 못한 인정, 자존감, 위안, 우정을 자녀한테서 기대한다. 또 어떤 부모들은 자녀가 경계선을 분명히 긋거나 마음껏 능력을 펼치려는 노력을 지나친 보호와 소유욕으로 억누르기도 한다.⁵ 자녀의 생각, 취향, 친구, 직업, 종교 선택, 생활 방식을 비난하며 이제 싹트기 시작한 자기 감각마저도 망가뜨린다.⁶

게다가 공의존적 부모는 중요한 발달 단계 시기에 자녀의 독립을 돕지 않을 수도 있다. 이를테면 3세 무렵 엄마 품에서 떨어져 나와 주변 세계를 탐색하려는 유아기의 분리 시기와 십 대들이 자율성을 확립하려고 부모에게 도전하는 청소년기가 있다. 부모 자신의 버림받음 문제가 촉발되면 어린 자녀가 학교에 입학하고 고등학교를 졸업한 자녀가 집을 떠나는 시기에 이들을 놓아주기가 힘들지도 모른다. 부모는 죄책감을 부추겨 자녀의 독립을 방해하는 데 쓸 수 있으며 이렇게 말할 수도 있다. "넌 항상 '너' 하고 싶은 것만 하는구나!" "나한테 그러지 않았으면 좋겠어." "넌 부모를 눈곱만큼도 생각하지 않아!" "넌 너만 생각해!" 자녀에 대한 부모의 의존도는 이혼을 하면서, 그리고 친밀하지 않은 부부 관계에서 높을 때가 많다.

어린 자녀에게 독립심을 키워주지 않으면 근본적 불안에 시달릴 수 있다. 근본적 불안은 성인이 되었을 때 제 기능을 수행하는 능력을 손상시킨다. 비록 겉으로는 공의존자들이 성공하고 제 역할을 잘하는 듯 보이지만 이들은 타인으로부터 자신이 사랑스럽고 가치 있다는 느낌을 받고 싶어서 타인의 인정에 의존하고 있다. 동기 부여, 타당성 확인, 해답을 타인에게 의존하는 사람은 자기 결정 능력이 약해질 수 있다.

지배자 유형은 동기 부여가 매우 잘 이루어지지만 대부분의 공의존자들은 수동적이다. 그렇다고 해서 비활동적이라는 의미는 아니다. 다만 자기 삶의 주인공이자 지휘자로서 살아가는 느낌이 없다는 뜻이다. 이들에게는 자신을 위해 무언가를 원할 줄 아는 능력과 행동하려는 의지 능력이 부족하다. 다시 말해서 힘을 북돋워주고 자신의 편이 되어줄 타인이 필요하다. 이들은 자발적으로 행동하기보다 타인에게 반응하려 한다. 이들을 행동하게 하는 원동력은 타인의 기대, 감정, 욕구이거나 자신이 존재해야 하는 방식에 대한 내면화된 이상이다. 어쩌면 이들의 파트너, 자녀, 친구, 집단, 또는 교사와 감독관 같은 권위적 인물의 기대나 욕구일 수도 있다. 따라서 뜻대로 하게 놔둔다면 이들의 동기는 사라질 수 있다. 생산적인 계획을 세우고 자발적으로 행동하는 대신, 몽상을 하고 변명을 하며 자신의 생각을 비웃을 수도 있다. 또는 성취할 수 없다는 느낌이 들 수 있다. 다른 사람과 함께 나누지 않는 한 즐거운 활동을 찾고자 하는 추진력도 거의 생기지 않게 된다. 다른 사람과 함께 나누지 않으면 그 활동을 즐기지 않고 혼자서는 시도하지도 않기 때문이다.

모든 중독자들은 자신이 중독된 대상을 생각하고 관리하며,

중독된 대상에 관한 계획을 세우며 시간을 보낸다. 우리는 타인을 생각하거나 이해하려고 노력하고 또는 그들에게 영향을 주는데 많은 에너지를 사용할 수 있다. 그 과정에서 자신의 고유한 관심, 욕구, 목표를 포기하게 된다. 특히 순종자 유형은 파트너에게는 무조건 순종하지만 정작 자신의 친구들과 활동에는 흥미를 잃기도 한다. 심지어 이전에 싫어했던 일과 취향을 받아들이기도 한다. 이들은 배우자의 시각으로 세상과 친구와 친척을 바라볼 정도로 배우자의 생활 방식, 관점, 의견이 몸에 배어 있을지도 모른다. 안전감을 얻는 대가로 자신의 실제 자기를 버린 이들은 더욱 큰 불행과 절망을 끌어들이기도 한다.

공의존자들은 행복하지 않은 관계 속에 꼼짝없이 갇힌 느낌이 들 때가 많다. 자신을 학대하는 사람에게 소름끼칠 만큼 충실하며 결혼 생활을 유지하려 할 수도 있다. 혼자 지내는 것은 이보다 훨씬 더 끔찍하기 때문이다. 혼자 사는 것이 두려워 단 한 번도 혼자 살아본 적이 없는 사람들이 있다. 또 아무도 자신을 사랑하지 않거나 받아들이지 않을까 봐 두려워하는 사람들도 있다. 우리는 자유와 독립을 갈망하지만 다른 한편으로는 관계의 안정감을 원한다. 심지어 나쁜 관계라도 상관없다. 강한 애착 욕구 때문에 불행한 관계일지라도 그 관계를 끊는 것이 두려운 것이다. 하지만 대부분의 사람들은 이런 욕구를 알아차리지 못한다. 알더라도 관계를 끊지 못하고 자신의 상황을 합리화하며 자신을 끊임없이 희생하려 한다. 또는 헛되이 파트너를 바꿔보려고 애쓴다. 순종자 유형은 불행한 처지를 자주 자기 탓으로 돌린다. 그리고 파트너가 자신을 사랑하도록 더욱 애정을 쏟고 이해심이 많은 사람이 되어야 한다고 믿는다. 이들은 사랑을 믿는다. 그리고 관계를 원만하게 유지할 수 있는 힘이 자신에게 있다고 믿는다. 또 파트너를 변화시키려고 노력하거나 자신을 변화시켜 파트너가 원하는 사람이 되려고 애쓴다. 그리고 부모의 부재로 받지 못한 사랑을 파트너로부터 받으려고 노력한다. 아마도 이들은 어린 시절에 겪은 아픔을 어른이 된 후 무의식적으로 관계 속에서 치유하려고 애쓰고 있는지도 모른다.

순종자 유형은 관계가 깨지는 순간부터 수치심의 악순환을 자주 경험한다. 정상적인 슬픔은 수치심에 억눌린 죄책감과 거절을 당했다는 엄청난 느낌 때문에 악화된다. 깨진 관계를 회복하는 데 몇 년이 걸릴지도 모른다. 이혼이나 사랑하는 사람의 죽음에서 회복하려면 보통 사람보다 훨씬 더 오랜 시간이 걸릴 수 있다.

의존하려는 태도는 지배자 유형과 나르시시스트를 포함한 사람들에게서도 관찰된다. 물론 이들에게 자신의 목표와 이익을 추구하는 능력이 없는 것은 아니다. 하지만 이들 역시 친밀한 관계에 의존해 과장된 자기 평가를 확인하고, 자신의 능력을 증명하며, 내면화된 수치심을 물리친다. 파트너를 만족시키기 위해 돈 문제에서 양보하는 모습을 보이기도 한다. 하지만 학대를 하거나 트집을 잡고, 정서적으로나 물리적으로 거리를 둘 수도 있다. 이런 행동들은 의존성에 대한 이들의 이중성을 다루는 데 사용된다.

은밀한 조종, 수동적 통제

불편한 느낌을 억누르기 위해 공의존자들은 사람과 환경, 그리고 자신의 감정을 통제하려 한다. 우리가 남들의 행동과 감정을 바꾸려고 애쓰는 이유는 수치심을 피하고 마음을 안정시키기 위해서다. 수치심과 공허감이 큰 사람일수록 통제 욕구와 불안감은 더욱 강렬해진다. 타인을 통제하는 또 다른 이유는 우리가 그들에게 의존적이기 때문이다. 관심이 외부로 향해 있는 우리는 타인을 문제의 원인이나 문제의 해결책, 또는 둘 다라고 생각한다. 남들을 비난하지 않을 때는 자신을 비난한다. 자기를 부끄러워하는 것은 책임감과는 다르다. 그렇기 때문에 행동이 개선되리라는 기대는 거의 할 수 없다. 누군가의 도움을 받는 일도 기대하기 어렵다. 누군가를 성공적으로 통제하더라도 오래가지 못하며 문제를 해결하기보다는 분노가 일어난다. 거의 모든 행동이 타인과 환경을 통제하거나 조종하는 데 쓰일 수 있다. 좀 더 분명한 예로 화내기, 비난하기, 요구하기, 그리고 학대가 있다. 다른 방법으로는 유혹하기, 고립되기, 호의 보이기, 관심 끊기, 돈, 섹스뿐 아니라 침묵하기와 과도한 수다 떨기도 있다. 수동적 통제의 한 형태는 공의존적 보살피기인데, 이것은 교묘한 조종 방식일 수 있다.

공의존적 보살핌

공의존적 보살핌은 진정한 보살핌과 대조적이다. 이것은 수치심에서 비롯된 것이다. 우리의 자존감과 자부심을 채워주며 욕구와 감정, 그리고 드러내기 부끄러운 결점들을 숨겨준다. 공의존적 보살핌에는 선물 주기와 그 외 다른 유형의 물리적 · 금전적 도움뿐 아니라 타인의 정서적 욕구에 관심 기울이기가 있다. 이를테면 고민 들어주기, 조언하기, 문제 해결해주기, 요구 들어주기가 있다. 이것들은 훌륭한 특질처럼 들린다. 사실 베푼 사람이 보상으로 아무것도 바라지 않는다면 그렇다. 보살핌을 받은 사람의 태도가 바뀌기를 기대하는 것과 같은 보상 말이다.

공의존적 보살핌은 사랑을 받으려고 무언가를 베푼다. "내가 도와줄게. 그러면 넌 날 사랑하고 인정해줄 거야."가 그 동기이다. 하지만 우리에게는 여전히 채우고 싶은 욕구가 있으며 이 욕구는 무의식적일 때가 많다. 이 무의식적 욕구가 공의존적 보살핌에 조건이 달라붙는 이유이다. 즉 쓸모 있는 사람이 되고 사랑받으며 버림받지 않으려고 타인을 보살피고 기쁨을 주며 자신을 희생하는 것이다.

보살피는 사람은 관계의 절반 이상을 책임질지도 모른다. 자신에게는 무책임하면서 파트너의 행복, 감정, 욕구, 기대, 심지어 행동과 문젯거리까지 책임지려 한다. 타인에게 쓸모 있는 사람이 되려고 엄청난 노력을 할 수도 있다. 예를 들어 자원봉사 하기, 직장에서 주어진 몫보다 더 많은 일 해내기, 부당한 요구 들어주기 따위가 있다. 보살피는 사람은 요구받은 것보다 더 많은 것을 준다. 그렇게 하지 않으면 자신이 쓸모없거나 사랑받지 못한다고 느끼기 때문이다. 또 해고당하지 않으려고 자신을 회사에 없어서는 안 될 존재로 만든다. 다른 사람을 돕는 것이 집착과 강박이 될 수도 있다. 즉 조언을 하거나 도움을 주지 않고는 누군가의 하소연을 들어줄 수 없거나 요구를 거절할 수 없는 지경까지 이르게 된다. 심지어 바라지도 않는데 상대가 요청하지 않은 조언이나 도움을 주기도 한다. 하지만 그들의 베풀기 행동은 통제와 기대감이 보태진 것이다. 고마움과 애정과 인정을 기대하고 조언을 받은 사람이 자신의 말을 듣고 변화할 것이라 기대한다. 그러지 않으면 상대가 고마워할 줄 모른다고 여기고 분노한다.

사랑하는 사람이 중독이라는 심각한 고통을 겪을 때 그를 보살피고 통제하려는 열망이 커질 수 있다. 중독자를 걱정하고 중독자가 겪는 문제와 중독에 관심을 보이는 것은 당연하다. 하지만 변덕스럽고 무책임하며 자해적인 중독자의 행동은 결국 우리의 보살피기 강박증에 불을 지피며 점차 우리는 좌절, 분노, 절망에 휩싸인다. 그래서 노력을 하면 할수록 애정이 넘치는 부모조차 더 깊은 고통과 무능감을 피하려고 중독자를 비난하고 심판하며 바꾸려 들지 모른다. 한편 우리의 생각과 행동은 삶을 조절하기 힘들고 수치심을 악화하는 지경까지 몹시 망가질 수 있다. 결국 중독자를 도우려고 들인 모든 노력은 중독자에게 더 심한 수치심을 안겨주게 된다. 또한 중독자가 우리를 비난하고, 학대하며, 계속 중독에 빠지도록 정당화하는 셈이 된다.

뒷감당

뒷감당(enabling)은 '보살피기'와 '통제'의 특별 범주이다. 원래 이 용어는 사랑하는 중독자를 도와 중독이 가져올 참담한 결과를 막아주던 알코올 중독자나 마약 중독자와 가까이 지내는 사람들을 가리키는 말이었다. 술에 취한 남편을 핑계 삼아 병가를 내는 아내, 또는 끊임없이 아들을 감옥에서 꺼내주거나 마약을 구입하는 데 쓴다는 것을 알면서도 딸에게 돈을 건네는 부모를 예로 들 수 있다. 이 행동은 중독자가 중독의 해로운 결과와 직면할 기회를 막고 중독 기간을 연장한다. 또 중독자가 도움을 구하지 못하게 하고, 술을 끊거나 절제하지도 못하게 한다. 중독자를 뒷감당하는 사람들의 잘못된 책임감과 공포심은 아무런 지원 없이도 이들을 행동하게 만든다. 심지어 올바른 방법이 무엇인지 알고 있으면서도 그렇게 행동하는 것이다. '뒷감당'이라는 용어는 타인의 행동이 가져올 필연적 결과를 없애려는 모든 형태의 도움에 적용할 수 있다.

우리는 불행을 초래하는 채워지지 않은 우리의 욕구, 감정, 행동에 대한 책임을 회피하기 위해서 통제를 사용한다. 우리는 타인에게 맞추거나 타인이 우리에게 맞춰야 한다고 생각한다. 하지만 이것은 무의식적이고 강박적인 과정이며 관계에 필수적인 수용, 자기 관리, 유익한 타협과는 다르다.

훈련하기

아래 제시문들은 수치심이 나의 생각과 행동에 영향을 끼치는 방식을 찾도록 도와준다. 어떤 제시문들은 노트나 일기가 필요할 것이다.

1. 자기 인식 능력을 높일 수 있도록 자신과 가족이 반드시 '해야 하는 것'을 목록으로 만들어보자.

2. 타인에게 말을 하거나 혼잣말을 할 때 '해야 한다'는 당위성을 '선호한다'로 대체하는 연습을 해보자. 처음으로 알아차리게 될 차이는 타인에게 말을 건넬 때 문장이 '너'가 아니라 '나'로 시작한다는 점이다. 이것은 자신이 원하는 것을 외면하지 않고 책임지는 중요한 단계이다. 이런 변화가 나에게 어떤 느낌을 주는지 알아차리자.

3. 자기에게 비판적인 태도를 보일 때마다 손가락 두 개를 교차해 딱 소리가 나는 신호를 보내자. 이보다 훨씬 좋은 방법은 자신의 심장에 손을 대거나 어깨를 두들기는 것처럼 애정 어린 몸짓을 하는 것이다. '당위성'을 자기 비판으로 포함하자.

4. 내가 공감할 수 있는 공의존자의 증상과 행동을 모두 목록으로 만들어보자.[7]

5. 누군가의 인정을 받거나 사람들에게 받아들여지려고 애쓰는가? 그 방법은 경계선을 긋지 않고 타인에게 좋은 인상을 주거나 타인을 기쁘게 하면서, 자신의 욕구나 필요를 억누르는 것은 아닌가? 이것을 충분히 생각해본 후 몇 가지 사례를 써보자.

6. 시간이 걸리더라도 가족, 건강, 일과 같은 가치 목록을 만들어보자. 타인의 가치가 나의 가치 목록에 포함되지 않도록 조심하자. 이 가운데 나에게 가장 중요한 것은 무엇인지 깊이 생각해보자. 적어도 스무 가지의 가치 목록을 만들어보자. 나의 삶은 나자신의 가치를 반영하고 있는가?

7. 이번 주 누군가를 위해 했던 일이 있으면 최소 한 가지를 생각해보자. 나의 말과 행동은 나의 가치, 생각, 감정과 부합하는 것이었는가? 그렇지 않다면 나의 말과 행동의 숨은 동기는 무엇이었는가? 나의 숨은 동기는 어떤 믿음에 근거한 것이었는가? 예를 들어, 나의 숨은 동기는 다음과 같다. "친구가 나를 좋아하도록 대신 식사비를 내줬어요." 나의 믿음은 다음과 같다. "내 진짜 생각을 드러낸다면 걔는 내 친구가 되어주지 않을 거예요. 왜냐하면 난 사랑받을 자격이 없으니까요."

8. 언제 자신이 타인보다 조금이나마 낫다고 여기는지 관심을 기울여보자. 나의 내면 비판자는 나 자신을 심판하는가? 아니면 타인을 심판하는가?

9. 나의 힘으로 행동을 멈추는 순간을 알아차리자. 그런 순간을 알아차리더라도 행동을 멈추지 말고 계속하라. 그리고 나의 느낌과 그 느낌이 무엇을 떠올리게 하는지 기록해보자.

이번 장에서는 수치심이 공의존자와 어떤 방식으로 관련을 맺는지 살펴보았다. 다음 장에서는 수치심과 공의존자의 증상들이 관계에서 문제를 일으키는 방식들을 알아볼 것이다.

6장

질투, 공포, 분노로 치닫는
중독적 사랑

{ 관계 중독 }

관계는 인간이 누릴 수 있는 가장 위대한 축복이자 삶에서 가장 어려운 부분이다. 우리는 관계를 교제 이상으로 생각한다. 관계는 자기 자신에 대해 배우는 한 방식이고, 수치심을 알아차리고 치유할 기회를 주며, 목표를 성취하도록 도와준다. 수치심은 파트너를 선택하는 순간부터 우리를 방해하며 건강한 관계를 누리지 못하게 가로막는다. 설상가상으로 우리는 자신의 수치심뿐만 아니라 파트너의 수치심까지 다루는 경우가 많다.

수치심은 '사랑의 정반대'로 불려 왔다.[1] 아무리 발버둥 쳐도 관계를 훼방 놓기 때문이다. 수치심은 건강한 관계에 요구되는 모든 행동을 파괴하고 많은 이들이 필요한 기술을 개발하지 못하도록 막는다. 사랑받을 자격이 있다고 느끼려면 자율성과 건강한 자존심이 필요하다. 마음을 열어 진실하게 소통하고 벽을 쌓지 않고

제 할 일을 훌륭히 해내려면, 올바른 이유로 관계를 맺고 있음을 인식하고 느낄 필요가 있다.

사랑을 수치심 해결책으로 여기는 사람들이 있다. 사랑스러운 연인을 완전무결한 기분을 느끼게 해주는 수단으로 보기도 한다. 하지만 타인을 통해 완전함을 추구한다면 우리는 의존적인 사람이 될 수밖에 없다. 마치 공허감을 채우려고 마약에 의존하는 마약 중독자들처럼 말이다. 내면의 허기와 공허는 우리를 관계에 집착하게 만든다. 심지어 학대를 당해도 마찬가지이다. 이런 중독적인 관계는 사랑이 아니라 현실 도피에 기반을 둔 것이다. 사랑은 의존이나 공허감과 함께 지속될 수 없기 때문이다.[2] 그렇기 때문에 중독 관계는 통제와 질투와 공포와 분노를 일으킨다.

수치심은 수많은 파괴적 행동과 믿음을 관계에 끌어들인다. 공포심을 달래려고 조종과 통제를 이용하기 때문이다. 자신에게는 소홀하면서 파트너의 행동과 인생을 책임지기도 한다. 또 무의식적으로 방어 전략을 사용해 친밀해지는 것을 막는다. 친밀감은 가장 확실하게 자신의 무능이 드러나고 거절당할 위험을 감수해야 하는 일이기 때문이다. 누군가에게 의존한다는 것은 공포심을 극대화하고 방어력을 높이는 일이기도 하다.

수치심은 사랑을 파괴할 수도 있지만 치유로 가는 경로가 될 수도 있다. 많은 심리학자들은 사람들이 어릴 적 부모와의 유대감을 재현하기 위해서 자신의 부모와 닮은 배우자를 무의식적으로 선택한다고 믿는다. 또 사람들이 자신의 수치심을 불행과 트라우마를 되살리는 데 사용한다고 믿는다. 이때 이런 역기능적인 성인 관계는 성장과 치유의 기회가 될 수도 있다.

대부분의 공의존자들은 어렸을 때 건강한 관계를 많이 본 적이 없다는 게 내 생각이다. 또한 그들이 성인이 되고 만난 친구들 역시 이혼을 했거나 불행한 관계를 맺고 있을지도 모른다. 공의존자들은 대체 무엇이 '정상적인 것'인지 궁금해한다. 애정이 있는 건강한 관계에는 표 6.1의 왼쪽에 보이는 특징들이 요구된다.

자존감 낮은 사람들의 사랑 방식

우리는 내가 자신을 보는 방식 그대로 남들에게 보이려고 하기 때문에 우리가 투사하는 것을 끌어들인다. 건강한 자존감은 건강한 관계를 이끌어내고 유지하는 데 꼭 필요하다. 만약 자존감이 낮고 자신을 '남보다 못하다'고 여기는 사람이라면 자신을 이와 똑같은 방식으로 여기는 상대에게 끌릴 가능성이 있다. 즉 우리의 삶 속에 문제를 끌어들이는 것이다.

이것의 반대도 별반 다르지 않다. 남들의 눈에 내가 나의 자기 개념보다 더 세 보이거나 나아 보일 때도 극심한 불안이 나타날 수 있다.[3] 칭찬과 긍정적인 반응은 우리를 굉장히 불편하게 만들 수도 있기 때문에 자신의 부정적 믿음을 거스르는 그 어떤 것이든 무의식적으로 밀쳐내려고 애쓸지 모른다. 심지어 그것이 사랑이라 해도 말이다.

자존감이 낮은 사람은 다가가기 어렵고 의존적이며 자신을 사랑과 존중을 받을 가치가 없는 듯 대하는 사람에게 끌릴 가능성

표 6.1 **건강한 관계와 해로운 관계**

건강한 관계에서 파트너는	해로운 관계에서 한쪽 또는 양쪽의 파트너는
사랑을 주고받는다	사랑을 주지 않고 거부한다
스스로 가치 있고 사랑스럽다고 생각한다	자신이 사랑스럽지 않다는 느낌과 무능감이나 우월감을 느낀다
터놓고 의견을 주고받는다	방어적이고, 소통이 안 되며, 비밀을 감추는 것처럼 느낀다
안심할 수 있으며 서로 신뢰한다	안심할 수 없고, 의지할 수 없으며, 신뢰감을 느낄 수 없다
자율적이며 상호 의존적이다	의존적이거나 애정에 굶주려 있으며, 친밀해지는 것을 피한다
유연한 경계선을 존중한다	분리가 이루어지지 않고 경계선이 무분별하거나 매우 경직되어 있다
차이점을 수용한다	심판하고 거절하며 통제한다
협력하고 타협한다	이기적이고 엄격하며 통제하려 든다
적극적으로 주장한다	조작을 잘하고 학대를 하며 무례하고 솔직하지 않다
경청하고 이해한다	무시하고 거절하고 오해한다
믿을 수 있다	믿을 수 없다

이 있다. 자신을 대하는 방식과 똑같이 대하는 사람에게 말이다. 우리는 오로지 받을 만한 자격이 있다고 느끼는 만큼의 사랑만 받을 수 있다. 자신을 비호감이라고 느끼는 사람은 사랑받는다는 믿음을 품기 어렵다. 어쩌면 사랑받는다는 것을 실제 자기('만약

그 사람이 나의 본래 모습을 알게 된다면')가 아니라 성공이나 외모를 기준으로 삼아 이해할지도 모른다.

수치심 방어 같은 믿을 만한 방어 행동뿐만 아니라 부모가 애정과 인정과 다정함을 피하려고 사용했던 것들과 흡사한 방어 행동을 사용하기도 한다.[4] 아무도 자신을 비판하지 않았는데도 비판을 들은 것 같거나 그렇게 짐작할 때도 많다. 우리는 이 비판을 내면 비판자에게 투사한 다음, 내면 비판자에게 반발하기도 한다. 파트너가 말하는 것이라고 믿기 때문이다. 이것은 수치심을 일으키며 우리에 관한 내면 비판자의 굳어진 믿음과 내면의 현실을 그대로 드러낸다. 파트너가 친절, 사려 깊음, 애정을 보여주어도 그것을 오해하거나 심지어 알아채지 못할 수도 있으며 파트너의 동기를 믿지 않을 수도 있다. 심지어 우리 안에 내재된 부정적 자기 평가에 걸맞게 대해주기를 기대하고 파트너를 부추길지도 모른다. 피해자가 된 것처럼 느끼려고 의도치 않게 우리를 공격하도록 파트너를 자극할 수도 있다. 그뿐만 아니라 파트너를 몰아붙여 나에게 끝없는 불만이나 애정을 요구하게 해서 나를 움츠러들게 하거나 거부하도록 만들지도 모른다. 결국 내게 사랑받을 자격이 없다는 것을 증명하기 위해서 말이다. 어떤 커플의 행동이 불친절하고 심지어 잔인하게 보일지라도 이들이 공유하는 정서적 유대감은 친숙하고 위안을 받는 느낌일 수 있으며, 이는 특히 공의존자들의 경우에 그렇다. 이들은 더 깊은 공포인 사랑받지 못한다는 공포심을 달래려고 사랑받고 있다는 낭만적 믿음이나 합리화에 집착한다. 한편 수치심은 자존감을 끊임없이 높이고 낮추는 관계 패턴을 만들어낸다.

　나의 내담자였던 켄트는 아내가 자신의 모든 요구를 들어주어야 한다고 주장했다. 이 관계에서 힘이 있는 사람은 자신임을 증명하기 위해서였다. 자존감을 높이려는 이런 무의식적 시도는 그가 학대받던 어린 시절에 느낀 것과 동일한 무력감을 아내에게 불러일으켰다. 아내는 남편의 요구를 '잊어'버리거나 마지못해 따르는 일이 잦았는데, 이는 그를 분노하게 했다. 아내가 수동 공격적으로 자신을 따르지 않고 더욱 위축된 모습을 보이자 켄트의 분노는 커져만 갔다. 그리고 이것은 자신이 유약하고 무력하다는 믿음을 증명해주었다. 많은 공의존자들처럼 수치심 방어 행동은 결국 켄트가 자신에게 품었던 실제로 존재하는 믿음을 확인해주었다. 그의 정서적 학대는 아내가 자기 안으로 움츠러드는 방어 행동을 유발했고, 자신의 수치심을 아내에게 떠넘기는 힘을 발휘했다.

　내면 비판자는 사랑하는 사람들에게 내가 싫어하는 자신과 부모의 성격이나 행동을 투사할 수 있다. 파트너의 결점을 찾는 행동은 내면 비판자의 심판으로부터 자기 이미지를 보호할 수 있다. 이를테면 비판이나 도움을 주는 조언의 형태로 파트너에게 우월한 태도를 보이기도 한다. 하지만 이런 태도는 파트너를 방어적으로 만들거나 움츠러들게 만든다. 두 사람의 관계에 벽이 생기게 되며 우리는 사랑받을 자격이 없다는 무의식적인 믿음을 확인하게 된다. 실제로 사랑을 받고 있을지라도 사랑받지 못한다는 느낌이 들지도 모른다. 나르시시스트와 완벽주의자들은 자신의 파트너가 왜 사랑받을 자격이 없는지 그 이유를 찾는 데 모든 신경을 집중한다. 또는 이들이 그토록 원하는 사랑을 왜 파트너로부터 제대로 받지 못하는지 그 이유를 찾는 데 온 신경을 집중한다. 하지만 이들은 파트너의 자존감을 깎아내리며 남아 있던 사랑마저 파괴한다. 파트너를 사랑하는 순종자 유형의 경우 이것이 사실이 아니라고 주장할지도 모른다. 하지만 바뀌는 것은 없다. 이들 역시 무의식적으로 자신이 사랑받을 가치가 있다고 느끼지 못하기 때문이다.

내면 비판자도 자존감에 흠집을 낼 수 있다. 내면 비판자는 우리가 홀로 남겨질 때 낙오자가 된 듯한 기분이 들게 하며, 관계를 찾거나 관계에 머물기를 간절히 원하도록 한다. 심지어 그것이 해로운 관계라 해도 그렇다. 특히 사랑이 공허감과 수치심을 해결해준다고 여기는 순종자 유형의 상태에 해당한다. 이들은 버림받음의 공포와 경계선을 긋지 못하는 데서 오는 두려움 때문에 용납할 수 없는 행동을 부정하면서도 동시에 수용한다. 억울한 느낌이 들더라도 파트너가 변화할 것이라는 희망을 품는 것이다.

자율성을 존중하는 관계

자율성이란 뜻의 'autonomy'는 두 라틴어가 조합된 말이다. '자기'를 뜻하는 'auto'와 '법'을 뜻하는 'nomos'가 바로 그것이다. 이 두 단어를 합치면 자신의 삶과 행동을 다스리는 능력이라는 뜻이 된다. 자율성이 주어지는 순간 온전한 인간, 즉 타인으로부터 분리된 개별적 존재가 된다. 자율적인 사람은 높은 수준의 심리적 건강과 사회적 기능을 수행할 수 있다. 자율적인 사람은 실제 자기와 단절되지 않은 사람이며 높은 행복감과 자존감을 지닌 사람이다. 자율성은 스스로 자신의 삶을 선택하고 책임질 수 있는 원동력이다.

자율성은 독립성과 온전함이라는 감정을 모두 포함한 느낌이다. 자율적인 사람은 관계에 머물면서도 개별성을 느낄 수 있으며 관계에 머물지 않아도 온전함을 느낄 수 있다. 또 관계와 친밀감 속에서 큰 어려움 없이 지낸다. 심지어 압박감을 느끼면서도 편안하게 '아니오'라고 대답할 수 있다. 내면의 믿음, 욕구, 가치를 기준으로 삼아 자신의 행동을 결정하기 때문이다. 이런 사람은 자신의 생각과 감정을 상황에 맞게 통제한다. 그리고 감정적으로 반응하지 않으면서 파트너의 말을 경청하거나 파트너와 타협할 수 있다.

"인간은 오직 자신의 자립 능력에 비례해 사랑할 수 있다."[5]라는 말이 있다. 각자 자율적으로 행동하는 건강한 관계에서는 서로에게 특정한 방식을 요구하는 일이 극히 적다. 여전히 커플들은 서로를 필요로 하고, 서로 의존하며, 외부 요인에 영향을 받지만 이들의 행동은 개인의 선택에 기반을 둔 것이다. 때로 파트너가 바라는 것을 따라주기도 하지만 말이다. 이들은 새로운 정보와 개인적 욕구나 필요를 받아들이는 데 정서적으로 거부감이 없다. 이런 특성은 각자 건강한 개별화 과정, 즉 점차 분리된 개별 인격체가 되는 것을 반영하는 것이다. 그리고 우리는 대개 자신과 비슷한 수준으로 개별화된 사람에게 강하게 끌린다.

때로 공의존자들은 치유와 성장을 하기 시작하면서 '반의존적인(counterdependent)' 면을 보인다. 너무나 오랫동안 의존적으로 살아온 탓에 엄격한 경계선을 그으려는 것이다. 이런 반의존성은 자율성을 잃어버릴지도 모른다는 공포와 진정한 상호 의존이 아니라는 공포에서 기인한다. 한쪽은 개별화가 이루어지는데 상대방은 개별화가 이루어지지 않으면 관계에 어떤 일이 벌어질까? 더 낮은 자존감을 지닌 덜 개별화된 파트너는 불안감과 버림받는 느낌이 들 수 있다. 자신보다 훨씬 자율적인 상대를 조종할 수 없기 때문이다. 어쩌면 자율적으로 보이는 상대 파트너는 둘 사이의 갈등에 진절머리가 났을지도 모른다. 또 상대방의 요구를 들어주어야 한다는 압박감에서 벗어나고 싶을지도 모른다.

공의존자들은 자율성과 거리가 멀기 때문에 파트너의 독립성과 다름을 견디기 힘들어한다. 그리고 정도에 따라 다르긴 하지만 타인의 행동, 생각, 감정의 통제를 받는다. 이들은 관계 속에서 '우리' 또는 '너'를 강조하지만 '나'라는 존재는 도무지 찾아볼 수 없다. 누군가와 사랑에 빠지면 이들은 자신을 완성하기 위해 그 대상과 하나가 되고 싶어 한다. 물론 거절의 위협 또는 관계가 깨질 위협은 두렵지만, 이 둘 다를 잃는 것은 훨씬 고통스럽다. 수치심이 발동하기 때문이기도 하지만 눈에 보이는 우리의 결점, 즉 우리가 인식한 온전함의 결핍을 파트너와의 관계가 보완해주기 때문이다. 이것은 특히 타인에 대한 욕구가 가장 큰 순종자 유형에 해당한다. 이들은 관계 속에 있지 않으면 수치심이 눈덩이처럼 불어난다. 깨진 관계는 자신이 얼마나 사랑받을 자격이 없는지 보여주는 증거이기 때문이다. 결혼 생활이 고통스럽고 심지어 폭력적인데도 그대로 유지하는 사람들이 있다. 배우자를 버리는 행위가 죄책감을 일으키기 때문이거나 결혼 생활을 끝내는 데 필요한 자율성이 부족하기 때문이다.

"서로 반대되는 사람끼리 끌린다."라는 옛말은 틀리지 않다. 자기 발달 과정에서 놓쳤던 부분을 완성하려고 관계에 기댄다는 점에서 그렇다. 어떤 사람이 상대방의 창의성, 감정 표현 능력, 대담성, 목표 지향성에 감탄한다면 그 사람에게 이런 특성이 부족하다는 점을 보여주는 것이다. 순종자 유형은 권위적이지 않기 때문에 복종하는 역할을 선호하고 파트너를 선택할 때 자신과 같은 순종자 유형을 고를 가능성이 낮다. 상대를 자신처럼 유약하거나 애정에 굶주린 사람이라고 생각하기 때문이다. 대신 이들은 지배자 유형의 '힘'과 자기 주도적 능력에 경탄한다. 어쩌면 지배자의 보호를 받고 그의 성공, 권력, 카리스마의 후광을 누리고 싶은지도 모른다. 지배자 유형을 통해 대리 만족하며 살아가는 순종자 유형은 자기 주장을 하거나 자신의 힘을 키우려 하지 않는다.

순종자 유형은 보통 대담해 보이고 분노를 표출할 줄 아는 사람에게 끌린다. 이들은 자신의 분노는 억누르고 수치심을 자주 느끼고 자신의 분노를 두려워하기 때문이다. 초반에는 책임감 있고 타인에게 맞설 줄 아는 지배자 유형의 능력에서 순종자 유형은 보호받는 느낌을 받는다. 하지만 순종자 유형이 간과하는 사실이 있다. 겉으로 보이는 지배자의 모습이 사실은 부서지기 쉬운 가면 인격이라는 점이다. 이뿐만 아니라 지배자 유형은 쉽게 상처받으며 그들의 내면은 수치심과 불안감으로 가득하다. 지배자 유형이 함께 있기를 원하지 않는 사람은 지나치게 독립적인 사람 또는 이들에게 도전하고 약자가 된 느낌을 주는 사람이다. 그렇기 때문에 지배자 유형은 통제하기 쉽고, 자신의 자부심을 세워주며, 외로울 때 공허감을 채워주는 순종자 유형에게 끌린다. 감정 표현이 풍부하고 자신을 보살펴주는 순종자 유형에게 끌릴 수도 있다. 지배자 유형에게는 이런 면이 부족하기 때문이다.

방관자 유형은 갈등을 피하고 자유를 지키려고 관계를 피한다. 이들은 자율성이 부족하지만 타인의 기대나 압박 때문에 부서지기 쉬운 자기 감각을 보호하려고 벽을 쌓는다. 자신의 욕구를 타인의 욕구와 분리하기가 어렵기 때문에 타인의 영향을 받기보다는 멀리 도망치려 한다. 이들은 관계를 맺을 때 어느 누구와도 정서적으로 가까워지지 않는 방법으로 자유에 대한 욕구를 채우려 한다. 따라서 순종자 유형은 친밀감에 대한 압박감에서 벗어나려는 방관자 유형에게 지속적으로 좌절감과 버림받는 느낌을 받을 수 있다. 방관자 유형은 거리 두기에 비슷한 욕구를 지닌 사람과 관계를 형성할 때 편안함을 느낀다. 이 두 사람은 친밀감을 느낄 필요가 거의 없고 많은 시간을 떨어져 지내는 결혼 생활을 원할지도 모른다. 심지어 침실을 따로 쓰거나 따로 살 수도 있다. 하지만 이런 형태의 분리는 친밀감을 허용하는 정서적 자율성과 거리가 멀다. 비록 타인의 눈에는 그렇게 비칠 수도 있지만 말이다.

자율성은 타인과 얼마나 잘 지내고 친밀한 관계를 맺는지 여부에 큰 영향을 끼친다. 자신의 결함과 무능함을 보완할 목적으로 만들어진 관계는 두 사람 모두 자율적인 관계보다 굳건하지 못하다.[6] 실제 자기를 발달시키고 독립적인 '나'가 될 때 관계에서 독립성과 다름을 훨씬 쉽게 받아들일 수 있다. 파트너의 최우선 사항은 두 사람의 관계이지만 우리는 혼자 남아도 만족감을 느끼고 수많은 개인적 욕구를 채울 만큼 충분히 자율적이다. 우리는 관계를 뛰어넘어 삶의 여러 요소를 즐길 수 있고 파트너의 분리 욕구와 마주해도 버림받는다고 느끼지 않을 수 있다. 가끔 외로울 수도 있겠지만 단지 관계 속에 머무는 것을 선호할 뿐이라는 사실을 깨닫는다. 우리 자신과 우리의 삶을 통째로 맡기고 의지하기 위한 무언가가 아니라는 뜻이다. 우리는 혼자서도 살아갈 수 있다는 것을 잘 알며 파트너와 관계가 끝나더라도 고통은 따르겠지만 그리 참담하지 않다는 것도 안다. 사실 자율성과 자기 수용은 만족스런 삶을 사는 데 반드시 진정한 사랑을 찾아야 할 필요가 없음을 깨닫게 해준다.[7]

개별화는 현재 발 딛고 있는 세상과 타인을 명확히 생각하고 인식하도록 도와준다. 과거에서 비롯된 믿음, 규칙, 욕구라는 색안경을 쓰지 않고 말이다.

완벽한 사람은 없다

온전함의 결핍과 수치심은 한데 어우러져 '이상화'를 부추긴다. 우리가 간절히 원하거나 우리에게서 멀어진 특질을 파트너에게 옮겨 심으려 하고 그런 특질을 파트너로부터 얻기를 희망한다. 우리는 자신의 독특한 창의성, 힘, 친절, 영성, 지성을 알아차리지 못할 수 있다. 다른 사람을 거쳐 다시 우리 안에서 울려 퍼질 때 알아차릴 뿐이다. 대개 이 과정은 무의식적으로 일어난다. 이상화는 '열등한' 느낌이 머물던 곳에서 시작된 것이다. 우리는 비교하며 다른 사람들을 치켜세우고 자신은 낮추려 한다. 타인을 이상화할수록 우리를 통제하려는 상대방의 힘은 더욱 강력해진다.

"사랑을 하면 눈이 먼다."라는 격언은 두 사람(심지어 건강한 관계를 맺을 줄 아는 사람이어도)이 서로를 이상화하는 시기인, 상대에게 모든 것이 쏠려 있고 낭만적 사랑에 빠진 단계를 가리킨다. 공의존자들은 자신이 존경하고 이상화한 사람과 가까워질 때 "이토록 아름다운 사람이 나를 받아준다면 난 그리 형편없지 않아." 하고 무의식적으로 생각한다. 이것은 사랑에 빠지게 되는 강력한 동기이다. 사실 연애를 하는 동안 커플들은 약점과 결함을 서로 공유하면서 유대감과 친밀감이 더 굳건해진다. 이는 혐오스러운 자기 모습이 받아들여지는지를 시험하는 방법이기도 하다.[8] 지배자 유형과 순종자 유형은 자신이 중요한 존재임을 느끼고 자기 가치감을 느끼기 위해서 그들이 이상화하고 자신을 필요로 하는 사람, 이를테면 중독자 같은 사람을 구해주려고 애쓸지 모른다.

그림 6.1은 수치심의 여러 측면을 그림으로 보여준다. 분열된 자기는 우월한 행동, 수치심을 주는 내면 비판자, 열등한 자기 비하적 자기로 이루어져 있다. 자기 비하적 자기가 열등한 위치에 있으면 타인을 이상화하는 방식으로 수치심이 드러난다. 하지만

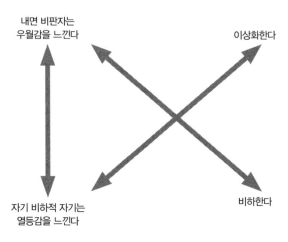

내면 비판자는
우월감을 느낀다

이상화한다

자기 비하적 자기는
열등감을 느낀다

비하한다

그림 6.1 **수치심의 역설**

수치심을 방어하고 우월한 위치에 서면 타인을 비하하게 된다. 대부분의 공의존자들은 열등한 위치와 우월한 위치 사이에서 오락가락한다. 하지만 나르시시스트나 수치심에 억눌린 성격을 지닌 사람들은 주로 한쪽에 해당한다. 이상화와 자기 비하는 둘 다 수치심, 그리고 수치심과 관련된 고통과 비례한다.

아이들은 건강한 심리적 발달의 일부로 부모의 특징과 역할을 내면화하기 위해서 부모를 이상화한다. 보통 우리는 철이 들면서 부모를 좀 더 현실적인 관점으로 바라보게 된다. 공의존자들에게 이것은 어린 시절에 들은 말과 고통스러운 경험에 얽힌 수치심, 슬픔, 분노를 다스려야 한다는 의미일 수 있다. 부모를 더는 무능하거나 강한 존재로 여기지 않고 결함이 있는 개인으로 받아들일 수 있도록 말이다. 이제 부모는 이상화된 부모나 몰락한 영웅이 아니라 한 인간으로 보이기 시작한다.

부모에 대한 자연스러운 탈이상화 과정이 너무 이르게 일어나거나 트라우마(신체적·성적·정서적 학대 또는 부모의 때 이른 죽음)로 인해 방해받는 경우가 있다. 이때 아이들은 부모의 가치, 이상, 역할을 건강하게 체화하는 것을 경험하지 못한다. 성인이 되면 그렇게 놓쳤던 자기의 요소들을 우리가 이상화하고 의지하는 연애 상대에게서 간절히 바라고 찾게 된다.[9] 따라서 여성과 남성은 연애 상대를 선택할 때 자신의 부모를 연상시키는 상대에게 성적 매력을 느끼고 상대를 이상화한다. 즉 자기도 모르게 어릴 적 놓친 것들을 만회하려고 부모와 형제자매 또는 사랑하는 사람의 특징을 연애 상대에게 투사하고 이상화하는 것이다. 연인이 될 가능성이 있는 상대를 긍정적 특성과 부정적 특성을 모두 지닌 (이상화되지 않은) 개별적 존재로 똑바로 보려 하지 않고 말이다.

신시아가 나를 방문한 이유는 이기적인 나르시스트와 하는 연애가 행복하지 않았기 때문이다. 그녀의 머릿속에는 온통 남자 친구 생각뿐이었다. 그러다가 어느 순간 남자 친구의 신체적 특징이 돌아가신 아버지와 매우 닮았다는 것을 깨달았다. 그리고 사랑하는 아버지를 잃어버렸다는 사실을 충분히 슬퍼하고 난 후 사랑의 열병이 즉시 사라졌다. 조너선도 이와 비슷한 경험을 했다. 그와 결혼한 테레사는 몸집이 크고 매혹적인 여성이었지만 거리감이 느껴지는 사람이었다. 그리고 조너선이 사랑한, 돌아가신 어머니를 연상시키는 사람이었다. 비록 행복하지는 않았지만 결혼 생활을 끝낼 수는 없었다. 신시아와 조너선은 그들의 파트너를 진심으로 사랑했다고 볼 수 없다. 어린 시절에 발달이 멈춘 내면의 기능을 다시 발달시켜야 했기 때문에 애착을 느꼈던 것이다. '아버지'와 '어머니' 같은 파트너와 짝을 이룰 때 우리는 자신과 부모의 기본 관계를 회복해야 한다는 무의식적 욕구에 이끌린다. 처음에는 파트너가 '좋은 아버지' 또는 '좋은 어머니'처럼 보일 수 있다. 우리는 그토록 원하던 어머니와 아버지를 기적처럼 되살려 현재의 관계에서 비롯된 강렬한 감정이 일으킨 어린 시절의 상처와 수치심을 치유하려 한다.[10]

사실 사랑의 토대는 이상화가 아니라 두 사람이 친숙해지는 과정에서 얻을 수 있는 진정한 이해와 받아들임이다. 건강한 커플은 서로의 자존감을 높여주고 낮은 수준에서 이상화하기도 한다. 하지만 이것은 서로 공허감을 채워주거나 자신의 부정적 감정을 부정하려는 목적이 아니다. 표 6.2에서 공의존자에게 나타나는 사랑의 진행 과정과 건강한 관계에서 사랑의 진행 과정을 비교해보자.

표 6.2 **사랑의 진행 과정**

공의존적 관계	건강한 관계
강렬한 끌림—마음이 불안해진다	우정의 시작—마음이 편안해진다
서로를 이상화한 다음 차이점을 무시한다	서로를 알 수 있다
사랑에 빠지고 헌신한다	다름을 인정한다(또는 헤어진다)
서로를 알아 간다	서로를 점점 사랑한다
실망한다	헌신한다
사랑에 대한 낭만적 환상에 집착한다	욕구를 협상하고 타협한다
파트너를 이상적인 모습으로 바꾸려 한다	서로를 더 깊이 사랑하고 받아들인다
억울해하고 사랑받지 못한다고 느낀다	지지받고 사랑받는 느낌이 든다

이상화가 엄청난 왜곡을 일으키면 낭만이 사라지면서 실망이 따를 수밖에 없다. 처음에는 무심코 넘겼던 단점들이 수면 위로 떠오르고 우리가 이상화한 이미지들은 산산조각 난다. 그리고 파트너의 실제 모습이 드러나면서 자주 불만을 품게 된다. 결국 파트너에게 부모와 동일한 부정적인 면이 있다는 점을 깨닫는다. 우리의 마음은 비판, 경멸, 불만으로 가득 차게 되며[11] 파트너를 우리가 이상화한 이미지로 바꾸려고 애쓴다. 지배자 유형과 순종자 유형은 서로를 경멸하게 된다. 수치심에 의해 불붙은 이상화는 이제 자기 비하로 전환된다. 순종자 유형은 파트너의 대담성이나 보호가 자신을 향한 분노와 통제라는 것을 깨닫는다(때로 수동 공격적 행동에 대한 반응이기도 하다). 파트너로부터 사랑받지 못하고, 존중받지 못하며, 피해자가 된 억울한 느낌을 받지만 그렇다고 이들이 경계선을 긋는 일은 없다. 반면에 지배자 유형은 순종자 유형의 유약함과 정서적 굶주림을 알아차리고 혐오스러워한다.

사랑에도 경계선이 필요하다

인간의 가장 원초적인 욕구는 고립감을 극복하는 것이다. 그렇지만 우리에게는 독립하거나 의존하는 것뿐만 아니라 고립감과 친밀감이라는 이중적 욕구도 있다. 관계에서 발생하는 대부분의 문제는 신체적·정서적 분리와 친밀감의 욕구를 협상하는 것과 관련 있다. 분리에 포함되는 것에는 혼자 있기나 직업적 목표, 취미, 친한 친구, 창의적인 일, 정신적 활동에 보내는 시간이 있다.

공의존자들은 때로 어떤 욕구를 스스로 채워야 하는지 혼란스러워한다(자율성). 또 어떤 욕구를 타인에게 의존해 채울 수 있는지도 혼란스러워한다(의존성). 공의존자들은 누군가가 자신의 모든 정서적 욕구를 채워주기를 바라거나 정서적으로 독립적이어야 한다고 믿는 사람들로 극단적으로 나뉜다.

독립심과 자율성을 잃어버리거나 파트너한테 버림받을까 봐 공포심이 느껴질 때 관계는 더욱 복잡해진다. 이런 공포는 무의식적으로 일어날 때가 많다. 상처받거나 불안정한 느낌 또는 덫에 걸린 느낌이 들 때 불안이 유발될 수 있다. 요점은 "내가 과연 충분한 사랑을 받을까, 아니면 버림받을까?" 또는 "독립성을 잃고 숨 막히는 삶을 사는 것은 아닐까?"라는 물음에 있다. 수치심과 함께 이런 공포감은 누군가와 친밀해지는 것을 두려워하게 만든다. 수치심은 자기가 노출된다는 불안감을 불러일으킨다. 또 우리를 거절하고 통제하며 우리에게 상처를 주거나 우리를 버릴지도 모를 누군가에게 의존하게 된다는 불안감을 일으킨다. 하지만 우리의 마음은 모순으로 가득 차 있다. 우리 역시 한편으로 외로움과 공허감을 느끼기 때문이며, 성장하면서 놓친 사랑을 베풀어줄 파트너를 찾기를 갈망하기 때문이다. 즉 충분한 사랑을 주지 않았던 부모에게 의존할 수밖에 없었던 어린 시절의 취약성이 다시 친밀한 관계 속에서 반복되는 것이다.

성격에 따라, 그리고 관계를 맺게 될 사람에 따라 우리는 두 가지 행동 방식 중에 하나를 선택할지 모른다. '다가가는 유형'이 되거나 '거리를 두는 유형'이 되는 것이다. 그림 6.2에서 보듯, '다

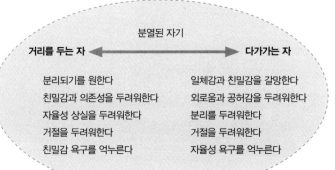

분열된 자기

거리를 두는 자 ← → 다가가는 자

분리되기를 원한다　　　　일체감과 친밀감을 갈망한다
친밀감과 의존성을 두려워한다　외로움과 공허감을 두려워한다
자율성 상실을 두려워한다　　분리를 두려워한다
거절을 두려워한다　　　　거절을 두려워한다
친밀감 욕구를 억누른다　　자율성 욕구를 억누른다

그림 6.2 **친밀감의 연속체**

가가는 유형의 친밀감에 대한 욕구와 버림받는 공포', 그리고 '거리를 두는 유형의 거리 두기 욕구와 친밀감에 대한 공포'는 둘 다 거의 무의식적으로 일어난다. 한편 다가가는 유형이 관계에서 상처를 입으면 다음에는 거리를 두는 유형이 될지도 모른다. 사실 이런 정의는 행동과 내재된 동기를 논의하기 위한 인위적인 고정관념일 뿐이다. 대부분의 사람들은 연속체 위에서 이리저리 흔들린다. 한 가지 역할 속에만 있으면 대개는 친밀감이나 거리 두기에 대한 욕구를 의식할 뿐 반대 욕구는 의식하지 못한다. 이것은 이들이 자신의 연애 파트너한테서 목격하는 부분이기도 하다. 이들이 서로에게 끌리는 이유는 완전한 존재가 되기 위해서이다.

다가가는 유형은 친밀감에 대한 두려움과 자율성에 대한 욕구를 의식하지 못하고, 별도의 활동, 시간, 공간으로 여길 때가 많다. 이들은 독립성을 경험하고 친밀감을 피하기 위한 여지를 만들려고 거리를 두는 유형에게 의존한다. 그리고 결코 손에 넣을 수 없는 거리를 두는 유형에게 다가간다. 반면 거리를 두는 유형은 버림받는 공포와 친밀감의 욕구를 의식하지 못한다. 즉 이들은 친밀해지고 싶은 욕구를 자신의 일부라고 느끼지 않는다. 하지만 자신의 감정, 친밀감, 의존 욕구를 드러내려고 다가가는 유형에게 의존한다. "거리를 두는 유형의 내면은 다가가는 자이며 다가가는 유형의 내면은 거리를 두는 자"[12]인 셈이다. 그러나 이런 역할은 관계 속에서 밀물처럼 밀려왔다가 썰물처럼 빠져나가며 상대가 개별화되고 더 온전해질 때 약해진다. 어떤 사람들은 친밀해지는 것과 혼자 있는 것을 견디지 못할 수 있다. 둘 다 견디기 힘든 불안감을 불러일으키기 때문이다.

다가가는 유형

다가가는 유형은 혼자 있는 것을 몹시 고통스러워한다. 공허감, 외로움, 사랑받을 자격이 없다는 감정이 살아나기 때문이다. 또 어린 시절에 버림받은 기억들이 떠오르기 때문이다. 다가가는 유형에는 필사적으로 '사랑을 위해서라면 무엇이라도' 희생할 준비가 된 사람들도 있다. 결핍된 자기를 만회하려는 이들은 파트너와 '결합'하기를 간절히 원한다. '우리'가 '하나'가 되는 이상적 관계를 이루려고 말이다. 순종자 유형은 특히 사랑과 인정 욕구를 채울 수 있는 관계를 찾아 헤맨다. 사랑은 이들에게 사랑스럽고 가치 있는 존재가 된 느낌을 주며, 인생의 파트너를 통해 새로 발견한 행복과 함께 과거 상처를 치유할 수 있는 희망을 주기 때문이다. 순종자 유형에게 사랑은 공허감과 외로움에 대한 해답을 주며 채워지지 않은 수많은 욕구를 채워주는 수단이 된다. 그들은 자신의 선천적 욕구에 효과적으로 반응하려고 스스로 노력하기보다는, 사랑을 갈구해 자신의 내면 비판자와 실제 자기 간의 분열을 치유하고 싶어 한다. 또 그들이 헌신하는 이상적 자기를 완성하기 위해 사랑받는 것 못지않게 사랑하기를 원한다.[13] 지배자 유형도 다가가는 유형이지만 숭배에 대한 욕구와 권력이 이들을 행동하게끔 만든다. 이들은 대단히 매력적인 사람일 수 있으며 성적으로 관심을 끌 수도 있다. 그렇지만 관계가 진전되면서, 그리고 주로 순종자 유형인 파트너가 더욱 강렬한 친밀감을 바라면서 이들은 도망가려 한다.

다가가는 유형이 연애를 할 때 수치심은 자신의 실제 모습을 감추게 되는 원인이다. 때로 상대를 유인하기 위해서 수치심을 유혹 행위 뒤로 감추기도 한다. 성적 매력은 관계와 상대방에게 환상을 품는 원천이 될 수 있다. 다가가는 유형의 환상은 관심 대상에 대한 이상화된 내용으로 가득 채워진다. 공포심을 달래려고 이들은 신속히 '우리'가 관계 속에 들어왔음을 상상하고 상대와 한 '쌍'이 되기를 바란다. 때로 거리를 두는 유형의 느린 반응이나 소극적인 태도를 놓치면서 말이다. 이들은 희망이 있다는 신호를 찾으려고 대화 내용을 파헤친다. 그런 다음 긍정적 특징이나 나와 유사한 점들을 이상화하고 거기에 관심을 쏟으면서 거리를 두는 유형의 성격을 분석한다. 아직 발견하지 못한 문제점과 심지어 정반대의 사실이 있을 수 있다는 가능성은 간과한 채 말이다. 다가가는 유형은 어쩌면 자신을 거부하거나 결코 손에 넣을 수 없는 상대를 이상화할지도 모른다. 낮은 자존감 때문에 무의식적으로 사랑을 쟁취해야 한다고 믿기 때문이다.(그림 6.1 참조) 이것은 희극 배우 그루초 막스(Groucho Marx)의 "'나'를 회원으로 받아주기만 하면 난 어떤 클럽이라도 상관없소."라는 농담을 떠올리게 한다.

다가가는 유형은 전화가 오기를 기다리고 거리를 두는 유형의 형편에 맞춰 계획을 세운다. 친구들이나 자신의 흥미는 완전히 무시하면서 말이다. 심지어 파트너의 친구들과 파트너가 흥미를 보이는 것과 관련해서는 거짓으로 즐거운 척하기도 한다. 다가가는 유형은 파트너가 혼자서 또는 다른 친구들과 무슨 일을 하려고 하면 금방 불안해하고 낙담한다. 그들은 처음에는 자신의 욕구를 채우기 위해 파트너에게 요구하는 것을 두려워한다. 버림받을까 봐 두렵기 때문이다. 대신 이들은 관계가 깨지지 않도록 거리를 두는 유형의 기분을 맞추어주고 욕구를 채워주려고 온갖 가능한 방법을 다 동원한다. 이따금씩 실제로 또는 느낌상 거절당했다는 생각이 들면 인정받지 못한 데서 오는 수치심에 휩싸이기도 한다. 동시에 관계가 실패했다고 생각하고 결코 다시는 파트너를 찾을 수 없다고 생각하며 절망하고 두려워한다. 그렇기 때문에 다가가는 유형은 희망을 품고 부정함으로써 이런 감정들을 물리치려 하고 거리를 두는 유형의 기분을 맞추려고 더욱 고군분투한다. 어떤 면에서 보면 거리를 두는 유형의 거절은 다가가는 유형의 자부심과 방어 행동을 무너뜨리고 사랑에 항복하도록 한다.[14] 다가가는 유형이 자신에게 다가오는 누군가를 사랑하기란 불가능하기 때문이다.

서로를 좇는 행위가 끝나고 두 사람이 서로를 훨씬 잘 알게 되면(이상화와 부정의 정도에 따라 몇 년이 걸릴 수 있다), 처음에 놓쳤던 차이점들을 자주 경험하게 된다. 심지어 서로 노력을 기울인 뒤에도 그런 패턴은 지속되고, 머지않아 다가가는 유형은 분노하게 된다. 상대의 일정에 늘 맞춰주고 상대가 덜 '이기적인' 사람이 되도록 통제하고 변화시키려 애쓰기 때문이다. 그리고 상대와 더 많은 시간을 함께 보내려 하고 상대에게 더욱 관심을 쏟기 때문이다. 그런데도 다가가는 유형은 거리를 두는 유형에게 더 많은 애정을 받지 못하고, 파트너가 자신을 사랑한다고 확신할 수 없으며, 소통이 단절된 관계라고 불평한다. 또한 파트너가 자신의 활동은 물론 친구와 가족 행사에 좀 더 활발히 참여해주기를 바란다. 결국 다가가는 유형은 자신의 파트너가 배려심이 없으며 자기 중심적이며 융통성이 없다고 결론을 내린다.

실제로 다가가는 유형은 수치심에 억눌린 분리 욕구와 담을 쌓은 채 살아간다. 이는 자신의 파트너인 거리를 두는 유형에게 투사되고 나타나게 된 것이다. 다가가는 유형은 혼자가 되는 것을 두려워하기 때문에 여전히 관계에 매달릴지도 모른다. 처음의 강렬했던 매력에는 고통 또는 갈등이 뒤따르는데, 이것은 이들의 관계가 수치심과 공허감을 회피하는 데서 비롯되었으며 이들의 관계가 중독적 애착 관계임을 보여준다.[15]

거리를 두는 유형

거리를 두는 유형은 자신이 다가가는 유형보다 친밀해지는 것을 더 두려워한다는 사실을 알고 있다. 하지만 친밀해지고 싶은 자신의 욕구는 정작 의식하지 못한다. 이들은 독립적인 삶에 대한 환상을 선택했기 때문에 자신의 곁에 그 누구도 필요하지 않다고 믿는다. 누군가와 친밀해지는 것은 이들에게 애정에 굶주리고 의존적인 자신의 수치스러운 면을 드러내는 것과 같다. 특히 어린 시절에 이들의 욕구가 수치심에 억눌렸거나 채워지지 않았다면 더 그렇다. 거리를 두는 유형에게 의존적인 사람이 되는 것은 다가가는 유형의 버림받는 공포만큼이나 끔찍할 수 있다.

거리를 두는 유형은 자신의 경계선을 분명히 긋는다. 그래야 다가가는 유형의 욕구나 관심에 압도되거나 숨이 막히지 않기 때문이다. 그뿐만 아니라 미래에 만날지도 모르는 파트너마저 가까이 다가오지 못하게 밀쳐낸다. 사랑받을 자격이 없다는 생각과 자신의 결함을 들킬지 모른다는 두려움 때문이다. 이들은 자신을 보호하려고 불편한 감정과 친밀감을 회피한다. 혹시 일어날지 모를 거절, 취약성, 그리고 수치심을 미리 방지할 수 있기 때문이다. 하지만 다가가는 유형이 보여주는 흥분, 감동, 위험한 일에 대한 도전에 여전히 끌린다. 거리를 두는 유형의 무표정한 가면 인격에 활력을 불어넣기 때문이다.

다가가는 유형은 신속히 연인이 되고 싶어 하고 모든 것을 함께 나누기를 바라는 반면, 거리를 두는 유형은 신중하게 자신의 시간, 공간, 소유물을 지키려 한다. 거리를 두는 유형도 관계를 원하지만 오직 자기의 방식과 자신의 느린 속도에 맞추어서 그렇게 하려 한다. 다가가는 유형이 베풀고, 순응하며, 관계에 활기를 불어넣을 수 있도록 소극적으로 허용하면서 말이다. 거리를 두는 유형은 '나', 실용성, 스스로 인식한 차이점을 강조한다. 관계를 일방적으로 결정하는 그들의 태도는 다가가는 유형에게 상처를 준다. 자신을 무시하고 신경 쓰지 않는다는 느낌을 주기 때문이다. 거리를 두는 유형은 오로지 내면의 공허감을 느낄 만한 이유가 충분하거나 그들의 파트너가 떠나겠다고 위협할 때만 친밀감의 욕구를 느낀다.

순종자 유형이 거리를 두는 유형일 수도 있다. 하지만 방관자유형과 지배자 유형은 더 그렇다. 이 두 유형은 섹스 이상의 상황이 예상되고 자신이 취약해지고 정서적으로 친밀해지는 것이 자신의 힘과 통제력을 위협한다고 느낄 때 거리를 두려는 태도를 더자주 취한다. 의존적인 사람이 된다는 생각은 이들에게 상상할수도 없을 만큼 혐오스럽다. 선택에 제약이 따르고 약자가 된 느낌을 줄 뿐만 아니라 거절과 수치심의 위험에 노출되기 때문이다. 의존적 태도는 무슨 수를 써서라도 이들이 피해야만 하는 것이다.

중독자들이 중독에 빠지는 이유는 대개 타인과 거리를 두려 하고 친밀감에서 비롯된 위험을 피하고 싶기 때문이다. 거리를 두는 유형 중에는 환상을 품거나 그들 스스로 통제할 수 있는 온라인상에서 관계를 맺으며 사랑에 중독된 사람들도 있다. 이들의 마음은 외로움과 친밀감을 경험하지 않아도 되는 각본과 망상으로가득 채워져 있다. 외로움과 친밀감이 진짜 관계를 맺도록 해주는데도 말이다.

제인은 여섯 살 때 아버지에게 버려졌다. 그녀는 자신이 사랑받을 자격이 없다는 메시지를 내면화했으며 무의식적으로 남자란 신뢰할 수 없는 존재이며 오직 자신만이 의지할 수 있는 존재라는 결론을 내렸다. 제인은 혼자가 되어야 하며 독립적인 존재가 되어야 한다는 자신의 믿음과 필요성을 높여주는 남자들을 늘 선택했다. 그렇지만 수치심, 파트너에 대한 갈망, 파트너를 찾지 못하는 무능감에서 비롯된 고통은 현실이었다. 제인은 알코올과 음식에 의지해 자기를 달래는 중독적 관계에 빠져들었다. 이것은 적어도 당분간 그녀가 통제할 수 있는 것들이었다. 제인이 경험한 버림받음의 순환 고리는 그림 6.3에 묘사되어 있다.

또 중독자들은 친밀감과 불편한 감정을 피하기 위한 방어 행동

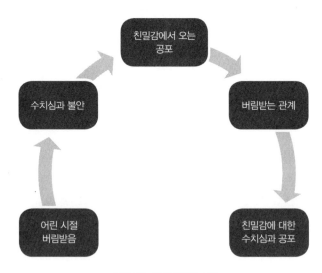

그림 6.3 **버림받음의 순환**

으로 중독을 이용한다. 사실상 이들은 "난 네가 필요 없어. 나 혼자서도 잘 먹고 잘 살 수 있으니까!"라고 말하고 있는 것이다.[16] 거리를 두는 행위는 타인에게 휘둘리지 않고 온전한 나를 느끼도록 해준다. 하지만 감정을 공유하거나 문제점을 없애기보다 이들을 움츠러들게 할 수 있다. 중독자들을 움직이게 하는 다른 동력은 중독 대상에 대한 집착을 보호하려는 욕구다. 그런 대상이 없을 경우 다른 것에 대한 집착이 나타날 수 있다.

완벽주의자이면서 거리를 두는 유형은 파트너가 될 가능성이 있는 상대에게서 결점을 찾으려는 강박적 욕구가 일어날 수 있다. 언젠가는 '완벽한' 파트너를 만날 것이라는 생각에 집착하기 때문이다. 때로 거리를 두는 유형은 자신이 누군가를 사랑할 수 있을지 의심하기도 한다. 이들은 자신의 이상적 자기를 확인하고 수치심을 없애기 위해 다가가는 유형의 칭찬이 필요하다. 거리를 두는 유형의 엄격한 경계선은 타인의 간섭이나 압박으로부터 불완전한 자기를 보호해주며, 이것은 통제하고 간섭하는 부모 아래에서 성장할 때 강렬해진다.

거리를 두는 유형은 다가가는 유형의 숨 막히는 요구들이 부담스럽다. 애정에 굶주리고 의존적인 것처럼 보이기 때문이다. 이것은 거리를 두는 유형이 자신에 대해서도 경멸하는 특성이기도 하다. 다가가는 유형의 기대감은 거리를 두는 유형에게 수치심과 죄책감을 일으킨다. 왜냐하면 다가가는 유형에게 고마워할 줄 모른다는 느낌을 주고, 그들에게 비난받는 느낌이 들며, 그들이 베푼만큼 제대로 된 만족감을 줄 수 없다고 생각하기 때문이다. 결국 함께 있어 달라는 요구는 거리를 두는 유형에게 경멸을 일으킬 뿐이며 이들을 더욱 멀어지게 한다. 하지만 거리를 두는 유형의 이런 움츠러든 태도는 다가가는 유형의 버림받을지 모른다는 공포감을 키우며 훨씬 더 애정에 굶주린 행동과 태도를 보이는 원인이 된다. 따라서 이 커플의 부정적 순환은 계속된다.

어떤 커플들은 친밀감을 피하려고 장거리 관계를 유지하기도 한다. 이들은 주기적인 재회가 끝날 때 고통스런 이별을 예상하면서 말다툼을 벌일 수 있다. 따로 떨어져 있을 때는 서로를 향한 낭만적 환상, 걱정, 비판, 분노 사이를 오락가락할지도 모른다. 다가가는 유형은 거리를 두는 유형을 그리워하고, 자신의 공허감을 채워준다는 공상에 빠지며, 외로움과 거절에 뒤따르는 감정은 부정한다. 반면에 거리를 두는 유형은 다가가는 유형의 욕구에 압도당하는 불안감, 의존적 존재가 되는 것, 자신의 무능으로 인해 버림받을지 모르는 가능성으로부터 해방된 안도감을 느낄 수 있다. 이 관계의 특징은 양쪽 파트너가 모두 친밀감을 회피한다는 점이다. 자신이 사랑스럽지 않다고 여기고 서로를 비난하면서 말이다.

완벽한 관계가 아니어도 괜찮다

우리가 파트너와 서로 더 멀어질 때 양극화 현상이 일어날 수 있다. 권투 경기장의 반대편 코너에 각자 자리를 잡고 앉아 아무리 사소한 일일지라도 그것이 벌어지는 순간 한쪽이 먼저 펀치를 날리는 것이다. 말다툼의 형태 혹은 움츠러드는 태도로 말이다.

이 세상에 존재하는 어떤 것이든 모두 기 싸움으로 번질 수 있다. 이를테면 가족, 돈, 허드렛일, 자녀, 중요한 결정이 있다. 하지만 더 깊이 들여다보면 우리가 정말로 걱정하는 것은 두 가지 중 하나이다. 독립을 포기하거나, 우리가 안전하고 충분한 사랑을 받고 있는지 여부이다. 남성들은 주로 전자를 걱정하고 여성들은 후자를 걱정할 수 있다. 하지만 반드시 그런 것은 아니며 역할이 바뀔 수도 있다. 어떤 관계는 서로에 대한 불만에서 비롯된 힘겨루기 속에서 난관에 부딪히기도 한다. 자신의 문제를 놓고 서로 상대방을 비난하는 것이다.

이런 양극화 문제를 해결하려면 숨이 막히더라도 거리를 두는 태도는 피해야 한다. 또 버림받는 느낌이 들더라도 다가가는 태도 역시 피해야 한다. 변화에는 어마어마한 에너지와 용기가 필요하다. 이뿐만 아니라 친밀감, 수치심, 공허감을 피하려고 사용하는 자신의 방어 행동과 공포를 알아차려야 한다. 다가가는 유형이 파트너에게 요구하는 행위를 멈추고 다가가는 일에 지치게 되면 공포감과 공허감이 밀려올 수 있다. 거리를 두는 유형 역시 방어 행동과 도망가는 행동을 멈출 때 공포감과 공허감을 경험할 수 있다.[17] 이런 행위들을 마침내 멈추고 불편한 감정들과 직면할 수 있을 때 우리는 상대방을 있는 그대로 받아들일 수 있다. 상대를 받아들이면 우리의 불안감은 줄어들며 에너지 흐름도 바뀔 수 있다. 즉 우리의 에너지를 온전한 인간이 되는 데 사용할 수 있게 된다. 마침내 관계에 문제가 생기더라도 괜찮다는 것을 알게 되는 것이다.

카멜라는 나르시시스트인 아버지로부터 결코 진정한 사랑을 받는다고 느낄 수가 없었다. 사랑받을 자격이 없다는 감정은 남자의 사랑이 필요하다는 필사적인 욕구로 이어졌다. 하지만 카멜라는 자신의 상대로 적합한 남자를 밀쳐버리거나 적합하지 않은 남자에게만 다가갔다. 그런 다음 늘 그랬듯이 외롭고 사랑받을 자격이 없다는 느낌에 휩싸였다. 카멜라가 추구하려던 것은 모두 어린 시절에 겪은 슬픔과 외로움에서 탈출하려는 헛된 시도였다. 하지만 아무리 탈출하려고 노력해도 매번 똑같은 각본대로 살아왔던 것이다. 카멜라는 마침내 해결 방법을 찾았다. 자신의 과거를 슬퍼하며 받아들이고, 자신의 절망감과 공허감을 마주하며, 자신을 사랑하는 법을 배우는 것이었다.

거리를 두는 유형에게 다가가는 행위는 조금도 유익하지 않다. 다가가는 유형은 자신의 행동을 멈추고 분리에서 오는 불안을 견뎌내야 한다. 그리고 '아니오'라고 말할 수 있어야 한다. 몹시 고통스럽겠지만 자신의 공허감을 인정할 필요도 있다. 그러면 어린 시절부터 쌓아 온 늘 혼자였고 사랑받을 자격이 없다는 생각에서 비롯된 수치심이 수면 위로 부상하고 치유될 수 있다. 다가가는 유형이 실제 자기와 다시 연결되면 자신의 욕구를 책임지는 법, 그리고 만족하는 삶과 의미 있는 삶을 살아가는 법을 배우게 된다. 거리를 두는 유형을 모방하면서 더 자율적이고 독립적인 사람이 되는 법도 배울 수 있다.

자기 자신이 다가가는 유형에 해당한다면 다른 사람들을 어떤 식으로 조종해 친밀감을 만들어내고 버림받지 않으려 애쓰는지 살펴보라. 상대를 성적으로 유혹하고 통제하고 보살피거나 상대의 기분을 맞추려 하지는 않는가? 자신의 자율성은 무시한 채 거리를 두는 유형의 기분을 맞추고 자신의 친구들이나 흥미를 포기하지는 않는가? 심지어 '아니오'라고 말하고 싶은데 그러지 못하거나 상대의 의견에 반대를 못하지는 않는가? 무슨 동기로 이런 태도를 취하는 것일까? 이런 태도는 어떤 영향을 끼치는가? 무시당하기 싫어하면서도 정작 자신의 욕구는 무시하지 않는가?

거리를 두는 유형은 자신의 감정과 방어 행동을 인식하는 능력을 계발할 필요가 있다. 이 능력은 이들이 자신의 불안감을 알아차리고 분석하도록 도와준다. 그리고 파트너를 향한 마음속의 의무감을 떨치는 대신, 파트너와 진심으로 가까워지고 싶은지를 판단하고 경계선을 정할 수 있게 해준다. 파트너에게서 반사적으로 벗어나려는 충동을 물리침으로써 비로소 자신의 행동이 숨 막힘, 통제, 거절의 공포와 수치심을 감추려는 것이었음을 깨닫게 된다. 치유를 하려면 어린 시절의 상처와 공포를 탐색하고 이해할 필요가 있다. 또한 이 말은 거리를 두는 유형이 자신의 모습 그대로 아무런 문제가 없음을 받아들여야 한다는 의미이기도 하다. 그러면 자신의 욕구에 공감하게 되며, 애정에 굶주리고 의존적이며 유약한 자신을 비판하는 행위를 멈추게 된다. 또한 감정을 솔직하게 터놓고 이야기해도 안전하며, "네가 보고 싶어. 난 네가 필요해."라고 위험을 무릅쓰고 표현하더라도 괜찮다는 것을 깨닫게 된다.

거리를 두는 유형이라면 친밀해지고 싶은 마음이 언제 일어나는지 알아차려보자. 의무감에서 하는 것이 아니라 실제로 친밀해지고 싶은 욕구가 언제 솟구치는지 알아차려야 한다. 그리고 언제, 어떻게, 왜 내가 움츠러드는지 관찰해보라. 무엇이 떠오르는가? 내가 감정의 문을 닫게끔 원인을 제공한 사건은 무엇인가? 사랑보다 독립적인 사람이 되는 게 더 안전하다고 결심하게 된 것은 언제인가? 그리고 이 거래로 인해 잃은 것은 무엇인가?

커플들이 스스로 자존감을 높이고 각자 친밀과 분리에 대한 개별적 욕구를 알아차릴 수 있을 때, 자신의 욕구를 책임지고 파트너의 욕구도 존중할 수 있게 된다. 드디어 사랑받을 자격이 있다는 감정이 샘솟게 되며, 사랑의 감정을 무시하지 않고 대수롭지 않게 여기거나 거절하지 않고 받아들일 수 있게 된다. 양쪽 모두 다가가거나 거리를 두는 양극화 현상을 끝내는 것이다. 더는 나를 사랑하지 않고 사랑할 수도 없는, 가능성이 없는 상대에게 다가가는 수고를 하지 않는다. 마침내 다가가는 유형과 거리를 두는 유형 모두 자신을 사랑하는 사람을 알아보게 된다. 거리를 두는 유형은 친밀감에 숨이 막힐 수 있다는 두려움 없이 '예'라고 대답할 수 있다. 다가가는 유형도 거절이나 분리에 대한 두려움 없이 '아니오'라 대답할 수 있다. 서로 자신의 파트너에게 함께 있어 달라는 요구를 직설적으로 할 수 있으며 동시에 혼자 있고 싶다는 요구도 할 수 있다. 어떤 잔꾀나 죄책감이나 비난도 없이 말이다. 사실 굉장히 단순한 행동에는 건강한 자존감, 자기 주장, 용기가 필요하다. 두 파트너가 이 과정을 잘 헤쳐 나갈 때 이들 사이에는 더욱 진정한 친밀감이 생긴다. 접근과 회피라는 무의식적

대화에 갇히지 않고 말이다.[18] 이들은 서로에게 더 많이 공감하고, 상대방의 욕구를 잘 들어줄 수 있으며, 훨씬 큰 이해심을 품고 타협할 수 있게 된다.

친밀한 관계를 위한 소통 전략

공의존자는 실제 자기를 드러낼 필요 없이 관계만으로 자신의 공허감과 외로움을 달랠 수 있다고 상상할 때가 많다. 그러나 이들의 수치심 불안과 이와 관련된 방어 행동은 그들이 추구하는 사랑의 적이 되고 만다. 일반적으로 공의존자들은 상처받고 무력한 느낌이 들 때 진솔한 의사소통을 회피한다. 사실 상처와 무력감은 건강한 관계에서 자신을 드러내고 서로 진정으로 친밀해지는 데 사용할 수 있는 기회이다. 하지만 이들은 움츠러들거나 공격하는 방식으로 반응한다. 분노는 서로에게 싸늘해지거나 치열하게 싸우는 파괴적인 순환으로 나아갈 수도 있다. 수치심과 불안감이 커질수록 의사소통은 더욱 제 기능을 하기가 어렵다.

솔직하게 표현하라

우리가 소통하는 방식은 우리의 자존감 수준을 보여준다. 우리는 관계 속에서 우리가 정직하지 못하다는 사실을 깨닫지 못할지도 모른다. 또는 타인의 불만으로부터 자신을 보호하려고 정보를 감추거나 왜곡해 우리가 원하는 부분만 드러내려 한다는 것을 깨닫지 못할 수도 있다. 우리는 솔직해지는 것을 힘들어한다. 그리고 타인이 우리에게 공감하지 않거나 우리를 싫어할까 봐 결코 입장을 분명히 하거나 실제 자기를 드러내지 않으려고 조심한다. 대부분의 사람들은 상대가 감정을 다치지 않도록 자신의 솔직한 생각을 숨긴다고 말한다. 하지만 그 바탕에는 상대가 불만을 품거나 관계가 깨질지 모른다는 공포심이 있다. 자신을 속이고 타인의 기분을 맞추는 이런 행위는 '은밀한 조작'이라고 할 수 있다. 이 방법은 공의존자들이 대화와 행동을 통제하려고 흔히 사용하지만 관계의 신뢰감과 친밀감을 깨뜨리고 만다.

현실에서 우리는 상대방과 가까워지기보다는 자신을 보호하려고 애쓴다. 진정한 안정감과 충족감을 가짜 안전함과 거래하고 있는 것이다. 결국 커플들은 벽을 쌓고, 활발히 소통하는 대신 비난하거나 무조건 복종하고, 심지어 로맨틱한 각본처럼 예측이 가능한 해로운 패턴으로 행동하게 된다. 힘들더라도 진솔하고 적극적인 주장을 펴면서 소통한다면 열정, 친밀감, 사랑으로 통하는 문이 열린다. 이해와 공감은 진실하게 마음과 사랑을 주고받는 데 필수 요소이기 때문이다.

건강하고 정직하며 적극적인 소통은 진정한 관계의 바탕인 친밀감을 만들어낸다. 적극적으로 주장하려면 나의 생각이나 감정을 상대에게 표현하는 방식인 '나' 진술법을 토대로 삼아 감정을 표현해야 한다. 자기 주장은 우리가 배워야 할 행동이며 자존감을 상당히 높여준다. 이 부분은 내가 쓴 다른 책《내 마음을 말하는 법(How to Speak Your Mind)》에서도 소개했다. '아니오'라는 말을 피하려고 '예'라고 말하거나 문제에 대한 논의 자체를 피하려는 태도는 억울함, 갈등, 친밀감 약화, 관계 악화로 나아갈 수 있다. 자신의 감정에 솔직하고 '아니오'라는 대답을 두려워하지 않는 사람은 타인에게도 그렇게 하도록 허용한다. 이뿐만 아니라 원하는 것과 필요한 것을 요구할 때 덜 두려워하게 된다.

공의존자들에게 자기 주장을 펼치는 것은 단순한 일이 아니다. 왜냐하면 대개 자신의 감정과 욕구를 인식하지 못하기 때문이다. 이들은 비판에 반응하거나 비판을 표현하는 데 익숙하다. 이를테면, "'나' 상처받았어(또는 실망했어)."라고 말하지 않고 "'넌' 오로지 너만 생각해." 또는 "'넌' 항상 _____."라고 말한다. 자신이 원하거나 필요한 것을 요구하기보다 "'넌' 절대로 _____."와 같은 말로 상대를 비난하고 서로 말다툼을 지속한다.

'나' 진술법을 사용하면 자신의 욕구를 파악하는 데 도움이 된다. 하지만 우선 자신의 욕구를 알아차리고 만족시킬 가치를 느낄 수 있어야 한다. 욕구가 수치심에 억압된 사람은 자신이 애정과 관심을 놓치고 있고, 타인의 협조를 기대하며, 타인이 자신에게 공손하게 대해주기를 기대하고 있음을 깨닫지 못할 수 있다. 내 경우를 예로 들자면, 어린 시절 나는 어머니가 늘 쿠키를 구워주기를 바랐다. 정작 내가 놓치고 있던 것은 보살핌이라는 사실을 모른 채 말이다. 20대가 되어서는 남편과 함께 산책을 하고 싶었지만 그럴 기회가 없었다. 그 당시 내가 실제로 놓치고 있던 것을 표현할 수가 없었는데, 그것은 바로 유대와 친밀감이었다.

상대가 내 마음을 읽어주기를 기대하지 마라

자신이 원하는 것과 필요한 것이 무엇인지 아는 사람은 상대에게 그것을 요구했을 때 모욕을 당할 위험에 처할 수 있다. 그래서 우리는 요구하는 대신 파트너의 태도가 우리에게 어떤 기분을 안겨주는지 깨닫기를 기대하고 '내 마음을 읽어주기'를 기대한다. 그러지 않으면 우리는 실망하고 불만을 품는다. 자신이 대수롭지 않게 느껴지거나 사랑받지 못한다는 느낌이 들 수도 있는데, 이것은 수치심을 유발한다. '마음을 읽는다'는 추측은 직접적으로 요구할 때 일어나는 수치심을 감추기 위한 자기 합리화이다. 또한 이 추측은 파트너가 우리의 마음과 연결된 존재이기를 바란다는 점을 전제로 한다. 아마도 우리에게는 존재하지 않은, 뭐든 다 들어주는 부모처럼 말이다. 요구를 하더라도 그리 대수롭지 않을 이 느낌은 파트너를 진퇴양난에 빠지게 할 수 있다. 우리의 요구를 파트너가 들어주거나 들어주지 않아도 갈등 상황이 빚어지기 때문이다.

이와는 달리 우리는 파트너가 무슨 생각을 하는지, 또는 어떤 감정 상태인지 안다고 전제할 때가 있다. 파트너가 어떤 감정 상태인지 분석하고, 어떻게 느끼는지를 정의하며, 다른 사람에게 파트너의 감정 상태를 이야기하거나 "너의 문제는 말이야."라고 표현할 때 우리는 파트너의 정신적·정서적 경계선을 무시하는 것이다. 이 태도는 커플 중 한쪽이 우월하고 모든 것을 다 알고 있다는 점을 암시한다. 이런 상황은 마치 파트너를 침입해 공격하고, 파트너에게 수치심과 잘난 체를 한다는 느낌을 줄 수 있다.

따라서 마음의 문을 열고 파트너의 감정이 어떤지 물어보는 편이 상대를 훨씬 존중하는 태도이다.

경계선을 이해하고 존중하라

경계선은 나와 타인을 분리하는 데 사용하는 눈에 보이지 않는 선이다. 경계선은 우리가 내적으로나 외적으로 제한을 두는 방식이다. 이를테면 남편이 화가 나서 이따금씩 하는 욕설은 받아들일 수 있다. 하지만 남편의 거친 폭언을 듣는 것은 도저히 참기 힘들지도 모른다. 이것은 우리가 정한 경계선이며 스스로 받아들일 수 있는 행동을 바탕으로 삼는다.

건강한 관계를 유지하려면 파트너가 서로 분노와 학대를 방지하는 건강한 경계선을 긋는 것이 필요하다. 하지만 우리는 타인과 나 사이에 경계선을 긋는 것이 힘들기 때문에 타인의 경계선은 우리에게 수치심을 주는 것처럼 느껴진다. 이를테면 파트너가 친구와 함께, 또는 개인적 취미 활동을 하며 시간을 보낼 때 우리는 이를 이기적인 행동으로 바라볼지도 모른다. 아내가 혼자 있고 싶어 하면 시간을 함께 보낼 만한 가치가 우리에게 없다는 증거로 여긴다. 건강한 관계는 파트너와 함께 보내는 시간과 혼자 보내는 시간을 동시에 요구한다. 거의 모든 유형의 위축은 수치심을 일으킬 수 있다. 따라서 파트너의 경계선 앞에서 이런 반응을 보인다면 우리는 파트너의 행동을 감정으로 혼동하게 되고 파트너의 욕구를 자의적으로 받아들이게 된다. 경계선을 긋는 법과 파트너의 경계선을 수용하는 법을 터득할 때 관계는 더 좋아질 수 있다.

보살피고 통제하려는 충동을 자제하라

파트너를 고치려는 행동은 두 사람 사이에 갈등과 분노를 초래한다. 어쩌면 우리가 그토록 없애려던 그 행동을 더욱더 부추길지도 모른다. 이 원리는 승자와 패자의 예시를 통해 이해할 수 있다. 그림 6.4를 보면 조력자인 승자는 자립감과 우월감을 느끼는 반면, 패자는 무능감과 열등감을 느낀다. 그리고 이것은 이들 관계의 균형을 깨뜨린다. 승자는 패자의 경계선을 침범해 도움을 주거나 결점을 찾아 바로잡는 방식으로 수치심을 주고 있다. 양쪽 모두 마음의 밑바닥에는 무능감과 열등감이 자리 잡고 있다. 완벽주의자인 승자는 패자에게 별것 아닌 일에도 트집을 잡으면서 자신의 수치심을 모면하지만 파트너의 삶을 몹시 힘들게 만들고 있다.

파트너들은 서로 다른 영역에서 다양한 역할을 맡을 수 있다. 예를 들어 아내는 양육에서 승자 역할을, 남편은 경제에서 승자 역할을 맡을 수 있다. 하지만 즉각 자신의 역할을 바꿀 수도 있다. 이런 역할들은 승자가 비판적인 부모 역할을 맡고, 패자가 자신을 비하하는 아이 역할을 맡을 때 무의식적으로 어린 시절의 수치심 패턴을 유발할 수 있다. 패자가 피해자 역할을 하면 승자를 자신에게 조언하고 비판하거나 도움을 주도록 부추기게 되는데, 이로 인해 패자는 때로 언어적 학대에 직면하기도 한다. 이제 이렇게 부추김을 받은 승자는 피해자가 된다.

그림 6.4 **승자와 패자의 보살핌 관계**

내담자였던 캔더스는 자녀 문제를 남편 테드의 도움을 받아 해결하곤 했다. 하지만 남편이 결국 좌절하고 짜증을 낼 때까지 지속적으로 그의 수고를 무시하고 불평했다. 그리고 이 시점에서 캔더스는 남편에게 분노하고 그를 비판하는 지경에 이르렀다. 이것은 '그래, 날 때려봐!' 역학의 한 버전을 보여준다. 이 역학 속에서 '피해자'인 배우자(캔더스)는 학대를 당하려는 자신의 욕구(맞는 행위)를 채우려고 '조력자'(테드)를 선동하고 있다. 그런 다음에는 남편을 학대하며 피해자로 만드는 지경에 이르렀다.

일반적인 커플의 패턴은 이따금씩 나타나거나 지속적으로 나타날 수 있다. 특히 학대가 얽히면 두 사람 관계에 거리가 생기거나 균형이 깨질 가능성이 있다. 어쩌면 몇 년간이나 자신이 맡은 역할에서 빠져나올 수 없을지 모르며 양쪽 모두의 삶이 비참해질 수 있다. 변화하려면 승자는 충고하고 통제하려는 마음을 억눌러야 한다. 또 패자에게 기대감을 낮추고 실제 자기에 다시 집중해야 한다. 이뿐만 아니라 '우리'라는 관점에서 문제를 해결해야 한다. 패자의 마음을 달래줄 사람이 없으면 두 파트너는 속박된 관계로부터 서로를 놓아주고, 내면의 공허감과 고통을 해결하려 노력하며, 자기 책임감이 있는 사람이 될 수밖에 없다. 그래야 다시 균형 있는 관계가 만들어지는 것이다. 처음에는 이 상황이 만족스럽지 않을 수 있지만 결국 두 사람은 현실을 해결하려고 노력하기 시작한다. 서로를 받아들이는 법을 배우거나 관계를 끝낼 수도 있다.

당신은 어떤 책임을 소홀히 하는가? 혹시 파트너의 책임을 떠맡지는 않는가? 상대에 대해 터무니없는 억측을 하지는 않는가? 서로 솔직하게 의논하고 공동 책임을 협의한 적은 있는가? 당신은 자신의 욕구와 감정을 어떤 방식으로 분명하게 표현할 수 있는가? 파트너가 절대 변화하지 않는다면 어떤 기분이 들 것 같은가? 이런 가능성을 받아들일 수 있는가?

갈등 악화를 피하라

비판과 수치심에 매우 예민한 사람은 상대방의 말과 태도를 자의적으로 받아들일 수 있다. 비판의 의도가 있었든 없었든 상관없이 말이다. 뚜렷하지 않은 경계선과 수치심 때문에 파트너의 기분과 감정을 자신에 대한 부정적 해석으로 오해하기도 한다. 여성들은 남성보다 쉽게 비판할 의도가 전혀 없는, 우렁차고 강렬한 파트너의 말투와 몸짓을 자신 때문에 그러는 것이라 여기는 경우가 많다.[19] 여성들은 분노에도 훨씬 민감하다. 하지만 여성과 남성 모두 요구를 명령으로, 제안을 비판으로 쉽게 오해하기도 한다.

무언가를 오해하여 방어 행동을 하며, 분노와 비난이 가득 찬 공격을 퍼붓거나 논의하기를 거부할 때 정서적으로 문제가 생긴다. 강하게 반응하는 태도는 한쪽 파트너에게 수치심을 일으키며 갈등으로 번질 수 있다. 미처 생각할 겨를도 없이 이미 파괴적인 쳇바퀴 속에 들어온 것이다. 이 쳇바퀴 속에서 양쪽 파트너는 모두 거절당하는 느낌과 사랑받을 자격이 없다는 느낌을 방어하려 한다. 무슨 일이 일어나든 실제 말한 내용이 무엇이든 상관없이 두 파트너는 의견이 일치하는 법이 없다. 물론 내면 비판자가 인식을 왜곡할 수는 있지만, 대개는 각 파트너의 이야기에 적어도 약간의 진실은 있는 법이다. 정확히 무슨 일이 일어난 것인지 파악하려면 우리의 내면과 외면의 대화를 빠짐없이 면밀하게 검토할 필요가 있다. 하지만 격한 말다툼을 벌인 뒤에 하기란 쉽지 않으므로 대부분의 커플들은 상담사 같은 객관적인 청자가 필요하다.

전형적인 패턴의 예로 아내를 기쁘게 해주고 싶어 하는 남편의 경우를 들 수 있다. 이때 아내가 자신의 노력에 만족하지 않았다는 것을 알게 되면 남편은 자신을 무능하고 인정받지 못하는 사람이라고 생각할 수 있다. 또 다른 경우로 자신의 외모에 비판적이고 예민한 많은 여성들을 들 수 있다. 이들은 남편이 칭찬에 인색하면 이것을 자신에 대한 실망과 불만의 표시로 쉽게 해석한다. 특히 옷을 한껏 차려입었을 때 그렇다. 말다툼은 집안일과 자녀 돌보기 또는 집안 수리를 도와 달라는 아내의 요구에 남편이 응하지 않을 때 자주 발생한다. 아내가 요구하는 대로 모두 도와주면 사소한 일까지 자신을 통제한다는 느낌이 들 수 있기 때문이다. 아내는 단지 필요한 것을 설명한 것뿐이지만 남편은 통제당하고, 무시당하며, 창피당하는 느낌이 드는 것이다. 그뿐만 아니라 움츠러드는 반응을 보일 수도 있다.

또 다른 예로는 남편이 아내와 상의하지 않고 무언가를 결정하는 경우가 있다. 남편이 이런 태도를 보이면 여성들은 자신의 욕구와 의견을 남편이 대수롭지 않게 여긴다고 해석한다. 자신이 번 돈을 아내가 어디에 사용하는지 일일이 확인하는 남편도 있다. 상당한 수입을 벌어들이지만 집안의 가장으로서 불안하고 걱정되기 때문이다. 아니면 직장에서 피나는 노력을 하는데도 아내가 자신을 인정하지 않는다고 추측하기 때문이다. 반면에 아내는 남편으로부터 잔소리와 비난을 듣는 느낌과 통제당하는 느낌이 들 수 있다. 결국 두 사람은 말다툼을 시작한다. 남편은 자신이 걱정하는 부분들을 인정하기가 너무 수치스럽다. 아내에 대한 통제를 그만두고 '우리'라는 관점에서 문제를 해결하는 방식을 쓰는 것도 너무 두렵다. 대화의 방향이 바뀌기 때문이다.(배우자가 도박이나 소비 중독에 빠진 예라면 경계선을 정하는 방식이 적절할 것이다.)

파트너로 인해 모욕감을 느끼는 사람들은 파트너의 특정 행동을 비난할 때가 많다. 이를테면 사람들이 보는 앞에서 술 취한 모습을 보이는 경우가 있다. 당혹스럽고 수치스러운 감정을 서로 공유하거나 중독된 파트너를 적절하게 다루기보다 비난하는 방식으로 파트너에게 수치심을 떠넘기는 것이다. 비난을 듣는 쪽이 특히 알코올 중독자라면 파트너의 비난을 부정하면서 관계를 끊으려 할 수 있다. 자신의 행동을 되돌아보기 싫어 수치심을 일으키는 공격으로 되받아칠 수도 있다.

순종자 유형은 갈등을 몹시 싫어한다. 그리고 자신의 힘을 휘두르고 화를 내는 것을 어려워한다. 좋아하는 것과 싫어하는 것이 무엇인지 표현하는 것도 힘들어한다. 이들은 대부분 비판하기와 통제하기, 또는 위축된 태도를 통해 화를 표현하고 분노를 쌓는다. 방관자 유형과 마찬가지로 순종자 유형도 경계선을 긋거나 대화를 통해 문제를 해결하기보다 수동 공격적으로 행동할 수 있다. 이를테면 정서적으로나 성적으로 마음의 문을 닫거나 비협조적 태도, 지각하기, 거리 두기, 불친절한 태도를 보일 수 있다. 두 사람 가운데 한쪽 파트너가 움츠러들거나 섹스 또는 정서적 친밀감을 회피한다면 다른 쪽 파트너는 거절당하고 무시당하는 느낌이 들게 된다. 방관자 유형뿐만 아니라 순종자 유형도 분명 하기 싫은 일인데 하겠다고 동조할 수 있다. 하지만 그러면 거리를 두거나 불친절한 태도를 보이게 된다.

이것들은 해결할 수 없고 점점 심해지는 힘겨루기와 친밀한 관계 속에서 서로에게 수치심을 일으키는 수많은 갈등 중에 몇 가지 예시일 뿐이다. 상대방의 동기가 무엇이든, 비판받고 버림받는 느낌이 들거나 열등감을 느끼는 사람은 방어 행동을 시작한다. 이것은 내면화된 수치심에 대한 방어 행동이며 안전감 또는 자신의 힘을 느끼기 위한 것이다. 수치심 때문에 이들은 자신의 행동을 책임지기를 힘들어하고 그 어떤 의견도 받아들이기 힘들어한다. 대신 방어적으로 변명하고 부정하는데 이는 말다툼으로 번질 수 있다. 설상가상으로 비난을 퍼붓는 방식과 죄책감과 수치심을 투사하는 방식으로 파트너에게 자신의 책임을 떠넘기기도 한다. 이때 이들의 파트너도 방어적인 태도를 보이게 된다.

이런 갈등은 겉으로 볼 때 도저히 해결하기가 불가능해 보일 수 있다. 하지만 실제로는 관심을 다른 데로 돌리기 위한 미끼에 불과하다. 진정한 갈등은 우리 안에 있다. 수치심과 낮은 자존감을 치유함으로써 우리는 자신의 행동을 책임질 수 있다. 그리고 더욱 적극적으로 주장을 펼칠 수도 있으며 더 건강한 경계선을 그을 수도 있다. 이것은 파트너의 불만을 직설적이고 정직한 태도로 이겨내도록 도와준다. 우리의 관계는 점점 자유로움, 여유로움, 존중하는 마음으로 채워지게 된다. 그리고 파트너와 감정을 나누고, 파트너에게 원하는 것을 요구하며, 파트너에게 '아니오'라고 대답하더라도 훨씬 안전한 느낌이 들게 된다. 이제 우리는 파트너에게 단순히 반응하던 수준을 벗어나 적극적인 태도를 보이게 된다. 우리의 한계와 상처받은 감정을 드러낼 때 서로를 개별적이면서도 약점이 있는 존재로 바라볼 수 있다. 또 우리의 방어 행동과 기대감을 줄일 수 있으며 서로에게 공감할 수도 있다.

우리는 자신의 욕구를 드러내고, 파트너의 의견에 동의하지 않으며, 서로 타협하고 받아들이는 법을 배우게 된다. 이런 방식으로 두 사람이 서로 약점을 공유하면 이해와 친밀감으로 이루어진 공감대가 만들어진다. 앞으로는 이들의 갈등이 해결할 수 없는 싸움으로 번질 가능성이 줄어드는 것이다.

학대 관계에서 벗어나기

누군가 우리에게 수치심을 일으키는 방식으로 말을 건넨다면 십중팔구 언어적 학대를 당하고 있다고 볼 수 있다. 언어적 학대는 많은 공의존자들의 관계에 존재한다. 욕설 퍼붓기, 명령하기, 격분하기는 확실한 예시이긴 하지만 비판하기, 비난하기, 위협하기, 얕보기, 추궁하기 역시 학대이며 상처를 주는 행동이다. 심지어 분석하거나 설교하는 행동도 듣는 입장에서는 수치스럽게 느껴질 수 있다. 그 외 눈치채기 힘든 학대 형태에는 짓궂게 놀리기, 조종하기, 거부하기, 빈정대기, 간섭하기가 있다.

때로 학대에는 언어적 공격이나 신체적 공격이 포함되지 않는다. 대신 미루는 행위, 즉 애정과 온정의 보류, 대화 보류, 섹스 보류, 물질적 보류를 이용한다. 사실 학대하는 사람은 내면화된 수치심을 타인에게 떠넘기는 방법으로 자신을 보호하려고 애쓰는 것이다. 그리고 그 과정에서 타인의 경계선을 완전히 무시한다. 학대를 멈추려면 피해자는 경계선을 확실히 해 둘 필요가 있다.

자신을 내세우지 않는 순종자 유형은 자신의 공격성이 불편하기 때문에 지배자 유형에게 끌린다. 지배자 유형으로는 이기적인 나르시시스트, 중독자, 폭발하기 일보 직전의 경계성 인격 장애를 겪는 사람, 공격적인 학대자가 있다. 우월감을 느껴야 하는 학대자들은 자신의 열등감과 무력감을 보완하려고 내면의 수치심을 상대에게 떠넘긴다.(그림 6.1 참조) 순종자 유형은 자신을 희생하고 학대를 견뎌내는데, 자존심이 부족하기 때문이다. 정작 이들은 다른 사람들에게는 훤히 보이는 학대 행위를 부정할지도 모른다. 이 가운데에는 애정과 사랑의 신호를 갈망하며 수척해지는 사람도 있다. 이들은 신화 속 나르키소스 이야기에 등장하는 에코와 비슷하다. 단 한 번도 받아본 적 없는 관심을 받고자 기다리지만 결국 죽어버린 에코 말이다.

어떤 사람들의 눈에는 학대자가 약해 빠진 폭군 정도로 보일 수 있겠지만 순종자 유형에게는 그렇지 않다. 학대 앞에서 한없이 무력해지는 순종자 유형에게 학대자는 엄청나게 위협적이고 강한 존재이다. 학대자는 어쩌면 학대를 일삼던 부모를 모방하고 있는 지도 모른다. 그리고 피해자는 보호받지 못한 어린 시절에 그랬던 것처럼 똑같은 방식으로 학대자에게 반응하고 있는지 모른다. 순종자 유형은 공격이나 비판을 받으면 방어적 태도를 보이고 사과하며 학대자를 진정시키려고 달래고 어른다. 하지만 학대 행위에 맞서지 않고 이런 식으로 학대자를 달래주면 공격과 비난이 더욱 거세질 수 있다. 심지어 학대 행위에 강력히 맞서는 사람들조차 분명한 경계선을 정할 수가 없다. 게다가 순종자 유형은 학대 자체보다 정서적으로 버림받는 것을 훨씬 더 두려워한다. 이들에게는 관계 유지가 가장 중요하기 때문이다. 버림받는 것과 분노를 두려워할수록 이들은 더욱 살얼음판을 걷는 기분으로 학대자에게 순응한다.

순종자 유형 중에는 내면 비판자와 똑같은 방식으로 누군가가 자신을 모욕해주기를 무의식적으로 원하는 사람들이 있다. 이 내면 비판자는 우리 안에 있는 최악의 면들을 들추어내면서 여전히 우리를 '사랑'하는 우리의 단짝이다. 그 원리는 이러하다. '나의 학대자는 오직 내 잘못만 보고 벌을 준 거야. 아직도 여전히 날 사랑하고 있어.' 피해자는 마음이 정화되고 일시적이지만 고문의 공포도 사라진다.[20] 이런 관계는 강렬한 경우가 많다. 어쩌면 학대자는 약물과 알코올에 자주 이끌리는 지킬 박사와 하이드 같은 성격을 지녔을지도 모른다. 하이드가 무너지면 지킬 박사는 사랑으로 충만해진다. 그리고 자신의 파트너를 잡아 두고 희망을 준다.

순종자 유형은 '사랑을 위해' 자신을 희생할지도 모르며, 몇 년간 파트너에게 지속적으로 학대를 당할 수도 있다. 하지만 이런 사실을 부정하는 순종자 유형은 자신이 학대당하지도 않고 자신을 희생하지도 않음을 입증하려고 자애로운 사람이 되려고 노력하면서 자신의 고통을 합리화하고 동시에 도덕적 우월감을 느낀다. 카렌 호나이는 연구를 통해 자기를 내세우지 않는 순종자 유형의 특이점을 발견했다. 자신보다 강한 누군가를 사랑하고 그에게 복종하려고 자신의 자부심이 그들에게 짓밟혀야 한다는 생각을 자주 한다는 점이다.[21] 그리고 마침내 자기 가치가 떨어지는 순간이 오면 이제는 자기 희생이 아니라 자부심과 도덕적 우월감이 수면 위로 떠오른다. 이 자부심과 도덕적 우월감은 이들의 내면화된 수치심을 보호해준다. 순종자 유형의 어린 시절이 모욕감으로 채워졌다면 이들은 무의식적으로 부모의 죄를 앙갚음하려고 한다. 사랑이 아니라 증오심이 우러나서 그렇게 하는 것이다.[22]

대개 학대 가해자들은 자신의 행동을 책임지지 않고 오히려 피해자의 탓으로 돌린다. 그래도 두 당사자들은 모두 학대 행위에 수치심을 느낀다. 학대 가해자는 자제력을 잃은 자신의 모습을 수치스러워한다. 반면 피해자는 자신이 보잘것없다고 생각하고 수치심을 느낀다. 학대 가해자가 자신에게 수치심을 떠넘겼기 때문이며 학대 가해자가 비난한 내용을 믿기 때문이다. 학대 관계는 학대와 폭력으로 얽혔다는 오명을 뒤집어씌워 수치심을 지속시키고 비밀을 감추도록 부추긴다. 두 사람 중 어느 쪽도 타인에게 자신의 속마음을 털어놓거나 도움을 구하려 하지 않는데, 특히 초기에 그렇다. 하지만 학대를 허용할수록 피해자의 자존감은 더욱 망가진다.

지금 학대 관계에 놓여 있다면 전문적인 도움을 받아야 한다. 상대가 상담에 협조하지 않으면 혼자서라도 상담을 진행해야 하며 관계를 끝내야 할지 여부를 결정하도록 도움을 받아야 한다. 자녀가 관련되어 있다면 특히 그렇다. 신체적 학대가 일어나는 경우라면 즉시 경찰에 신고해야 한다. 그리고 당신이(자녀를 포함해) 갈 만한 안전한 장소를 찾을 수 있도록 도움을 받아야 한다. 친구 또는 친척 집에 머물거나 당신이 사는 동네에 있는 안전한 장소에 가는 방법도 있다. 필요하다면 접근 금지 명령을 받아야 할 수도 있다. 파트너가 자신의 행동을 책임지지 않고 도움을 받으려고 하지 않는 경우에 해당한다면 말이다.

자존감이 높은 사람의 사랑 방식

친밀한 관계에는 용기가 필요하다. 필연적으로 상실감과 실망감, 그리고 버림받는 감정을 비껴갈 수 없기 때문이다. 공의존자들은 쉽게 상처를 입고 상처를 준다. 사랑은 공의존자들의 취약성과 수치심을 모두 드러내기 때문이다. 장기적으로 실시한 연구에 따르면 각 파트너들은 외로워지고 취약해지며 거절당하고 손해를 입을 것을 두려워하면서 오랜 시간을 보낸다고 한다. 그런데도 친밀함이라는 감정은 온통 불안으로 가득 차 있기 때문에 이들은 애정과 다정함을 회피한다. 남몰래 이상적 사랑을 꿈꾸면서도 말이다.[23] 《수치심과 자부심(Shame and Pride)》을 저술한 도널드 네이선슨(Donald Nathanson)은 이렇게 썼다.

수치심은 사랑을 꿈꾸는 자의 뒤를 늘 따라다닌다. 우리가 함께하기를 바랄수록, 그리고 아무리 진짜 같고 환상적인 만남이라도 고난이 많아지면 우리는 몹시 취약해진다. 누군가를 사무치게 사랑한다는 것은 엄청난 고통의 위험과 맞닥뜨릴 수 있다는 뜻이다. 파트너와 나의 친밀감은 자기 가치를 입증하지만, 친밀감을 막는 모든 장애는 자기 체험을 철저히 막는다.[24]

친밀감에는 두 종류의 용기가 필요하다. 하나는 독립적인 존재가 되려는 용기이다. 다른 하나는 두 사람이 실제 참 자기를 주고받을 수 있는 용기이며, 두 사람이 진실함과 친밀감을 향해 옮기는 각각의 발걸음에는 실제 자기를 드러내고, 비난받고, 거절당할 위험과 이상적 자기가 사라질 위험도 따른다. 하지만 이런 위험에 직면할수록 이들의 실제 자기도 단단해질 수 있다. 취약성을 보호하고 솔직한 욕구와 감정을 안전하게 주고받는 이런 수준의 환경을 만들려면 신뢰가 필수적이다. 진정한 친밀감의 요소는 다음과 같다.[25]

1. 안전
2. 신뢰
3. 자기 인식
4. 존재감
5. 솔직함과 정직함
6. 용기
7. 자존감
8. 자율성과 독립성
9. 상호성

자기 인식, 그리고 솔직함과 정직함은 정서적으로 연결된 실제 자기와 자존감에서 나온다. 치유를 통해 실제 자기가 개별화되면 우리의 정체성은 건강한 경계선으로 무장되고 발전한다. 이제 우리는 관계 속에서 완전해지기 위해 누군가와 결합하려 하지 않는다. 우리는 완전함 대신에 '친밀감'을 추구하게 되는데 파트너를 유일무이하고 독립된 존재로 여기기 때문이다. 즉, 이상형이나 우리와 닮은 누군가를 '사랑'하기보다 서로의 차이점을 인식하고 존중하며 인정하게 된다. 역설적으로 들릴지 모르지만, 높은 자율성은 우리가 친밀감을 더 잘 받아들일 수 있게끔 해준다. 우리가 혼자 있든 파트너와 같이 있든 편안해지는 이유는 파트너에게 나를 '드러내는' 것뿐만 아니라 혼자 있는 것도 견딜 수 있기 때문이다. 독립성과 자존감이 향상되면서 우리는 자신의 단점을 받아들일 수 있게 된다. 동시에 공허감을 포함한 우리의 고유한 욕구와 감정을 스스로 책임지고 존중하게 된다. 죄책감이나 수치심을 느끼지 않고, 타인의 감정과 욕구에 대한 책임감도 느끼지 않기 때문에 우리는 타인으로부터 필요한 것을 직설적으로 요구할 수 있다.

자존감과 자율성이 건강하게 자리 잡은 사람은 파트너는 물론 자신의 감정과 욕구와 한계를 바꾸려 하지 않고 모두 수용할 수 있다. 관계가 원활해지려면 이런 수용적인 태도는 필수적이다. 파트너들은 서로 의견이나 흥미가 달라도 받아들일 수 있다. 또한 상대에게 버림받는 느낌을 받지 않고 혼자 지내거나 각자의 친구들과 지내는 것도 받아들일 수 있다. 여기에 통제는 전혀 필요하지 않다. 우리는 파트너에게 변화하거나 다르게 생각하고 행동하기를 기대하지 않는다. 대신 파트너와 나의 다름은 서로의 삶을 풍요롭게 하고 '서로를 보완한다는 인식'이 뿌리내리게 된다. 이

것은 진실한 사랑을 가능하게 한다.[26]

8장의 6단계 훈련은 수치심을 타인과 주고받는 내용과 관련이 있다. 당신의 관계가 안전하게 파트너와 수치심을 주고받을 상태가 아니거나 누군가와 관계를 맺고 있지 않다면 당신의 감정, 욕구, 한계를 이야기할 만한 안전한 출구를 찾아보라.

8장의 7단계 훈련은 긍정적 말과 행동으로 자존감을 높여 자율성 발달을 도와줄 것이다.

훈련하기

아래에 당신이 생각해볼 수 있는 추가 내용이 있다. 그리고 당신이 할 수 있는 훈련도 있다. 현재 관계 속에 있지 않다면 최근의 관계 혹은 소중한 관계를 떠올려보자. 어떤 것들은 파트너와 할 수 있는 훈련이다. 이 단계의 훈련들이 불편하거나 파트너가 비협조적이라면 이 질문들은 전문적 도움을 구할 때 상담사와 상의하고 싶은 부분에 대한 단서가 될 수 있다.

1. 어떤 '유형'의 사람에게 끌리는가? 예를 들어 탐험가, 교수, 예술가, 종교인, 성공한 사람 중에 어떤 사람인가? 당신이 선택한 유형의 가면 인격은 밖으로 표현되지 않은 자신의 일부를 나타내지는 않는가? 그렇다면 어떤 단계들이 당신의 일부를 발전시킬 수 있을까? 그리고 그 가면 인격이 당신을 묘사하거나 타인이 당신을 바라보는 방식을 보여준다면 그것을 자신의 일부로 인정할

수 있는가?

2. 처음에 파트너에게 끌렸던 이유는 무엇인가? 당신을 몹시 실망시킨 파트너에게 결국 배운 점은 무엇이었는가? 처음부터 실망을 줄 증거를 알아차렸는데도 무시하지는 않았는가? 파트너가 당신의 욕구를 약간 만족시켰기 때문에 인식이 왜곡되지 않았는가? 가끔은 맨 처음에 좋아한 누군가의 바로 그 면이 우리가 증오하는 면으로 밝혀질 때가 있다.

3. 파트너의 특징을 좋은 점과 싫은 점으로 나누어 목록으로 만들어보자. 이 가운데 부모를 연상시키는 점들이 있는가? 최근에 부모를 떠올리게 하는, 파트너에 대한 긍정적 경험과 부정적 경험을 써보자. 어린 시절에 그랬듯 부정적 사건에 동일한 방식으로 반응하지는 않았는가? 당신의 반응 방식은 얼마나 효과적인가? 이와 비슷한 상황에 처한 친구에게 똑같은 방식으로 대처하라고 조언하겠는가?

4. 어린 시절 당신을 지배했던 가장 긍정적인 감정과 부정적인 감정은 무엇이었는가? 자신의 어른 자기와 당신의 관계에서 그 감정들을 자주 느끼는가? 파트너와 당신의 관계에서도 자주 느끼는가? 그런 감정에 이르기까지 당신이 어떤 식으로 원인 제공을 하고 있는지 생각해보자.

5. 어린 시절에 충족되지 않은 정서적 욕구를 생각해보자. 예를 들어, 이해받기, 보살핌받기, 존중받기, 품에 안기기 중에 어떤 부분을 가장 놓쳤는가? 그 욕구는 현재 당신의 관계에서 어느 정도 중요한가? 지금도 여전히 놓치는 부분인가? 당신의 기대는 합리적인가?

6. 가장 중요한 당신의 욕구와 파트너의 욕구를 비교해보자. 그 욕구를 채워줄 행동이 무엇인지 세부적으로 쓰고 그 목록을 파트너와 공유하자. 당신은 파트너의 욕구를 기꺼이 충족해줄 것인가?

7. 관계에 필요한 적극적인 기술을 연마할 수 있는, 단순하지만 강력한 훈련이 있다. 파트너(또는 친구)와 번갈아 가면서 간단히 '나'의 감정을 진술해보자. '오직' 자신에 대한 내용이어야 한다. 그런 다음 천천히 그 느낌을 정확히 알아차려보자. 파트너가 몇 가지 문장을 말하고 나면 멈추게 하자. 그래야 당신이 그 단어들을 기억할 수 있다. 필요하면 좀 더 명확히 말해 달라고 요구할 수 있다. 당신에게 한 말을 그대로 파트너에게 반복하자. "넌 _____라고 말해."라는 말을 시작해보자. 파트너가 사용한 어휘들을 정확히 사용하려고 노력해보자. 중립적인 주제로 자주 연습해보자. 그러면 점점 대화가 감정적 주제로 치닫더라도 '오직' 당신의 경험과 감정에 한해서 '나'에 대한 진술을 할 수 있다.

8. 언제 자신의 파트너를 비난하거나 비판하는지(마음속에서 일어난 일일지라도) 알아차려보자. 그리고 그 순간 당신의 내면은 어떤 감정 상태인지 알아차려보자. 우월감 또는 열등감이 느껴지지 않는가? 진정한 '나'의 감정 진술이란 무엇일까? 어떤 일로 비난받고 있을 때 "내 책임이 아니야(또는 내 책임이야). 제발 날 비난하지 마!"라고 말할 수 있을 것이다. 만약 당신이 책임져야 할 일이라면 자신의 실수를 인정하고 사과를 할 수 있다. 하지만 인간은 실수하는 동물이기 때문에 비난은 결코 정당화될 수 없다. 파트너는 "나 실망했어(상처받았어, 화났어 등등)."와 같이 적극적으로 주장하는 법과 말하는 법을 배울 수 있다.

9. 파트너가 당신의 욕구를 채워주도록 만들고 싶지만 실패하지 않는가? 당신은 최선을 다해 그런 욕구를 채우고 실현하기 위해 책임을 지는가? 이를테면 즐거운 시간, 취미 활동이나 그 외 신나는 활동, 자기 보살피기 같은 욕구를 예로 들 수 있다. 지금까지 파트너가 당신의 욕구를 채워주는 데 실패했는데도 그를 받아들이고 사랑할 수 있는가? 그렇지 않다면 무엇이 관계를 유지시킬 수 있을까? 당신이 선택할 수 있는 것은 무엇인가?

두 사람의 관계가 삐걱거릴 때 일어나는 첫 번째 문제는 섹스이다.[27] 섹스는 의사소통의 한 형태로 볼 수 있으며 그 외의 다른 관계 패턴을 그대로 보여준다. 또한 우리의 가장 취약하고 사랑스럽지 않은 자기를 드러낼 가능성을 품고 있으며 신체적 수치심에서 종교적 신념에 이르기까지 다양한 수준의 수치심 문제도 안고 있다. 7장에서는 성적 자존감과 수치심에 대해 개략적으로 살펴보고자 한다.

7장

성적 쾌락을
왜 수치스럽다고 느끼나
{ 성욕과 수치심 }

인간으로 존재하는 데 섹슈얼리티는 중요한 부분이다. 하지만 종교적·사회적·문화적 영향 때문에 수치심과 죄책감이 널리 퍼져 있는 경우가 많다. 부모들이 느끼는 성적 수치심과 성적 억압은 섹스에 대해 터놓고 말하지 못하는 원인일 수 있다. 또 자녀들에게 섹스가 자연스럽고, 즐겁고, 유쾌하다고 말하지 못하는 원인일 수도 있다. 우리의 성적 욕구와 성적 행동, 그리고 때로 접촉과 친밀감에 대한 기본 욕구는 부모의 말, 얼굴 표정, 행동으로 인해 수치심에 자주 억눌린다. 벌과 성적 학대도 여기에 포함된다.

섹스에 관해서라면 미국인들은 지금까지 세계에서 가장 공포스러운 나라에 사는 사람들이라는 명성을 얻었다. '불안하고, 은밀하게, 죄지은 듯이' 섹스를 하기 때문이다.[1] 그 결과 대부분의 사람들은 섹스에 관한 한 정확히 무엇이 유익하고 정상적인 정보이며 무엇이 그렇지 않은 정보인지 제대로 알지 못한다. 미국의 기혼 부부를 조사한 보고에 따르면 부부의 약 20퍼센트가 연간 6회 이하의 섹스를 하고 3분의 1 이상은 성 기능 장애를 겪는다.[2] 미국에서 피임은 제약이 따른다. 서구에는 섹스를 문화적으로 건강하게 받아들이고 종합적인 성교육을 제공하는 국가들도 있다. 이 국가들의 십 대 임신율, 낙태율, 성병, 강간, 근친상간, 아이 성폭력은 미국보다 낮다.[3]

섹스에 대한 미국인의 태도는 1960년대 성 혁명 이후로 큰 진전을 이루었다. 하지만 죄책감과 수치심은 행동하는 방식까지는 아니더라도 여전히 사람들이 느끼는 방식에 영향을 끼치고 있다. 성교, 구강성교, 그 밖의 다른 성적 행위를 계속 죄악시하는 사람들도 있다. 또한 이런 성적 행위가 죄책감과 수치심과 더러운 느낌을 불러일으킨다고 믿는 사람들도 있다. 이런 믿음으로 인해 우리는 인간의 자연스러운 욕망, 즉 우리가 도저히 통제할 수 없는 것과 뇌의 쾌락 중추에 의해 자극받는 이 욕망이 잘못되었다고 생각한다. 이보다 더 수치스러운 것은 없는 것이다.

자극제 역할과 상관없이, 섹스는 우리의 취약성과 무능감을 모두 증폭시킬 수 있는 엄청난 계기가 될 수 있다. 특히 공의존자들에게 해당하는데, 내면화된 수치심이 원인이다. 이번 장에서는 성적 수치심을 간략히 살펴보고자 한다. 성적 수치심은 책 한 권의 가치가 있는 주제이기도 하다. 아래 목록은 수치심과 관련 있는 섹슈얼리티의 여러 측면 중에 일부를 보여준다(특별히 순서는 정해져 있지 않다).

- 몸무게
- 성적 행동과 기술
- 오르가슴
- 자위
- 성기의 크기와 모양
- 강간
- 성적 비속어
- 섹스하는 동안 내뱉는 말과 소리
- 낙태
- 불륜
- 특정 물건을 통해 얻는 성적 쾌감
- 성적 쾌감
- 성적 정체성
- 성적 성향

- 여러 명의 성적 파트너
- 성병(STD)
- 남성다움
- 몸의 악취와 분비물
- 생리
- 체모
- 섹스와 성기에 관한 대화
- 성적 욕망
- 음란물
- 사랑 없는 섹스
- 성적 환상
- 순결
- 겉모습과 나체
- 성추행

성적 트라우마

대부분의 사람들은 섹스를 죄악과 연결 지어 생각한다. 성 바울로 시대 이후로 섹슈얼리티에 대한 가톨릭교회의 시각은 엄격했다. 청교도, 칼뱅주의, 빅토리아 여왕 시대의 가치관은 미국에서 이런 시각을 굳건하게 만들었다. 사실 미국의 18개 주에서는 아직도 구강성교가 불법이다. 가톨릭교회는 1965년 제2차 바티칸 공의회까지 성적 욕망과 성적 쾌락을 죄로 여겼으며 오직 출산을 위해서만 성교를 용인했다.[4] 가부장제 사회에서 이런 견해는 특히 중남미 지역과 다른 독실한 가톨릭교도 지역에서 섹스와 쾌락은 오직 아내에게만 죄가 된다는 분위기를 조성했다. 즉 남편들은 불륜과 매춘을 통해 자유롭게 성적 쾌락을 추구했다는 의미이다.[5] 1960년대 이후로 지속된 성 해방 운동에도 불구하고 과거의 성적 태도가 그대로 남아 있을 뿐만 아니라 우리의 행동과 상당히 다른 경우가 많다. 이것은 죄책감과 수치심을 일으키는 원인이기도 하다. 예를 들어 대부분의 미국인들은 혼전에 섹스를 시작하지만 아직도 미국인의 3분의 1과 76퍼센트의 젊은 복음주의자들은 혼전 섹스를 부도덕하다고 믿는다.[6]

자위

수 세기에 걸쳐 가톨릭교회는 자위를 큰 죄로 간주했다. 이런 태도는 정신 이상, 동성애, 다양한 질병과 만성 질환의 원인, 특정 물건을 통해 성적 쾌감을 얻는 것과 관련된 미신을 낳았다. 다른 기독교 교파들과 종교들도 지극히 자연스러운 이 행위에 비슷한 태도를 보여 왔다.

의사들은 어린아이들이 성적으로나 개인적으로 건강하게 자라려면 자신의 몸에 대한 개별 소유권을 주장할 필요가 있다고 입을 모은다. 이 과정에서 자기 자극은 필수 요소이며 이것은 유아기에 시작될 수 있다. 자기 자극은 청소년기에 더욱 두드러지며 특히 남자아이들한테서 볼 수 있다. 자위를 억누르는 청소년은 자율성의 필수 단계를 막아버리는 것과 마찬가지이며, 이로 인해

자신의 쾌락에 대한 책임을 타인에게 떠넘기기도 한다.[7]

최근에 의학계는 자위를 성적 발달의 정상적인 부분으로 받아들였지만 42퍼센트의 젊은 미국 성인층은 그런 행위에 죄책감을 느낀다.[8] 그뿐만 아니라 자위를 언급하는 것은 여전히 금기시되고 있다. 1995년 미군의 의무감이었던 조이스린 엘더스(Joycelyn Elders)는 에이즈 확산을 줄이려고 자위를 권장했다가 해고당한 적이 있다. 거의 모든 남자들이 자위를 하지만 그것을 입에 담기란 불편한 경우가 대부분이다. 수치스럽지 않다고 부정하지만 말이다.[9] 그 결과 어린아이들은 부모가 아니라 자기 또래로부터 자위에 관한 정보를 얻는다. 이것은 이들에게 수치심을 더할 수 있으며 잘못된 정보로 이어질 수 있다. 심지어 수치심을 느끼지 않는 사람들조차 지나친 자위행위가 성적 기능을 떨어뜨린다는 근거 없는 걱정에 휩싸일 수 있다.

동성애

최근까지 동성애는 공개적으로 이야기하기에 너무 수치스러운 주제였다. 이 수치스러움을 누그러뜨리기 위해 게이 프라이드(Gay Pride) 운동은 동성애 혐오증에 항의해 1970년대에 가두 행진을 조직하기 시작했다. 비록 동성애를 받아들이는 분위기가 퍼지고는 있지만 동성애에 대한 공포심과 혐오감은 여전히 우리 사회에 스며들어 있다. 그리고 많은 주류 종교의 전통은 동성애자들의 성적 행동에 대한 입장을 바꾸지 않고 있다.[10]

대부분의 아이들은 동성이 아닌 이성 부모에게서 태어나며 이성애자로 성장할 것으로 예상된다. 그들의 부모와 동일한 성적 지향을 지니고 이성을 사랑하고 원하기를 기대하는 것은 대부분의 부모들이 공유하는 시각이다. 그리고 이런 시각은 자녀의 이상적 자기의 일부로 자리 잡는다. 하지만 자신의 성적 지향이 부모의 기대와 다르다는 것을 알면 자녀는 혼란스럽고 두려워질 수 있다. 그 결과 자주 수치심을 느끼고 비밀을 지켜야 한다는 압박감에 시달리게 된다. 자신의 성적 지향을 철저히 억누르거나 혼자 사투를 벌일 수도 있다. 수십 년간 남몰래 고통을 겪으며 온갖 욕설을 듣고 살았던 동성애자 환자를 치유한 적이 있다. 대부분의 경우 이런 고통은 문제 있는 양육 환경에서 발생한다. 이런 환경에서 수치심과 잦은 학대는 어린아이의 연약한 정체감 발달을 이미 가로막고 있는 것이다.

청소년기에는 다르게 살아간다는 것이 훨씬 더 극심한 고통을 준다. 십 대들은 또래들의 인정 여부에 특히 예민하며, 대부분의 청소년들은 이성과 성적으로 친밀해지는 능력을 갖추게 된다. 하지만 성적 경험이 전혀 없거나 거의 없는 청소년들은 자신의 성적 지향을 혼란스러워하고 두려워하며 수치스러워할 때가 많다. 심지어 자신의 성 정체성조차 수치스러워한다. 이들은 단지 부모와 자기 또래들처럼 '보통 사람'이 되고 싶어 하지만 학교에서 괴롭힘과 모욕을 당할 때가 많다. 남학생은 '계집애' 또는 '마마보이'로 불리기도 한다. 심지어 동성애 혐오증이 있는 아버지가 자기 아들을 그렇게 부르기도 한다. 남자아이들에게 여성다움의 신호는 자주 눈살을 찌푸리게 하는 원인이다. 반면에 여자아이들

사이에서는 '사내 같은 여자아이' 행동뿐만 아니라 신체적 밀착이 훨씬 잘 받아들여지는 편이다. 조롱과 사회적 낙인은 동성애자, 양성애자, 성전환을 한 성소수자 젊은이들 사이에서 청소년 자살자 수가 지나치게 많아진 무시할 수 없는 요소이다.[11]

계속되는 스트레스와 차별과 사회적 낙인 때문에 성소수자들은 약물 남용에 빠질 가능성이 이성애자인 또래보다 두 배 이상 높다.[12]

2013년 미국 대법원이 결혼보호법을 뒤집었을 때 숀 스펄링이라는 블로그 운영자는 동성애자들이 느끼는 수치심의 영향에 대해 이렇게 썼다.

출신이 어디든, 가족이 누구든, 무슨 일을 하든, 당신이 '성소수자'에 해당한다면 수치심에 싸여 살아가는 것이다. 남과 다르다는 인식과 거절의 공포가 삶의 모든 영역에서 우리를 따라다니고 우리를 괴롭힌다. 아무리 싸워보았자 소용없다. 우리의 다름이 받아들여지고 칭송을 받든, 거절 또는 무시를 당하든, 수치심은 결국 그 흉측한 머리를 쳐든다. 수치심을 우리에게서 완전히 제거할 수 있는지는 확신할 수 없다. 우리에게 신체적으로, 정서적으로, 정신적으로 너무나 깊숙이 뿌리내렸기 때문이다.[13]

성은 부끄러운 것?

섹스는 강력한 본능적 욕구이며 인간이 아이를 낳는 원동력이다. 섹스는 두 사람 모두에게 가장 친한 친구와도 공유하지 않는 깊은 수준의 취약성을 안겨줄 수 있다. 하지만 대부분의 동물과 달리 인간은 수치스러워할 줄 아는 능력이 있기 때문에 이불 속과 어둠 속에서 섹스하는 것을 선호한다.

수치심은 섹스를 하면서 커지는데 잃을 것이 많은 순간이기 때문이다. 이 순간은 연인이 우리에게 관심을 기울이고, 우리의 사랑을 받고 싶어 하며, 우리의 의견을 중요하게 여기는 때이다. 두 사람이 처음으로 섹스를 하는 경우라면 특히 수치심이 강렬해질 수 있다. 하지만 일상적으로 섹스를 하는 사람들에게는 수치심보다 흥분과 기쁨이 훨씬 압도적이다. 우정이나 깊은 교감이 없는 커플은 섹스 후 대개 위축된다. 하지만 두 사람이 서로 사랑하는 경우라면 훨씬 더 위태로울 수 있다. 서로를 원하더라도 섹스 욕구는 한 사람에게만 일어날 수 있고, 다른 한쪽은 섹스를 하려는 의지가 없거나 만족스럽지 않을 가능성이 늘 존재하기 때문이다. 이것은 상대에게 거절에서 비롯된 수치심을 안겨줄 수 있다.

수치심을 예상할수록 우리는 더욱 섹스를 피하게 된다. 이것은 섹스 외의 영역에도 영향을 끼친다. 또한 수치심과 죄책감 때문에 위축된 성적 욕구, 성적 억압, 오르가슴과 성행위 문제, 섹스를 하는 동안 떠오르는 혼란스러운 생각은 성적 즐거움을 떨어뜨린다. 섹스에 대한 불안감은 두 사람의 감정과 감각을 마비시키며 두 사람을 거리를 두게 함으로써 관찰자 역할로 섹스에 참여하게 하는데 이것은 때로 '방관자화(spectatoring)'라고 불린다. 또 불안감은 강박적인 생각을 불러일으키며 성적 기쁨과 성적 기능을 떨어뜨린다.[14] 내면 비판자의 목소리는 섹스 시 우리의 자발성, 성적 흥분, 그리고 진정으로 마음을 나누고 즐거움을 느낄 가능성을 없앨 수 있다.

수치심이 '성적 정체성'을 결정한다

성적 자기 도식(Sexual self-schema) 또는 성적 정체성은 유아기에 시작된다. 성적 정체성은 성적 취향, 성적 존재로서 나, 우리의 기준 및 기대를 생각하는 방식을 가리키며 어머니가 아기를 안아주고 어루만지며 보살피는 방식에서부터 시작한다. 이 모든 것은 수많은 즐거운 감각을 만들어낼 수 있다. 특히 어머니의 젖을 빠는 행위는 즐거움을 준다. 아버지의 손길도 마찬가지이다. 심지어 부모가 아기의 성기를 씻어주는 방식은 섹슈얼리티에 대한 부모의 관점뿐만 아니라 아기에 대한 그들의 태도를 전달할 수 있다. 성적 자기 도식은 우리가 드러내는 개방성, 따뜻함, 솔직함, 사랑의 정도에 따라 정해진다.

긍정적인 성적 자기 도식은 긍정적인 성적 태도, 자신감, 흥분, 성욕, 쾌감, 자위, 더 좋은 성 기능, 오래 지속되는 관계와 관련된다. 반면에 부정적인 성적 자기 도식은 죄책감, 수치심, 경직되고 비현실적인 믿음, 경험 미숙, 성적 혐오, 보수적 태도, 자의식, 불안감, 성적 만족감 저하, 안전하지 않은 섹스 같은, 여성에게 위험한 성적 행위를 특징으로 삼는다.[15] 내면 비판자는 특히 외모와 성생활과 관련해서 가혹해질 수 있다. 그리고 이런 부정적 기대는 자기 충족 예언이 될 수 있고 성적 행위 능력에 엄청난 악영향을 끼치며 우리의 욕구와 흥분을 떨어뜨린다. 내면 비판자가 우리에게 매력이 없다고 말하거나 오르가슴에 이르지 못하거나 파트너를 만족시킬 수 없다고 말하거나 성적 느낌이나 특정한 성적 행위가 '더럽다'고 말한다면 섹스를 즐기는 능력이 줄어들게 된다. 비판자의 주장이 옳음을 '증명'하면서 말이다.

우리의 생리 현상도 성적 자기 도식에 영향을 끼친다. 여성과 남성은 해부학적 측면과 호르몬적 측면에서 각기 다르게 발달한다. 그리고 이것은 성적 정체성과 성적 욕구에 접근하는 방식에 영향을 준다. 도널드 네이선슨은 남자아이의 경우 당황스러우면서도 눈에 자주 띄는 성적 흥분을 다음과 같이 해결한다고 설명한다. 즉 남자아이는 자신의 성적 욕구에 대한 책임을 여자아이들에게 떠넘긴다는 것이다. 그는 이런 책임 떠넘기기가 타인을 공격하는 결과를 낳는다고 주장한다. 그리고 이에 반응하는 여자아이들은 죄책감을 느끼며 스스로 자책하는 것을 학습하게 된다고 말한다.[16]

여성

여성은 남성보다 섹스에 부정적인 태도를 보이는 경우가 많다. 청교도들은 여성의 성욕을 두려워했으며 여성의 몸을 통제해야 하는 '더러운 악'으로 보았다. 그리고 죄인과 이단자 또는 주술사 같은 여성들을 자주 비난했다.[17] 이후 빅토리아 여왕 시대에는 여성과 아이에게 성적 욕망이 없다는 믿음을 조장하고 성적 억제와 순결을 강요하는 방식으로 여성들을 더욱 통제했다. 19세기에는 성적으로 문란해 보이는 여성들이 성병을 옮긴다는 이유로 시험 받고 감금되었다.[18]

아직도 많은 여자아이들이 성욕을 느끼지 못하거나 성욕을 느껴서는 안 된다고 배우고 있다. 그 결과 거의 십 대의 75퍼센트가 섹스를 하고 난 뒤 후회하는데, 이 수치는 55퍼센트의 남자아이들이 후회하는 것과 큰 대조를 이룬다. 추측해보자면 여자아이들이 남자아이들보다 죄책감과 수치심을 더 많이 느끼기 때문일 것이다.[19] 이런 이중 잣대는 여성이 남성보다 혼전 섹스, 혼외 임신, 불륜, '과도한' 성욕, 성적 파트너의 문제에서 더욱 가혹하게 비판받는 이유이다.[20] 그리고 이 모든 것은 여성의 성적 수치심과 부정적인 성적 자기 도식의 원인으로 작용한다.

이와는 대조적으로 우리 사회에는 남성 우위와 남성의 문란한 성 생활을 부추기는 분위기가 퍼져 있다. 이것은 섹스와 여성의 가치를 떨어뜨린다. 예를 들어 과거에는 '질'이라는 단어가 금기시되었고 '수치스러운 것'으로 여겨졌다. 오늘날에도 여전히 강한 여성들을 비판할 때 경멸적인 성적 비속어가 쓰인다.[21] 이와 동시에 대중 매체들은 지금 이 순간에도 연애와 사랑을 이상화하고 있다. 그 결과 십 대들은 사랑과 섹스를 구분하는 데 자주 어려움을 겪기도 한다. 일부 젊은 여성들은 관계를 맺은 남자 친구와 결혼함으로써 자신의 성욕을 정당화하려는 압박감에 시달린다.

성적 욕구와 관련된 사회적 수치심과 금기 때문에 부모가 특히 여자아이들에게 성적 쾌락을 자연스럽고 즐겨야 하는 것으로 말해주는 경우는 드물다. 설령 이야기를 한다 해도 임신과 성병 예방처럼 성적 쾌락이 일으키는 위험에 관해서만 말하고 싶어 한다. 그 결과 많은 여자아이들은 성욕이 왕성한 남자아이나 젊은 남성과 시험 삼아 섹스를 하며 자신의 몸과 성욕에 대해 배우게 된다. 하지만 이 남성들 역시 경험이 없는 경우가 많으며 자신의 성기와 신속한 오르가슴에 집중할 때가 많다. 여자아이들에게 섹스를 강요하는 남자아이들도 있다. 이때 자존감이 낮은 공의존 성향의 여자아이와 젊은 여성은 섹스를 원하지 않을 때 '싫어'라고 말하기 힘들어한다. 그리고 남자 친구를 만족시키지 못했다는 사실에 죄책감을 느끼기도 한다. 실제로 섹스를 하더라도 이들은 자신의 성적 욕구에는 가치를 두지 않는다. 섹스를 하더라도 많은 것을 기대하지 않아야 한다고 배우기 때문이다. 이런 측면은 오르가슴에 이르지 못하고 무능감을 느끼는 원인이기도 하다.[22]

또 사회는 여성은 물론 겨우 아홉 살밖에 안 된 여자아이에게도 아름다운 외모, 날씬한 몸매, 타인에게 인정받는 것에 대한 엄청난 압박을 가한다. 이미 어린 나이부터 자신의 자존감을 떨어뜨리고 있는 것이다. 사춘기 여자아이들은 모든 사람들이 알아챌 수 있는 자신의 가슴 크기와 발달 정도에 대해 다른 사람들 앞에서 자의식을 느낄 때가 많다. 특히 체육 수업 시간에 그렇다. 브래지어 크기로 자신의 가치를 매기는 여자아이들도 있다. 브래지어를 너무 일찍 착용하거나, 브래지어가 너무 크거나 또는 너무 작거나, 너무 늦게 착용하는지 여부로 가치를 매기는 것이다. 또한 여자아이들의 첫 번째 생리는 수치심을 유발하는 경험이 될 수 있다. 내가 자랄 때만 해도 생리를 '저주'로 부르곤 했다. 생리에 관해 솔직하게 알려주지 않는 어머니는 자녀에게 수치심을 떠넘기는 셈이다. 그리고 자녀 역시 생리를 시작하더라도 어머니에게 그 사실을 말하기를 주저하게 된다. 때로 여자아이들은 처음 생리대와 탐폰을 구입할 때 창피스럽고 당혹스러울 수 있다. 파티에 가서 수영하기를 거부하거나 생리혈이 감당할 수 없을 만큼 옷에 묻을 때도 당혹감과 창피를 느끼게 된다. 당혹감과 창피는 여기에서 멈추지 않는다. 새로운 성적 파트너를 만날 때마다 이 모든 것을 다시 경험하게 되며 두려움과 관련된 문제가 뒤이어 발생한다. 이 부분은 다음 단락에서 살펴볼 것이다.

여성들은 자신의 외모, 머리 모양, 몸의 크기와 골격, 몸무게 때문에 자주 수치심을 느낀다. 심지어 이 모든 것이 '정상적' 범주에 들어가도 그렇다. 여성들은 자신의 성기가 성교에 반응할 준비가 된 것인지, 오르가슴에 이를 수 있을지 걱정한다. 수치심과 부정적인 성적 자기 도식은 이들에게 섹스를 피하도록 부추기거나 섹스를 하면서 자기의 생각을 드러내지 못하도록 부추길 수 있다. 수치심은 오르가슴, 성적 쾌락, 성적 만족감을 경험할 수 있는 능력을 떨어뜨린다. 많은 여성들은 섹스를 하는 동안 자신의 몸을 노출하지 않으려고 끊임없이 애쓰며 정서적으로나 심리적으로 자신으로부터 도피할 수도 있다. 자신에게 '신경을 꺼버림'으로써, 그리고 섹스에 관여하지 않는 방관자가 됨으로써 말이다. 수치심은 이렇듯 여성들이 자신을 위해 적극적으로 행동하지 못하게 방해하며 특히 젊은 여성들을 위험한 성적 만남에 노출시킬 수 있다.[23] 이와는 대조적으로 자신의 몸에 건강한 자존감과 만족감을 지닌 여성들이 있다. 자존감과 만족감은 섹스를 할 때 여성에게 성욕 증가, 자신감, 오르가슴, 즐거움을 경험하도록 길을 열어준다. 이런 여성은 자기를 더욱더 드러내고 덜 위험하게 행동한다.[24]

여성들은 섹스를 할 때 두려움과 수치심 때문에 경직되고 억제된 태도를 보일 수 있다. 두려움과 수치심은 파트너에게 기쁨을 주는 여러 방식과 실험적 행위를 제한하기도 한다. 어쩌면 여성들은 자신의 즐거움에 대한 책임을 파트너에게 떠넘기고 지나친 성적 요구를 할 수 있다. 자위행위를 수치스러워하는 여성은 자신이 성적으로 어떻게 흥분하는지 모를 수 있다. 그렇기 때문에 이 여성은 파트너가 '자신의 몸을 읽어주기를' 기대할지 모른다. 마치 자신의 마음을 파트너가 읽을 수 있다고 추측하는 것처럼 말이다. 이런 불합리한 기대는 자기 연민과 억울한 감정을 일으킬 수 있다. 그리고 자신이 오르가슴이나 쾌감에 이르지 못하는 것에 책임을 물어 파트너에게 부당하게 부담감을 떠넘기기도 한다. 이 여성의 태도는 어쩌면 과거 파트너들과 한 섹스나 경험에서 나온 적대적 감정에서 비롯되었을지도 모른다.

남성

남자아이들의 취약성은 여자아이들과 다르다. 부분적으로는 남성들의 성기가 외부로 돌출된 것이 그 이유이다. 이른 나이부터 발기를 하고 바지 속에서 이것이 드러나면 자의식과 수치심을 느낄 수 있기 때문이다. 남자아이들은 여자아이들보다 자위행위를 일찍 시작하며 이 행위를 옳지 못하고 수치스러운 것으로 생각할 때가 많다. 느린 곡에 맞춰 여자아이와 춤이라도 추게 되면 청소년기의 남자아이들은 통제가 안 되고 누가 보아도 확실한 성적 흥분을 종종 경험하며 창피해한다. 그리고 어떻게든 이 사실을 숨기려 한다. 예기치 않은 사정은 당혹스럽기 그지없다. 남자아이들은 자신의 남자다움과 성교 능력을 평가하려고 소변 줄기의 힘과 소리를 서로 비교하기도 한다. 성인이 되는 과정에서 남자아이들은 종종 자신의 유약함과 정직함이 쉽게 받아들여지지 않는 청소년기에 최악의 치욕감과 맞닥뜨릴 때가 많다.

성적 접촉은 여성들에게 위험할 수 있는 반면 유약함은 남성들을 위험에 빠뜨릴 수 있다. 그리고 성적 접촉을 할 때마다 이들의 남성다움은 시험대에 오르고 철저한 조사를 받게 된다. 성적 매력을 높이려고 남성들은 근육을 키우기도 한다. 그리고 정도가 약하기는 하지만 여성들처럼 남성들의 성적 자신감도 몸의 크기, 남성다움, 몸무게와 관련이 있다. 자신의 신체를 수치스러워하는 남성은 섹스를 할 때 불안감과 자의식에 빠질 수 있으며 성적 흥분, 성욕, 오르가슴의 만족감도 떨어지게 된다.[25] 한편 자신의 신체를 만족스러워하는 남성은 그렇지 않은 남성보다 이른 시기에 자위행위를 하고 섹스를 하는 경향이 있다.[26] 이들은 또 자존감과 행복감이 훨씬 높고 불안감과 우울감은 덜한 경향이 있다. 여성과 마찬가지로 남성의 성적 무능감은 성욕 결핍, 섹스 집착, 오르가슴 도달 능력 집착으로 이어질 수 있다.

이른 시기부터 남성들은 힘, 성공, 반(反)여성다움 같은 남성적 이상에 부합하려는 압박감에 시달린다.[27] 이런 가치관은 '여자 관찰하기', 예쁜 여자 친구나 아름다운 아내를 '전리품'인 양 곁에 두기, 음란물 중독 같은 행동을 통해 더욱 강화된다. 수많은 남성들은 성적으로 문란하고 성적으로 경쟁적인('점수'를 얻으려고) 존재로 사회화된다. 또한 여성을 물건처럼 취급하고 지배하며 무시하도록 사회화된다(대개 다른 남자들 앞에서). 그렇지만 이성애 성향 남성들의 절반가량은 인간으로서 자신의 가치는 물론, 사랑받을 자격이 자신에게 있는지 의심을 품게 하는 이런 행동들을 수치스러워한다.[28]

인간으로 여겨지지 않는 듯한 느낌 속에서 섹스하고 여성을 물건처럼 취급하는 것은 남성들이 자신의 행동에 책임을 지지 않도록 하고 거절의 수치심으로부터 그들을 보호한다.[29] 남성도 여성만큼이나 마음을 나누기를 원한다. 하지만 대부분 자신의 취약한 감정을 드러내는 것을 수치스럽게 여겨 온 것이 사실이다. 남성적 이상인 강인한 모습에 들어맞지 않기 때문이다. 이 모든 기대감 때문에 남성들은 자신의 감정과 실제 자기와 멀어지고 갈등을 일으킨다. 친밀감은 많은 남성들에게 공포와 수치심 불안을 안겨주기 때문에 섹스가 실제적인 친밀감을 대신하는 대체물이 되고, 동시에 친밀감과 섹스를 혼동하게 된 것이다.

친밀감에 대한 공포(6장에서 그 이유를 밝혔다)는 성 기능 장애의 원인인 경우가 많다. 때로 자신의 섹스 능력에 자신 있는 남성 중에는 여성의 기분에 좌지우지되거나 곤경에 빠진 느낌이 들 때 새로운 여성과 진지한 관계를 맺는 순간 갑자기 발기가 지속되지 않는 사람이 있다. 이성애자 남성들은 자신의 자존감, 능력, 남성다움을 섹스 수행력과 여성의 성적 반응을 통해 판단하는 경우가 많다. 그렇기 때문에 남성들의 안전망이자 가치의 영역에서 여성의 성적 능력은 공포로 다가올 수밖에 없다.[30] 남성들은 이른 사정이나 발기 유지가 안 되는 것, 또는 파트너를 만족시키지 못한다는 공포감에 사로잡힐 수 있다. 또 섹스를 하는 동안 자신을 걱정스럽게 관찰하고 평가한다. 이런 태도는 감각적 쾌락에 집중하지 못하게 한다. 그리고 파트너뿐만 아니라 자신의 성 기능과 즐거움까지 해친다. 성 기능 장애는 생리적 문제가 원인일 수도 있지만 주로 정서적 문제가 원인일 때가 많다. 이것은 섹스의 실패와 이로 인한 모욕감을 예상하는 순간 일어나는 수치심 불안에서 비롯된 것이다.[31] 내면화된 수치심과 남성들이 상상하는 완벽함이라는 이상과 반대되는 자신의 섹스 수행력에 대한 평가는 문제를 악화시킬 뿐이다.[32] 그리고 현실에 맞지 않는 기대감은 더 부정적으로 치닫는, 자기 강화 순환을 만든다. 그림 7.1처럼 자기 강화 순환은 성적 수치심이 일반적으로 온전한 사람에게도 일어날 수 있다는 점을 보여준다.

파트너와 진실한 관계를 맺으려는 남성에게 완벽주의는 방해가 될 수 있다. 자신의 능력을 증명하는 데 여념이 없기 때문이다. 완벽주의자에게 '완벽'하지 않은 경험은 엄청난 충격이며 완벽하지 않음에서 오는 동일한 수치심과 불안감을 초래한다. 완벽주의자는 자신의 흥미에만 몰두하며 파트너와 거리를 두는 방식으로

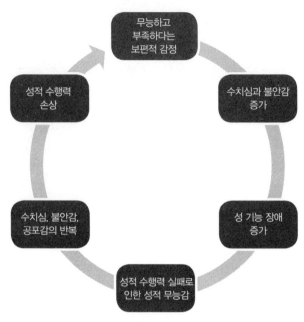

무능하고
부족하다는
보편적 감정

수치심과 불안감
증가

성적 수행력
손상

성 기능 장애
증가

수치심, 불안감,
공포감의 반복

성적 수행력 실패로
인한 성적 무능감

그림 7.1 **성적 수행력 불안의 부정적 순환**

만 반응한다. 완벽주의자 중에는 섹스를 거의 하지 않거나 음란
물로 대체하는 것을 선호하는 이들도 있다. 실패할까 봐 두렵기
때문이다. 감정을 나누지 않아도 되는 파트너에게만 다가가기도
한다.

자의식을 해결하는 방법은 '생각을 버리고 맑은 정신으로 돌아
오는' 것이다. 감각에 집중해보라. 이것은 유명한 섹스 연구팀인
매스터스 앤드 존슨(Masters and Johnson)이 제시했던 해결책이며
이들은 이 과정을 '감각 집중하기(sensate-focusing)'라고 불렀다.[33]
우선 커플은 섹스를 하지 않거나 심지어 성기를 만지지 않기로 서

로 합의할 수도 있다. 두 사람이 쾌감을 느낄 수 있을 때 성기를 만질 수 있고 서로 원하면 오르가슴에 집착하지 않고 섹스를 할 수 있다.

성적 학대와 죄책감

성적 학대는 근친상간, 강간, 성추행뿐만 아니라 부적절한 키스, 응시, 유혹, 노출, 만지기 또는 관음증도 포함된다. 이뿐만 아니라 성적 경계선이 부적절하게 침범당하는 다른 방식도 포함된다. 이를테면 부모가 성적 농담을 하거나 음란물을 아이나 십 대 자녀와 같이 보는 경우이다. 사실 성적 학대에서 살아남은 사람들을 보면 자신이 믿었던 사람에게 이용당하고, 제압당하고, 배신당한 경우가 많다. 피해자들은 자신이 결백하더라도 대개 가해자의 수치심과 죄책감을 짊어지려고 하며, 그런 다음 더럽혀진 느낌, 상처받은 느낌, 자기 경멸에 빠진다. 수치심은 이들을 매우 예민하게 만들 뿐만 아니라 불편함과 외로움, 그리고 사랑받을 자격이 없다는 느낌을 준다.

성적 학대 피해자들은 의무보다는 성적 욕망과 쾌감을 경험할 때 수치심과 공포감에 휩싸이는 경우가 많다. 이 느낌은 너무나 강렬해서 살아남은 피해자 가운데에는 자신의 욕구를 억누르고 자위행위를 포함한 즐거움을 거부하는 사람도 있다. 이들은 어쩌면 성적 요구를 받는 것을 사랑을 받는 것과 동일시하는 잘못된 판단을 했을 수도 있다. 성적 요구는 이들이 받은 유일한 보살핌이었을지도 모른다. 또 부모와 친척에게서 친밀감을 느낀 유일한 방식이었을 수도 있다. 이들은 이용당하고 보호받지 못했기 때문에 경계선을 긋는 것을 어려워한다. 그리고 지속적으로 원치 않는 섹스나 모멸감을 주는 섹스를 할지도 모른다. 사랑과 관계를 유지하려면 그에 맞는 대가를 치러야 한다고 믿으면서 말이다. 이들의 공포와 욕구는 친밀한 관계를 맺는 능력을 펼칠 수 없도록 한다. 때로 자신이 거절당하는 것을 막으려고 다른 누군가를 거절하기도 한다.[34] 이들은 잃어버린 신체 통제력을 회복할 필요가 있다. 하지만 그 과정에서 이들의 파트너들은 좌절감을 느낄 수도 있다. 파트너들은 수치심을 느끼지 않고 타인의 상처에 책임을 지지 않으면서 생존자의 통제 요구에 응해야 하기 때문이다.

성적 자존감이란 무엇인가?

'성적 자존감'은 스스로 자신을 성적 존재로 어떻게 생각하는지를 나타낸다. 사람들은 자신을 성적으로 매력이 있다고 생각할까, 아니면 매력이 없다고 생각할까? 잠자리에서는 성적으로 유능하다고 생각할까, 아니면 무능하다고 생각할까? 성적 자존감이 높은 사람일수록 성적 경험을 즐길 가능성은 높아진다. 성적 자존감은 그 자체로 별개의 영역으로 여겨질 때도 있지만 전반적으로 자존감의 영향을 받는다. 그리고 그 반대도 마찬가지이다. 자존감을 떨어뜨리는 학대는 어떤 유형이라도 상관없이 성적 자존감을 떨어뜨린다.

섹스는 의사소통의 한 형태이다. 일반적으로 공의존자들은 마음의 문을 열고 직설적으로 의사소통하는 것을 힘들어한다. 섹스처럼 취약한 주제에 대해서는 훨씬 더 그렇다. 이들은 자신의 감정과 욕구를 감추고 상대를 통제하려 하거나 기쁘게 하려고 애쓴다. 하지만 그것은 잠자리에서 자유가 줄어든다는 의미일 때가 많다. 6장에서 살펴보았듯이 자기 주장은 자존감을 높여준다. 그리고 이 자존감은 마음의 문 열기, 솔직해지기, 선택하기, 경계선 긋기, 높아진 친밀감 받아들이기, 자발성, 수치심 회복을 가능하게 해준다. 성적으로 자기 주장을 한다는 것은 자기를 드러낸다는 의미를 넘어서는 것이며 적극적으로 요구하고 행동하는 것이다. 여기에는 본질적으로 더 큰 거절의 위험이 뒤따른다.[35]

섹스에 관해 자유롭게 대화를 나누고 섹스를 시작할 수 있는 능력은 우리의 성적 자존감을 높여준다. 사실 성적으로 자기 주장을 하는 것과 자율적으로 행동할 수 있다는 느낌은 높은 성적 자존감의 핵심 요소이다.[36] 자기 주장과 자기 존중은 경계선 긋기, 원치 않는 모욕적 성행위 거부, 성적 욕구의 표현을 가능하게 해준다. 따라서 이 모든 것들이 충족될 가능성은 더욱 커진다. 연구에 따르면 여자아이들은 섹스를 원하지 않는데도 하는 경우가 많다. 하지만 자존감이 높은 여자아이들은 섹스를 원치 않을 때 '싫어'라는 대답을 훨씬 잘한다.[37] 긍정적인 성적 경험은 더 강렬한 성적 만족감뿐만 아니라 서로 배려하는 관계 속에서 자신의 가치가 존중받는 느낌을 만들어낸다. 또한 긍정적인 성적 경험은 자기 가치감과 성적 자존감을 높인다.

성적 위축

파트너가 반복해서 섹스를 거부하거나 아예 시도하지 않는다면 상처를 받았거나 화가 났거나 낮은 성적 자존감 때문일 수 있다. 섹스를 피하려고 이들은 자신의 파트너를 움츠러들게 하는 갈등 상황을 조장하는지도 모른다. 예를 들어 성적 욕구가 없는 수동 공격적인 남편은 자신의 정력과 성적 자존감에 대한 자신감을 지키려고 갈등을 일으킬 수 있다. 공의존자들은 친밀감, 자율성 박탈, 숨 막히는 관계에 대한 공포심 때문에 성적으로 위축될 수 있다. 패자 역할 남성은 지나친 관심을 받는 느낌이 들 때 도망가려 할 수 있다. 패자인 남성과 여성은 자신이 비판받는 느낌이 들면 분노하거나 승자인 파트너에게 흥미를 잃을지도 모른다. 약물 중독으로 인한 수치심이나 알코올로 일어난 발기 부전 역시 움츠러들게 하는 원인이 될 수 있다. 승자 역할인 파트너는 늘 술에 절어 사는 자신의 파트너를 혐오스러워할 수 있으며 분노에 대한 벌의 의미로 섹스를 하지 않을 수도 있다. 질병이나 죽음, 직장 스트레스, 어린 자녀 돌보기, 재정적 어려움, 그 밖의 다른 외적 스트레스를 겪는 시기에 성적 흥미가 줄어드는 것은 정상적이다. 한쪽 또는 양쪽 파트너가 피로감이나 우울감을 느끼고 짜증을 일으키는 상황에서도 마찬가지이다. 이것은 성적 위축과는 다르다. 대개 스트레스를 받는 상황이 지나가면 성적 흥미가 되살아나기 때문이다.

원인이 무엇이든 정서적 친밀감이 줄어들거나 무너지면 성적 자존감이 떨어질 수 있다. 따라서 우리는 성과 관련된 문제를 해결해야 할 상황이 오기 전에 파트너와 함께 근본적인 감정을 논의해야 한다.

사랑 대 섹스

많은 남성들은 물론이고 남성보다 덜하지만 여성들 중에서도 사랑과 섹스를 별개로 생각하는 사람들이 있다. 이들은 섹스를 사랑의 대체물로 여기거나 친밀감에 대한 불안을 피하기 위한 수단으로 사용할지도 모른다. 섹스는 공허감을 채워주고 우울감을 해소하며 자기 가치감을 세워준다. 섹스는 모든 감정과 분리될 수 있으며 형식적일 수도 있는데 아내가 남편에게 복종하는 경우에 그렇다. 아내가 남편에게 그렇게 해야 한다고 느끼거나 복종하는 행동이 남편의 남성성을 증명해준다고 느끼기 때문이다. 불안감을 누그러뜨리고 정체성을 확립하려고 사랑 없는 섹스를 하기도 한다. 그러나 이것은 나중에 발기 부전과 우울증의 원인이 될 수도 있다.[38] 두 사람 모두 성적으로 만족하더라도 충족감을 느낄 수 없고 자존감에도 이롭지 않을 때가 많다. 사랑 없는 섹스는 잠재적으로 양쪽 파트너에게 전보다 더 큰 수치심과 공허감을 남길 수 있다.

롤로 메이는 우리가 열정적 사랑보다 감각을 우선시함으로써, 즉 "사랑의 신 에로스를 피함으로써 섹스의 힘을 빼앗겼으며 결국 사랑과 섹스를 비인간적으로 만들었다."고 주장한다.[39] 균형이 깨진 관계에서 이런 패턴이 지속된다면, 다시 말해 두 사람이 사랑과 애정을 주고받지 않는다면 관계가 끝날 때 사랑에 빠진 파트너는 억울하고 참담할 것이다.

남성들과 여성들은 섹스라는 영역에서 뻔뻔하게 행동할 수 있다. 이를테면 제멋대로 위험하게 행동하는 마초 같은 남성과 몸이다 드러나는 옷을 걸치고 파트너를 유혹하는 여성을 예로 들 수있다. 이들은 낮은 자존감을 높이고 고질적 수치심을 누그러뜨리려고 파트너에게 힘을 휘두르는 것이다. 물론 헌신적인 관계를 벗어나서 누군가를 성적으로 유혹하는 행동은 우리의 성적 자존감을 높여줄 수도 있다. 하지만 파트너에게 상처를 입힐 수 있으며서로에 대한 믿음을 잃을 수 있는 위험이 따른다.

성 중독과 자기 혐오

섹스가 무의식적이고 강박적인 또 다른 욕구를 채우는 수단이되면 강박적 성격을 띨 수 있다. 이를테면 불안감을 달래기 위해사랑받으려는 욕구, 또는 상대에게 권력을 느끼게 하고 나를 지배하는 느낌을 주려는 욕구가 있다.[40] 미국정신의학회는 이런 욕구를 중독으로 여기지는 않지만 집요하고 강박적인 섹스에 약물중독이나 강박적인 도박과 동일한 생물학적·행동학적 평가 기준을 적용하고 있다. 그뿐만 아니라 지금까지 12단계 회복과 같은프로그램을 적용해 치유하는 데 성공했다. 보통 섹스 중독자들은어린 시절에 처음 섹스를 접하며 주로 성적 학대를 당하거나 성적으로 매우 자극적인 환경에서 성장한 경우가 많다. 이런 환경에서 자란 아이들은 버림받음과 외로움, 수치심 같은 감정을 스스로 달래기 위해서 빈번하게 자위행위를 하거나 성적 놀이를 한다. 이것은 다른 어떤 가족 구성원들이 마음의 위안을 받으려고 음식에 의지하는 행동과 다르지 않다. 즉 어린 시절부터 섹스와 양육을 같은 것으로 여기고 혼동하게 된 것이다. 수치심은 다른 모든 중독과 마찬가지로 성 중독의 근간이다.

어린 시절 성적 욕구로 인해 수치심을 겪은 아이는 자기 혐오와 내면의 갈등이 걷잡을 수 없이 커질 수 있다. 이들이 어른이 되면 섹스는 이들 세계의 중심, 즉 에너지의 근원이자 고통과 불안을 치료하는 역할을 한다. 또 섹스는 파트너와 쌓아 가는 정서적 친밀감을 대신해 가장 중요한 관계 요소이자 욕구가 된다.[41] 하지만 이들은 그 욕구를 채우기 위해 타인을 신뢰하거나 타인에게 의지할 수 있다고 생각하지 않는다. 그리고 이런 점은 이들을 매우 취약하고 절망적인 상태에 빠지게 한다.[42] 섹스 욕구는 이들의 정체성과 수치심 방어에 모두 중요하지만 섹스에 대한 강박감은 숨겨야 한다. 버림받음, 수치심, 취약성, 사랑받지 못하는 상황과 마주하는 것이 두렵기 때문이다. 따라서 파트너에게 성적으로 거절당한다면 이들은 심한 모욕감을 겪고 수치심의 구렁텅이로 내몰릴 수 있다. 이뿐만 아니라 자신이 필사적으로 인정할 필요가 있는 파트너에게 거짓말을 하거나 그들을 조종하고 형식적인 태도를 보인다.

파트너가 퍼붓는 분노와 비판은 성 중독자에게 훨씬 더 강렬한 수치심을 일으킬 수 있고 성 중독자의 거짓말과 중독을 정당화한다. 섹스는 관계의 중심이 되며 동반 중독자(co-addict)의 자기 가치감의 판단 척도가 된다. 즉 섹스는 사랑받고 있다는 신호이다. 따라서 성 중독자의 중독적인 행동에 동반 중독자가 포함되지 않을 때 이들은 모멸감에서 벗어날 수 없다. 동시에 사랑스럽지 않다는 믿음과 자격이 없다는 뿌리 깊은 믿음에서도 벗어날 수 없다. 그렇기 때문에 동반 중독자들은 파트너가 자신을 매력 없고 성적으로 무능하다고 생각할까 봐 두려움에 빠진다. 그리고 성 중독자의 행동을 자신의 탓으로 여기면서 자신의 감정 상태를 성 중독자의 탓으로 돌린다. 동반 중독자는 성 중독자에게 적극적으로 주장을 펼치기보다 성 중독자를 조종하려 한다. 이를테면 섹스를 이용해 중독자에게 보상을 주거나 벌주기, 중독자의 행동을 통제하려고 원치 않는 섹스하기, 유혹적 행동과 옷차림으로 관심 받기 따위가 있다. 하지만 중독자와 동반 중독자 양쪽 모두 강렬한 수치심에 휩싸이고 버림받을지 모른다는 두려움에 빠지게 된다.

성적 자존감 높이기

많은 사람들이 자신에게는 섹스의 권리가 전혀 없다고 생각하며 부모 혹은 파트너의 관점에 의해 통제를 받는다. 다음은 우리가 생각해볼 수 있는 기본적인 성적 권리이다.[43]

1. 성적 자유의 권리는 성적으로 자신의 생각을 표현하는 권리이며 어떤 형태로든 강요를 받거나 착취당하거나 자신 또는 타인

을 학대하는 행동에 관련되지 않을 권리를 의미한다. 예를 들어 파트너도 원하고 그 누구의 성적 권리를 침해하지 않는 한, 당신은 자신이 바라는 형태의 섹스를 기대할 권리가 있다.

2. 성적 자율성, 성적 정직성, 성적 안전의 권리는 '아니다'라고 말할 수 있는 권리이자 동시에 개인적·사회적 윤리, 그리고 신체적·정서적 안전감과 일치하는 결정을 내릴 수 있는 권리를 의미한다. 당신에게는 자신의 몸에 대한 선택권이 있으며 여기에는 섹스 거부권도 포함된다. 또한 안전하지 않거나 자기 비하적인 느낌이 드는 행동이라면 그 어떤 것이든 결코 가담하지 않을 권리를 포함한다.

3. 성적 프라이버시의 권리이다. 필요하다면 파트너에게 프라이버시를 지켜줄 것을 기대할 권리가 있다. 다시 말해, 당신이 솔직해지고 취약해져도 될 만큼 파트너를 충분히 신뢰할 수 있다고 기대할 권리가 있다. 그리고 잠자리에서 무슨 일이 일어나든 그것을 외부로 발설하지 않는다는 기대를 할 권리가 있다.

4. 성적 형평성의 권리는 성별, 성적 지향, 나이, 인종, 계급, 종교, 장애를 바탕으로 한 차별로부터 자유로울 권리이다. 당신은 존중받을 권리가 있으며 그 밖의 다른 모든 성적 권리를 누릴 권리도 있다. 이때 당신이 어떤 사람인지는 상관없다.

5. 성적 즐거움의 권리는 심리적·신체적·지적·정신적 행복을 누릴 권리를 의미하며 여기에는 자위행위도 포함된다. 당신은 죄책감이나 부담감 없이 성적 욕구를 즐길 권리가 있다.

8장에 소개된 8단계 훈련은 자기 사랑하기와 자기 공감의 감각을 계발하는 데 도움이 될 것이다. 또한 자율성과 성적 자존감을 높이고 수치심 방어 행동을 멈추는 데에도 도움이 될 것이다.

훈련하기

다음 장으로 넘어가기 전에 자신의 성적 정체성을 정의하는 수치심 유발 사건, 믿음, 혼잣말들을 떠올려보자. 그리고 이것들이 당신의 관계 속에서 어떤 방식으로 드러나는지 떠올려보자. 현재 친밀한 관계를 맺고 있는 사람은 파트너와 함께 아래에 나올 제안을 따라해볼 수 있다.

1. 당신이 생각하는 성적 권리는 무엇인가? 관계를 유지하면서 성적 권리를 표현한 적이 있는가? 표현한 적이 없다면 그 이유는 무엇인가?

2. 감각 집중하기 방법을 사용해 파트너의 몸을 서로 탐색해보자. 의식을 온전히 손과 감각에만 집중하라. 천천히 마음을 진정시킨 후 자신을 느껴보자. 성교와 오르가슴을 목표로 삼는 태도는 버리자. 파트너에게 성적 만족감을 보답하려는 의무감에서 해방되고 싶다면 서로 번갈아가며 주고받자. 성 생활은 단순한 신체적 행위 이상을 의미한다는 점을 기억하자. 즐거움을 만끽하려면 존재감, 집중, 서두르지 않기, 솔직함, 양보가 필요하다.

3. 옆으로 누운 상태에서 뒤에 누운 파트너가 앞의 파트너를 껴안은 모습을 '스푼' 자세라고 한다. 이 상태에서 앞에 위치한 사람은 파트너의 한 손을 자신의 이마에 대고 다른 손은 가슴에 대보자. 그런 다음 자신의 손을 파트너의 손 위에 포개자. 두 사람이 하나가 되어 호흡해보자. 이제 누운 위치를 바꾸어보자.

4. 파트너의 무릎에 마주보고 앉자. 이때 당신의 다리로 파트너의 몸 주변을 감싸자. 자신의 오른손은 파트너의 가슴에, 왼손은 파트너의 머리에 대자. 서로 눈을 응시하면서 두 사람이 하나가 되어 호흡하자. 몸의 체액과 에너지가 합쳐져 척추를 타고 이동하는 모습을 상상해보자. 그런 다음 눈, 심장, 명치, 성기를 통해 그것을 주고받는 모습을 상상해보자. 이런 이미지들을 섹스를 하는 동안 떠올려보자. 오르가슴에 이르렀을 때 긴장하지 말고 마음을 진정하자.

5. 235쪽에 나온 수치심에 억눌린 성 생활의 측면들을 떠올려보자. 그런 다음 그런 측면과 연관된 당신의 감정, 경험, 영향, 최초의 기억들을 기록해보자. 관계를 유지하고 있는 사람은 자신의 글을 파트너와 공유해보자. 마음을 열고 서로를 이해할 수 있는 기회가 될 수 있다.

6. 학대가 포함된 성적 경험에 대한 느낌을 글로 써보자. 가벼운 수준이더라도 스스로 파트너를 착취했거나 학대했던 시기들

도 여기에 포함시키자. 이것은 당신의 자존감, 믿음, 결정에 어떤 영향을 끼쳤는가? 현재 당신의 성 생활에는 어떤 영향을 끼치고 있는가?

마지막 장은 수치심을 치유하는 여덟 단계로 구성되어 있다. 그리고 혼자서도 실천할 수 있는 훈련이 포함되어 있다.

8장

수치심에서
나를 자유롭게 하려면

{ 관계 중독 탈출 8단계 }

수치심이 스며들지 않은 곳은 어디에도 없다. 그렇기 때문에 우리 대부분은 수치심 때문에 어떤 즐거움을 빼앗기고 있는지 전부 떠올리기조차 힘들 수 있다. 이런 즐거움의 예로는 새로운 인간관계, 강렬한 친밀감, 신나는 일, 창의성, 새로운 경험, 우리에게 생소할 수 있는 자유와 힘이 생겼다는 느낌이 있다.

최소한 각 장의 끝에 소개된 훈련을 조금이라도 해봤다면 수치심이 당신의 행동과 삶을 어느 정도로 통제하는지 그 규모를 가늠할 수 있을 것이다. 수치심과 결별할 때 비로소 공의존자들에게 실제 자기로서 경험하게 될 새로운 세상이 열린다.

새로운 세계와 만나려면 우선 수치심을 치유해야 한다. 치유하는 과정에서 불가능한 것, 즉 이상적 모습을 추구하려고 더는 애쓰지 않고 성취 가능한 것을 목표로 삼자. 치유는 평생에 걸쳐 발견하고 유지하는 과정이다. 이 과정은 수치심을 인정해야 시작할 수 있다. 수치심이 있다는 사실을 인정한 다음에는 수치심을 놓아주는 데 필요한 기술을 배워야 한다. 우리는 우리가 겪는 어려움을 이해할 수 있는 사람들, 즉 대화를 나눌 수 있는 든든한 지원군을 만나게 될 것이다. 알아넌 또는 코다와 같은 12단계 단체들은 수치심에서 벗어나려는 사람들로 가득하다. 이들과 만나는 것은 큰 깨달음을 얻을 수 있는 힘이 될 것이다. 나만의 문제가 아니라는, 즉 남들도 나와 똑같은 문제를 겪고 있으며 서로에게 도움이 될 수 있다는 사실을 깨닫게 되면 무거운 짐 하나가 덜어진 느낌이 들 것이다.

치유의 일부로 과거의 고통스런 감정을 다시 경험하고 여기에서 새로운 교훈을 얻는 부분이 있지만 혼자 할 필요는 없다. 경험이 풍부한 12단계의 후원자, 코치, 상담사, 심리 치료사와 함께하면 순조롭게 진행될 수 있다. 학대 같은 트라우마를 경험한 사람에게 전문가의 도움은 특히 필수적이다. 심리 치료사 중에는 트라우마를 다루는 세부 기술을 훈련받은 사람들이 있다. 그런 기술에는 안구 운동 둔감화 재처리법(EDMR), 상상 요법, 신체 감각 알아차리기(SE)가 있다. 인지 행동 치료(CBT)는 외상후스트레스 장애에 도움이 된다고 증명되었다. 가장 중요한 것은 안전한 느낌과 비판받지 않는 느낌이다. 치료 중에 여러 회기에 걸쳐 상담을 받으면 회복 속도를 빠르게 높이고 심화할 수도 있다. 궁극적으로 치유의 효력과 행복감 성취는 자신의 생각과 감정과 자신의 욕구에 일상적으로 반응하는 방식에 달려 있다.

이제 막 수치심을 치유하는 여정을 시작했다면 유의해야 할 것이 있다. 치유를 자신의 이상적 자기를 완성하는 목표로 여겨서는 안 된다는 점이다. 즉 우리는 완벽하게 건강해지려고 앞으로 나아가는 것이 아니다. 치유는 여행의 목적지라기보다 자기를 발견하는 여정이다. 사실 이것을 깨달은 사람은 아무리 열심히 애쓰더라도 자신의 이상에 닿을 수 없는 방식들을 좀 더 명확히 깨닫기 시작할지도 모른다. 내면 비판자가 진전이 없다거나 느리다고 비난한다면 긴장하라. 당신을 자기 심판과 타인 비판, 그리고 절망의 소용돌이 속에 빠뜨릴 수 있기 때문이다. 현실적인 목표는 자기 수용이다.

일단 수치심을 놓아주고 나면 수치심이 다가오지 못하게 막을 계획이 필요하다. 우리는 인간이기에 쉽게 과거의 패턴으로 되돌아갈 수 있다. 12단계 단체들과 치료는 이 문제도 도와줄 것이다.

수치심을 치유하려면 외부 지원뿐만 아니라 여덟 가지 필수 단계가 필요하다는 것이 나의 생각이다.

1단계: 진정한 자기를 찾는다

2단계: 수치심을 드러낸다

3단계: 수치심의 뿌리를 찾는다

4단계: 수치심을 누그러뜨린다

5단계: 수치심과 정면으로 맞닥뜨린다

6단계: 수치심을 공유한다

7단계: 자존감을 키운다

8단계: 자신을 사랑한다

이것은 수치심을 놓아주기 위해 할 수 있는 구체적 단계이다. 게다가 대부분 혼자서도 할 수 있다. 처음에는 많은 노력이 필요한 것처럼 보일 수 있다. 하지만 힘들다고 해서 내면 '비판자'가 당신을 방해하도록 내버려 두면 안 된다. 당신의 인생은 이 단계들을 밟으면서 변화할 수 있다. 때로 이 변화는 아주 미약할지도 모른다. 어느 날 아침 눈을 떠보니 어떤 문제가 더는 당신을 괴롭히지 않는다는 것을 깨달을지도 모른다. 또 어떤 경우는 기분이 훨씬 상쾌하고, 자유로우며, 더욱 강한 능력이 주어진 느낌이 들수도 있다.

이 단계들을 순서대로 차근차근 밟아 갈 때 훨씬 큰 효과가 나타날 수 있다. 하지만 자신과 수치심에 대해 아는 것이 많아질수록 이 단계들은 중복되기 시작할 수 있다. 이는 일련의 점들이 연결되어 있다는 신호이다. 이를테면 수치심 발작(2단계의 일부)을 인식하고, 이것을 근본 원인과 연결(3단계)한 다음, 신뢰할 만한 사람과 자신의 경험을 공유할 필요성을 느끼는(6단계) 것이다. 많은 양의 글을 써야 하므로 언제든지 사용할 수 있는 노트를 가까이 두는 것이 좋다. 어떤 훈련들은 매일 실천할 때 최고의 효과가 나타난다. 반면 어떤 훈련들은 초기에만 필요하고 가끔 되짚어보기만 하면 된다. 특히 관점이 변하거나 더욱 깊어지는 느낌이 들 때 그렇다. 치유하는 과정에 접어들면 몇 가지 질문으로 되돌아오는 자신을 발견하게 된다.

1단계: '진짜 나'는 누구인가

2장에서 다섯 가지 자기를 설명하였다. 이상적 자기, 내면 '비판자', 자기 비하적 자기, 가면 인격, 실제 참 자기이다. 수치심은 실제 자기를 제외한 네 가지 자기를 만들도록 부추기며 동시에 실제 자기를 위장한다. 실제 자기를 알아 간다는 것은 발가벗고 나를 발견하는 과정이다. 나만의 고유한 의견과 가치를 만들어내고 이에 익숙해지려면 시간이 걸릴 수 있다. 어쨌든 우리가 만들어낸 네 가지 자기와 실제 자기의 비율은 4대 1이었다는 점을 잊어서는 안 될 것이다. 하지만 실제 자기에 힘을 부여하는 순간 이것을 멈출 방도는 없다.

매일 시간을 내서 내면과 대화를 한다.

조용히 앉아 마음과 몸을 쉬게 한다. 그런 다음 오늘 어떤 느낌이 드는지, 무엇을 원하는지, 미래에 원하는 것은 무엇인지 자신에게 질문해본다. 몸, 마음, 가슴, 영혼이 필요로 하는 것은 무엇인지, 즉 이것들이 무엇을 요구하는지 탐색한다. 그 요구를 들어주려면 어떤 단계들이 필요할까?

매일 자신의 하루를 되돌아보고 그날 있었던 개인적 만남을 기록한다.

당신의 실제 생각이나 느낌을 말하지 않고 피한 적이 있는가? 무엇이 그렇게 하게끔 만들었는가? 자신의 가치에 따른 결정이었는가?

자신의 느낌을 써본다.

느낀 점을 기록하는 것은 긴장을 풀고 통찰력을 얻는 데 도움이 된다. 가끔은 백지에 감정을 표현하는 것이 더 쉬울 때가 있다. 컴퓨터는 사용하지 않도록 노력한다. 자리에 앉아 펜과 종이를 사용해 솔직하게 써본다.

지금 삶에서 가장 중요한 것은 무엇인가?

삶의 최우선 순위는 어떤 느낌을 주는가? 당신은 삶의 만족도가 높은가? 그렇지 않다면 변화를 일으킬 수 있는 세부 단계들은 무엇일까? 성장하면서 품었던 열망들은 무엇이었는가? 그것들을 실행하면서 다른 곳으로 일탈하지는 않았는가? 일탈했다면 어떤 식으로, 누구 때문에 그랬는가?

자신의 가치 목록을 만든다.

여기에서 말하는 가치란 나에게 소중한 것들을 의미한다. 우리는 부모님, 선생님, 코치, 실제 자기로부터 가치에 관한 것을 배운다. 가치를 알면 옳은 결정을 내리는 데 도움이 된다. 예를 들어 친구들과 아파트를 보러 다닐 때 사생활에 가치를 둔다면 우리는 신속히 개인의 방이 필요하다는 결정을 내릴 수 있으며 장래에 생길지 모를 문제들을 피하면서 우리의 의도를 분명히 할 수 있다. 우리의 가치는 시간이 흐르면서 변할 수 있다. 이 목록을 자주 들여다보고 당신의 가치들을 기록해본다. 배우자 또는 부모의 가치를 나열하면 안 된다.

어린아이 자기와 대화한다(글로 써서).

내면 아이와 나누는 대화는 민망스러울지도 모른다. 하지만 이 대화를 통해 진정한 자기를 알게 되거나 기억하게 되면 깜짝 놀랄 것이다. 오른손으로 써 내려가는 방식으로 내면 아이에게 질문을 한다. 그런 다음 반대편 손으로 내면 아이의 반응을 쓴다. 내면 아이가 좋아하는 것, 싫어하는 것, 그리워하는 것, 원하는 것, 필요로 하는 것, 즐기는 것을 찾는다.

7단계는 당신이 진정한 자기를 경험할 수 있는 제안을 추가로 제공한다.

2단계: 수치심 드러내기

수치심은 우리의 적이다. 수치심을 정복하려면 반드시 수치심에 대해서 알아야 한다. 수치심과 수치심이 삶 속에서 일어나는 방식을 제대로 파악할 때까지는 수치심에 통제당할 수밖에 없다. 내면 비판자는 어린 시절부터 틀어놓은, 내 안에 있는 부정적이고 무의식적인 테이프가 나타난 것이다. 내면 비판자와 내면 비판자가 일으키는 내면의 갈등을 알아차릴 수만 있다면 유리한 입장에 놓인 것이다. 내면 비판자를 의식하면 더는 은밀한 공격을 성공시킬 수 없기 때문이다. 하지만 내면 비판자의 일부만 의식한다면 여전히 내면과 타인으로부터 수치심의 영향을 받게 된다.[1] 따라서 이 단계에 관심을 기울이는 것은 아주 중요하다. 다음 훈련들은 수치심에 대한 자각력과 내면 비판자가 수치심을 강화하는 방식에 대한 자각력을 높임으로써 2단계를 도와준다.

수치심 발작이 일어나는 순간을 알아차린다.

1장에 소개된 훈련을 통해 수치심 발작을 알아차릴 수 있으면 이제 이 전략을 사용해 수치심 발작을 도중에 멈출 준비가 된 것이다. 수치심 발작을 알아차려보라. 그런 다음 마음을 진정하고 그것을 느껴보라. 내면에 집중하지 말고 밖으로 집중하라. 그리고 주변 환경을 바라보라. 모든 것이 그대로이니 안심하라. 주변에서 나는 소리를 들으면서 화려한 색이나 흥미로운 것들을 관찰해보라. 이를테면 나무, 나뭇잎, 꽃을 바라보면서 색깔, 질감, 그림자, 선, 향기를 느껴본다. 당신에게 들리는 소리, 보이는 모습, 질감, 냄새에 관해 자신에게 말해본다. 당신의 관심을 끄는 것을 관찰하거나 실행해본다. 통장 내역 확인 같은 섬세함이 요구되는 정신 활동이나 신체 운동을 해도 괜찮다. 가능하다면 집 밖으로 나가도 좋다. 이것은 부정적 감정과 생각을 전환하는 데 도움이 된다. 수치심 발작이 지나가면 방금 경험한 내용들을 기록하고 분석한다. 수치심 발작을 누그러뜨리는 능력은 연습을 통해 향상된다. 곧 수치심 발작을 덜 일으키고 악순환에 빠지는 것을 막을 수 있을 것이다.

자기 비판적인 상태에 빠질 때마다 자신에게 신호를 보낸다.

손가락을 딱 소리 나게 튕기거나 가슴에 손을 대거나 어깨를 토닥거리는 행동처럼 애정 어린 몸짓을 사용한다. 자기 비판에 '당위성'을 포함한다.

하루가 끝나 갈 무렵 내면 비판자가 퍼부은 모든 부정적 말들을 기록한다.

처음 이 훈련을 하면 내면 비판자가 내뱉은 말을 모두 기억하기가 어려울 수 있다. 하지만 자신의 생각과 '당위성'에 대한 자각력이 높아질수록 더 많은 내용이 기억날 것이다.

타인이 수치심을 주었거나 비난한 사건들을 모두 명료하게 기록한다. 마음속에서 일어난 사건들이라도 그렇게 한다.

당신이 들은 말이 정확하다고 추측하지 않는다. 잘못 들었거나 오해했을 가능성을 열어 둔다. 당신이 기억하는 말이 사실인지, 그리고 무슨 뜻인지 상대에게 물어본다.

내면 비판자를 꿰뚫어본다.

자신의 내면 아이를 알아 가는 방식 그대로 내면 비판자도 파악할 수 있다. 종이에 대화를 써 내려가는 방식으로 가능하다. 오른손으로 질문을 쓰고 반대편 손으로 답변을 쓴다. 내면 비판자의 이름, 내면 비판자의 스승, 내면 비판자를 움직이게 하는 동기, 그리고 내면 비판자가 당신을 어떻게 생각하는지 알아내라. 내면 비판자의 방식과 부모가 동기 부여와 훈육을 위해 당신에게 사용했던 전략들을 동일하게 사용하는 것은 아닌지 파악하라. 당신의 내면 비판자는 가르치려 들거나 욕을 하며, 끊임없이 결점을 찾거나 트집을 잡는가? 늘 실수와 흠을 찾으려고 안달하지 않는가?

자신에 대해 싫은 점들을 모두 기록한다.

당신의 외모부터 시작한다. 그러고 나서 삶의 모든 영역을 포함한다.

자신과 가족에 대한 기대감과 '당위성'을 목록으로 만든다.

자신과 타인에 대한 '당위성'은 내면 비판자가 있다는 신호이다. 이를테면 늘 집안을 가지런히 정리하고 정돈'해야' 하고 늘 돈을 더 벌'어야' 하며 상황을 통제'해야' 한다고 생각하는가? 모든 일을 자신이 직접 처리'해야' 하며 절대 실수를 해서도 안 되고 두려워하거나 울거나 목소리를 높여서도 안 된다고 생각하는가? 이 모든 '당위성'과 기대감을 비판과 연결할 수 있는가?

비난과 기대감을 키우는 믿음이 무엇인지 살펴본다.

이를테면 "난 이런 일로 울어서는 안 돼."라는 생각에 대한 무의식적 믿음은 "난 나약해. 내 취약한 면을 보여주면 상처받을 거야."일지 모른다. "난 나쁜 사람이야."라는 생각은 "아무도 날 사랑하지 않을 거야.", "결국 난 혼자가 될 거야.", 그리고 궁극적으로는 "난 사랑스럽지 않아."라는 내재된 믿음에 근거한 것일지도 모른다.

내면 비판자가 내뱉는 말과 당신이 타인에 관해 하는 말이나 생각에 유사점이 있는가?

누군가를 비판할 때마다(큰 소리로 또는 마음속으로) 자신에 대해서도 동일한 생각을 하는 것은 아닌지 생각해보라. 몇 가지 예를 써보자.

자기 비하적 자기와 대화를 나눈다.

이제 다음에 나올 방식이 익숙할 것이다. 왼손으로 자기 비하적 자기가 하는 말을 적는다. 자기 비하적 자기는 자신의 가장 취약하고 유치한 측면인 경우가 많다. 이것은 잘못된 믿음과 말로 인해 수치심에 휩싸인 나의 일부분이다. 이 믿음과 말은 내면 비판자와 타인이 나에게 주입한 것이다. 자기 비하적 자기의 나이는 몇 살인가? 내면 비판자의 횡포가 가하는 고통은 어떤 느낌인지 자기 비하적 자기에게 질문한다. 자기 비하적 자기가 필요로 하는 것과 원하는 것은 무엇이고 원하지 않는 것은 무엇인가? 타인을 비난할 때 타인의 기분이 어떠할지 상상해보자.

내면 비판자와 자기 비하적 자기가 나누는 대화를 써본다.

내면 비판자와 자기 비하적 자기가 서로 치고받게 하라. 실제 자기는 관찰자 역할을 맡는다. 머릿속에 떠오르는 기억들과 이미지들을 알아차려보라. 무슨 일이 벌어졌는가? 누가 당신에게 수치심을 주었는가?

3단계: 수치심의 뿌리 찾기

수치심 치유의 일부는 자신의 부정확한 믿음과 메시지가 어디에서 나오는지 이해하는 것이다. 아마도 2장을 읽으면서 어린 시절의 사례들에 어느 정도 동질감을 느꼈을 것이다. 어쩌면 당신이 느꼈던 수치심을 기억할 수도 있고 기억을 못 할 수도 있다. 하지만 수치심은 사용하는 말뿐만 아니라 행동, 집안의 비밀, 믿음, 권위적 통제, 예측할 수 없거나 불공평한 규칙 실행을 통해서도 집안에서 대물림된다.[2] 치유를 하려면 고통스런 사건들을 다시 경험해야 할지도 모른다. 즉 과거를 다시 들추어낼 수 있다는 뜻이다. 하지만 이번에는 공감하는 마음, 정보에 근거한 인식, 공감하는 관찰자와 함께한다. 다음의 훈련을 실천하면 수치심이 어디에서 시작된 것인지 알아낼 수 있다.

성장하면서 익힌 규칙들이 있다면 목록을 만든다.
이 규칙은 누가 만들었는가? 규칙에 대해 상의하거나 규칙을 깨뜨릴 수 있었는가? 만약 그렇다면 무슨 일이 벌어졌는가?

가족의 믿음이나 정체성은 무엇이었는가?
예를 들어 어떤 부모들은 자신을 반항아, 외톨이, 패배자, 애국자로 여기거나 이웃보다 훨씬 큰 영향력, 재력, 종교적 힘을 지녔다고 여긴다. 이런 정체성이 형성되는 데 어떤 믿음이 영향력을 끼쳤을까? 당신의 부모는 타인보다 더 낫다고 느꼈는가? 아니면 못하다고 느꼈는가? 당신과 타인에 대한 부모의 시각을 공유할 수 있는가?

가족 신조와 가훈이 있다면 목록을 만든다.

"피는 물보다 진하다.", "집안의 치부를 남에게 드러내지 마라.", "티끌 모아 태산"을 예로 들 수 있다.

집 안이든 집 밖이든 아무도 언급하지 않는 가족 내 비밀이 있었는가?

예를 들어 많은 가정에서 중독, 정신 질환, 학대를 숨기거나 부정한다.

당신이 벌을 받고 훈육된 방식을 떠올린다.

당신이 받은 벌과 훈육 방식은 공평하고, 예측할 수 있고, 잔혹하지 않으며, 합리적이었는가? 이 방식에 대해 어떤 기분이 들었는가? 현재는 어떤 느낌이 드는가?

어린 시절 당신의 통제력은 어느 정도였는가?

자신의 신체에 어느 정도의 프라이버시와 통제가 허용되었는가? 당신의 행동과 소유물은 어느 정도 허용되었는가? 당시 이 부분에 대해 어떤 느낌이 들었는가? 당신에게 부여되었다고 느낀 권리는 무엇이었는가? 현재는 이것을 어떻게 생각하는가?

당신의 부모는 완벽주의자였는가?

부모님이 당신에게 기대한 것은 무엇이었는가? 당신을 지나치게 바로잡으려고 했는가? 이것은 당신에게 어떤 영향을 끼쳤는가?

어떤 행동을 하면 보상이나 칭찬을 받았는가? 그런 칭찬에 대해 느낀 점은 무엇인가?

가정 내의 역할은 무엇이었는가?

가정 내 자신의 역할로 인해 어떤 기분이 들었는가? 그 결과 당신이 희생해야 했던 점은 무엇인가? 현재 관계 속에서도 그 역할을 계속 맡고 있는가? 과거에 그런 역할에서 발생한 해로움과 이로움은 무엇인가? 현재 나타나는 해로움과 이로움은 무엇인가?

어린 시절에 어떤 방식으로 정서적으로 버림받았다고 느꼈는가?

정서적 유기에 대해 명확히 이해할 수 없다면 2장을 다시 읽어도 좋다. 방임과 학대는 정서적 유기의 원인이다. 보살핌 부족, 지독한 외로움, 투명 인간 취급, 무시, 오해가 뒤따를 수도 있다.

어린 시절에 들었던 비난과 수치심을 일으키는 발언을 모두 쓴다.

친구, 선생님, 친척, 상담사, 종교 지도자, 그리고 그 밖의 다른 사람들로부터 들은 말을 모두 쓴다. 이 말과 연관된 어린 시절 경험한 수치심을 떠올려보라.(후원자나 심리 치료사의 도움을 받아도 된다.) 대화 내용, 감각, 일어났던 사건에 대한 느낌을 포함해 기억할 수 있는 세부 내용을 모두 쓴다. 부모에게 분노가 솟구치더라도 그대로 내버려 둔다. 무슨 느낌이 들든지 다 괜찮을 것이라고 받아들인다. 그런 다음 몸과 마음을 편하게 해준다. 눈을 감고 그 당시에 일어났던 일을 시각화한다. 당신의 어른 자기(또는 당신의 심리 치료사, 후원자 또는 다른 믿을 만한 성인)가 무대에 올라와 어릴 적 자신을 보호해주고 편을 들어주는 모습을 바라본다. 그러고 나서 어린아이 자기를 다정하고 인자하게 위로하며 안아주는 모습을 바라본다. 어린아이 자기에게 수치심이 아니라 사랑받을 자격이 있다는 메시지를 전달한다.(이 메시지는 비록 당신이 타당한 규칙을 어겼더라도 틀리지 않은 말이다. 아마 당신은 자신이 누구인지를 수치스러워하는 것이 아니라 자신을 바로잡는 일이 필요했을지도 모른다.) 다시 말해 수치스러워하는 모습이 아니라 사랑받을 자격이 있는 모습으로 장면을 변화시킨다. 그런 다음 이 무대가 먼 곳으로 사라져 가는 모습을 바라본다. 당신의 기억이 너무 공포스럽고 고통스럽다면 경험이 풍부한 심리 치료사와 이 문제를 해결하는 것이 최선의 방법이다.

나중에 시각화한 이 경험을 기록한다. 또 이 경험이 자신에 대한 믿음과 삶 속에서 맞닥뜨린 여러 결정에 어떤 영향을 주었는지도 기록한다. 이제 그런 믿음에 도전하기 위한 나머지 단계들을 따른다. 당신은 어떤 방식으로 해를 입었으며 무엇을 잃었는가? 그런 경험들은 현재 당신의 관계 안에서 어떤 역할을 하고 있는가?

자신에게 일어난 사건을 합리화하거나 정당화하려고 노력할 수 있다. 더는 내면 비판자가 당신을 비판하거나 탓하기 위한 빌미를 찾지 못하게 유의하라. 예를 들어 유약함, 분노, 집착, 학대 허용을 당신의 탓으로 돌리게 하면 안 된다.

기억할 수 있는 모든 수치심 사건들에 대해 이 훈련을 반복한다. 성인이 되어 일어난 사건들도 모두 포함한다. 하지만 이 사건들이 여전히 당신을 괴롭힌다면 아래에 소개하는 5단계와 6단계를 실천하라. 그리고 해당 사건들에 대한 기억과 감정이 누그러질 때까지 이 과정을 여러 번 반복한다. 심리 치료사를 방문하는 것도 고려하라.

당신이 작성한 수치심을 일으키는 말의 목록과 내면 비판자의 말을 비교한다.
어떤 말들이 가장 충격적인가?

당신의 과거와 그것에 영향을 받은 성인의 삶을 슬퍼하도록 자신만의 시간과 여지를 마련한다.
질문에 답변을 써 내려갈 때 솟구치는 슬픔, 분노, 그 밖의 감정들을 마음 놓고 느껴본다. 슬픔은 여러 단계로 나타나는데 그 시작은 부정이며 이어 분노와 합의로 이어진다. 당신은 견뎌야 한다. 이 감정들은 신속히 해소되지 않을 수 있기 때문이다. 당신의 이야기와 감정들을 후원자나 전문가들과 나누는 것도 생각해본다. 이 감정들이 몇 달 동안 지속된다면 전문가를 만나는 것이 좋다. 상처를 치유하는 방법으로 신이나 고차원적 존재와 대화를 하는 방법도 있다.

수치심을 준 사람들에게 편지를 써본다. 당신이 당했던 내용을 모두 쓴다. 당시 어떤 느낌이었는지, 당신의 삶에 어떤 영향을 끼쳤는지도 포함한다.

상대방에게 편지를 읽어주는 상상을 하면서 큰 소리로 읽는다. 그리고 당신이 신뢰할 만한 사람과 편지를 공유한다. 용서하는 감정을 즉각 느낄 것이라는 기대를 하지 않는다. 용서는 일련의 과정을 거쳐야 가능하다. 누군가를 용서하는 것은 일어난 사건을 너그러이 받아들인다는 의미가 아니다. 더는 상처를 받거나 분노하지 않는다는 뜻이다. 수치심을 준 사람과 정면으로 맞서고 싶다면 우선 상대를 용서하고 자신을 받아들일 때까지 기다리는 것이 최선이다. 하지만 더는 수치심에 노출되지 않도록 유의한다.

4단계: '내면 비판자'와 대화하기

수치심을 치유하는 과정에 내면 비판자의 힘과 공격 수단을 빼앗는 것이 포함되어 있다. 내면 비판자의 힘을 누그러뜨리는 것은 내면 비판자의 동기를 이해할 때 가능하다. 나를 보호하려는 시도처럼 보일 수 있지만 사실 그렇지 않기 때문이다.

수치심을 경험하지 않으려고 어떤 상황에서 자기 안에 틀어박히게 되는지를 알아차린다.

이 행동의 결과는 무엇인가? 틀어박히는 행동을 선택하지 않으면 무슨 일이 벌어질까? 솔직하고 취약하다는 것이 무엇인지 자신의 생각과 느낌을 써본다.

가식적으로 "죄송합니다."라고 말한 적이 있는가?

이렇게 말한 동기와 이런 선택에 따라오는 이득과 손해를 쓴다. 이와 다른 진솔한 반응은 무엇이 있을까?

2단계에서 자신이 싫어하는 결점들을 목록으로 만들었다. 각 결점과 관련한 내면 비판자의 의도, 동기, 바람은 무엇이었는가?

타인의 비판으로부터 당신을 보호하려는 것은 내면 비판자의 동기가 될지도 모른다. 이를테면, "내가 먼저 말해줄게. 그러면 다른 사람이 그걸 말하더라도 넌 상처받지 않고 실망도 하지 않을 거야."라고 말하는 것이다. 혹은 위험과 마주하지 않도록 당신을 좌절시키고 싶을지도 모른다. 실패를 피할 수 있기 때문이다. 내면 비판자는 완벽성을 추구하기도 한다. 당신이 사랑받고 직업적으로 성공하기를 바라기 때문이다. 당신의 근본적 욕구나 공포는 무엇인가? 건강한 방식으로 이런 감정을 받아들이고 욕구를 채울 수 있는가?

내면 비판자가 '도와주려는 것'을 주제로 삼아 내면 비판자와 대화를 나눈다.

1단계에서 설명했던 방식대로 글을 쓴다. 오른손으로 질문을 쓰고 반대편 손으로는 내면 비판자의 답변을 쓴다. 외모, 직업, 성격 특징을 주제로 포함할 수 있다. 이 훈련을 거쳐 내면 비판자의 불만을 일으키는 깊은 감정과 채워지지 않은 욕구를 발견할 수 있다. 이를테면 내면 비판자가 당신에게 뚱뚱하다고 불평한다면 더 깊은 공포는 당신의 건강이나 혼자 내버려지거나 사랑받지 못한다는 두려움일 수도 있다. 즉 당신의 욕구는 건강을 유지하고 타인뿐만 아니라 자신으로부터도 사랑받는 것일지도 모른다. 또 다른 예로는 내면 비판자가 당신의 양심을 따르며 행동할 수도 있고 당신의 행동이 당신의 가치와 충돌을 일으킬 때 비난을 퍼부을 수도 있다.

수치심을 회피하려고 중독에 빠지고 딴청을 피우는가?

예를 들어 당신은 모임에서 타인을 판단하느라 집중력을 잃어버릴 수 있다. 또는 자신이 무력하다고 느끼기 때문에 모임에서 누군가에게 욕망을 느끼면서 집중력을 잃어버릴 수 있다. 자신과 삶에 우울함을 느낄 때 약물, 음식, 섹스, 쇼핑, 도박, 공상 또는 누군가에 대한 집착이나 또 다른 중독을 사용하는가? 그 결과는 무엇인가? 나중에 마음이 내킬 때 자신의 부정적 느낌을 글로 써보라. 그리고 후원자나 신뢰할 수 있는 친구에게 전화를 해보라. 진실하게 행동함으로써 만날 위험은 무엇인지 스스로 질문해보라.

5단계: 수치심과 마주보기

수치심에 관해 알아 갈수록 우리는 변화할 수 있다. 어린 시절의 경험과 분리해 수치심을 일으킨 사건들을 해석할 수도 있다. 자신의 생각과 타인의 생각과 관련해 무엇을 믿고 믿지 말아야 할지 선택할 수 있는 힘도 얻게 된다. 비판적 사고도 가능해지며 자기 비판이나 타인의 비판을 받아들이거나 거절할 수도 있게 된다. 이제 수치심의 뿌리와 내면 비판자가 수치심을 지속시키는 방법을 찾아냈다. 따라서 다음 단계는 수치심에서 비롯된 생각과 직면하는 것이다. 대개 이런 생각들은 경직되고, 공포심이 바탕이 되며, 선별된 부정적 정보이다. 또 수치심을 일으킨 사건에 대한 부정적 해석, 말, 행동을 반영한다. 이 단계에서 자신의 추측과 믿음에 도전해보라.

적신호를 식별하는 법을 배운다.

당신의 내면 비판자는 과장하는 것을 좋아하고, 부정확한 정보를 전달하며, 전후 관계를 무시하지 않는가? 피곤해서 게으름을 피우거나 실수를 하면 당신에게 죄책감을 씌우고, 낙인을 찍으며, 멍청이라고 부르면서 욕설을 하지 않는가? 또는 '아니오'라는 대답을 하면 이기적이라고 하지 않는가? 당신의 내면 비판자는 성급한 결론을 내리고 부정적 추측을 하지 않는가? 당신이 초대장, 임금 인상, 특정 전화를 받지 못한 이유가 무엇인지 다른 타당한 설명은 하지 않는가? 내면 비판자의 이런 전술은 적신호라고 할 수 있다. 자유롭게 당신의 내면 비판자와 맞서라. 당신 안의 지혜의 신은 뭐라고 말하는가?

내면 비판자의 추측과 믿음이 옳은지 시험한다.

신뢰할 만한 사람들에게 내면 비판자의 진술과 믿음을 들려주고 동의하는지 물어본다. 예를 들어, 직업이 웨이트리스인 내담자가 있었는데 사람들이 자신을 무시한다고 추측하고 있었다. 하지만 조사를 해본 결과, 사실은 그 반대였다. 대부분의 사람들은 이들이 하는 고된 일에 감사하고 있었다.

실수를 예상하는 연습을 한다.

의도적으로 최소 하루에 다섯 가지의 바보 같은 실수를 해본다. 자신의 실수를 대수롭지 않게 웃어넘기는 새로운 습관을 들인다.

내면 비판자의 전략을 꿰뚫는다.

내면 비판자의 전략을 꿰뚫는 순간 내면 비판자는 당신에 대한 통제력을 잃는다. 그러므로 내면 비판자의 전략을 큰 소리로 외쳐라. 내면 비판자는 단지 비판을 위한 비판을 하는 것이며 그 과정은 기계적이다. 내면 비판자가 아는 것은 그게 전부다. 어떤 내면 비판자는 딜레마 방식을 사용하기도 한다. 아무리 봐도 승산이 없는 상황에서 당신을 가두고 무력하게 하는 데 매우 능숙하기 때문이다. 이를테면 한 가장이 늦은 시간까지 직장에 남아 야근하는 날만 되면 내면 비판자는 가족과 지내지 않는다며 비판했다. 하지만 늦게까지 일하지 않는 날에는 게으름을 피우는 형편없는 가장이라고 맹비난했다. 이처럼 어떤 선택을 해도 정답이 없는 딜레마에 빠지게 만든다면 내면 비판자의 전략을 크게 말하고 쓸모없게 만들어라. 내면 비판자가 사용하는 이 전략을 깨달을 때 당신의 행동은 자유로워진다. 내면 비판자는 결코 만족하는 법이 없음을 깨닫기 때문이다. 또한 아래와 같은 표현을 사용해 내면 비판자의 비난에 반박할 수도 있다.

"고마워. 나 충분히 알아들었어."

"그만둬!"

"아버지는 지금 없는걸!"

"그때도 그거 효과가 없었잖아, 그러니까 지금도 효과가 없어!"

"넌 과거 속에 살고 있구나."

"그건 엄마의 믿음이었어. 내 믿음이 아니야."

각 비판과 믿음에 대해 '무엇이 진실이지?'라는 질문을 자신에게 한다.

• 그것이 진실인지 어떻게 아는가? 사실 여부를 따져보고 내면

비판자의 추측에 객관적 증거가 있는지 살펴본다(당신이 해석한 타인의 말과 행동이나 당신에게 찍힌 낙인 외에도).

- 이 믿음이 진실이 아니었던 시기가 있었는가?
- 당신의 믿음은 보편적 진실인가? 이 믿음을 공유하지 않는 사람이 있는가?
- 다른 대안적 설명이나 시각이 있지 않을까? 당신의 믿음은 반박할 수 있는 것인가? 예를 들어, 실수를 하거나 이기적인 행동은 인간의 일반적인 행동이다. 키가 작기 때문에 연인이 없다는 믿음은 반박 가능한 것이다. 사실은 키가 작은 사람들도 사랑을 하고 행복을 찾지 않는가?

2단계에서 비판의 근간인 기대감의 목록을 만들었다. 이 기대감에 도전해본다.

- 당신의 기대감은 현실적인가?
- 당신의 기대감은 어디에서, 그리고 누구한테 배웠는가?
- 당신이 기대하는 것은 무엇인가?
- 당신의 기대감은 실제로 자신과 타인에게 이로운가?
- 당신이 원하는 대로 한다면 어떻게 행동할 것 같은가?
- 이런 기대감을 단념하면 무슨 일이 일어날 것 같은가?
- 기대감을 단념할 때 밀려오는 두려움을 놓아줄 수 있는가?

자기 비판과 기대감에 담긴 전제를 고려한다.

- 내면 비판자는 당신의 규칙과 기준이 아닌 것을 택하는가?

그것들은 당신의 부모, 문화, 종교, 교육에서 비롯된 가치나 규칙이 아니었는가? 당신은 다른 사람의 비판, 즉 파트너, 부모님, 자신을 괴롭히는 사람 혹은 힘 있는 사람의 의견을 받아들이고 있는 것은 아닌가?

- 다른 사람들의 의견이 자신의 의견과 같은지 또는 다른지 알아낸다. 그리고 그 의견의 근간이 무엇인지 알아낸다.

의견이란 바로 이런 것이다. 의견은 진실을 말하는 것이 아니다. 따라서 다른 사람들의 의견은 객관적 진실이 아니다. 그들은 단지 자신의 취향, 느낌, 믿음, 삶의 경험을 표현하는 것이다.

타인의 말이나 기분을 자신의 탓이라고 여기는가?

때로 사람들은 자신의 기분이나 행동을 당신의 탓으로 돌리기도 한다. 하지만 모든 사람들은 자신의 감정과 행동에 책임을 져야 한다. "저 사람이 나를 그렇게 만들었어."라는 말은 결코 정당방어가 될 수 없다. 상대는 당신과 완전히 다른 반응을 보일 수 있기 때문이다. 마찬가지로 당신도 타인을 어떤 특정한 방식으로 느끼게 '만들'거나 행동하도록 '만들' 수 없다. 이를테면 친구와 영화를 보러 가서 영화가 재미없었다고 말한다면 친구는 당신을 부정적이라고 비난할 수 있다. 그리고 자신의 즐거운 시간을 망쳤다며 당신을 탓할 수도 있다. 이 논리를 내면 비판자에게 적용해보라. 다른 가능한 반응에 대해서도 생각해보라.

표 8.1 **도표 예시**

계기	생각	느낌	믿음	방어/반응	기억
전화가 오지 않는다.	그가 화났다. 내가 잘못을 저질렀다.	상처 우울감 공포감	난 나쁜 사람이야. 난 호감 가는 사람이 아니야.	그에게 화를 낸다. 그를 심판한다. 움츠러든다.	아버지는 내게 아무 말 없이 벌을 주었다.
직장에서 실수를 했다.	내가 어떻게 그럴 수 있지? 난 너무 조심성이 없어.	분노 당혹감 불안감	난 바보야. 난 완벽해야 해.	과식한다. 타인에게 짜증을 낸다. 야근을 한다.	어머니는 늘 비판적이었다.
누군가의 욕구를 간과했다.	난 정신이 나갔어. 난 이기적이야.	수치심 경직 굴욕감 공황 상태 노출된 느낌	난 이기적이야. 난 사랑스럽지 않아. 타인의 욕구가 우선이야.	움츠러듦 자기 공격	어머니는 늘 내게 이기적이라고 했다.
옷이 맞지 않는다.	난 뚱뚱해. 난 끔찍해 보여.	낙담 절망감 자기 혐오 우울감	난 볼품없어. 난 사랑스럽지 않아. 날씬함 = 사랑	움츠러듦 집에만 머문다. 먹는다. 더 외롭고 수치스럽다.	학교에서 몸 크기로 놀림을 받았다.

수치심과 수치심을 일으키는 메시지를 반복적으로 경험하게 만드는 사건들을 쓴다.

당신의 계기, 생각, 느낌, 믿음, 반응, 방어 행동, 기억을 포함하는 도표를 만든다. 그리고 계기, 느낌, 믿음, 반응을 어린 시절에 수치심을 일으킨 사건들과 연결한다. 아래의 예시를 참고하라. 세 번째 계기는 수치심 발작을 자극한다는 점을 명심하라. 이것은 이상적 자기와 모순을 일으키는 핵심 계기이다.

첫 번째 예시는 외부적 계기이다. 부모가 말없이 벌을 주었거나 소통하지 않았던 어린 시절의 기억이다. 두 번째 예시는 내면적 계기이며 매우 비판적인 부모에 의해 비롯된 자기 심판이다. 세 번째 계기는 배려할 줄 모르거나 이기적이라고 당신이 비판받을 때 외부적으로 발생할 수 있다. 이게 아니라면 내면적으로도 일어날 수 있는데 당신이 자신을 우선시했거나 타인의 욕구를 놓쳤다는 것을 깨달을 때이다(예를 들어 친구의 생일 또는 질병). 이 경우에 수치심은 당신의 욕구가 대수롭지 않게 여겨진 어린 시절의 경험에서 일어난 것이다. 그리고 수치심을 일으키는, 이기적이라는 메시지와 함께 결합한 것이다. 이것은 나르시시스트 부모를 둔 자녀가 자주 보이는 패턴이다. 네 번째 계기는 신체 이미지와 관련된 깊은 수치심에서 비롯된 것이며, 타인의 발언이나 내면의 자기 평가에 대한 반응의 형태로 일어날 수 있다.

6단계: 취약성을 드러낼 용기

우리는 모두 누군가와 정서적으로 연결되고 싶어 한다. 하지만 수치심은 그 어디에도 소속된 곳이 없는 것처럼 고립되고 버림받는 느낌을 줄 수 있다. 해독제는 자기 드러내기이다. 즉, 진솔하게 자신의 취약한 면들을 타인과 공유하는 것이다. 이것은 관계의 핵심이라고 할 수 있으며 실제 자기를 타인에게 보여주는 것이다.

수치스러운 감정에도 불구하고 취약해질 의지, 안전한 환경에서 감정을 드러낼 의지, 자신의 욕구를 채우려고 그것을 요구할 의지를 낼 때 우리는 다음의 여섯 가지를 이룰 수 있다.

1. 사람들과 정서적으로 연결될 수 있다.

2. 수용력이 발달한다.

3. 잘못된 자부심과 오만을 누그러뜨리는 겸손이 커진다. 겸손은 우리를 강하게 만들어주며 잘못된 자부심과 오만은 우리를 약하게 만든다.

4. 취약해질 때마다 진정한 자기를 강화한다.

5. 자신과 타인에 대한 신뢰감이 생긴다.

6. 관계 속에서 상호성과 수용의 기회를 제공한다.[3] 다시 말해서 두 사람 모두에게 흠이 있더라도 서로에게 달라지라는 요구를 할 수 없다.

취약한 면을 공유하고 보살핌, 손길, 분리, 친밀함 같은 욕구를 요구하려면 엄청난 용기가 필요하다. 하지만 이런 습관에 익숙해지면 마음이 안정될 뿐만 아니라 분별력도 생기게 된다. 따라서 고립감을 느끼던 예전의 패턴으로 되돌아가고 싶지 않게 된다. 신뢰할 수 있고, 마음을 열어 내 말을 경청해주며, 나를 심판하지 않으며, 내가 달갑지 않아 하는 의견을 말해주고, 자신의 경험이나 계획을 강요하지 않는 사람들과 함께하는 것은 현명한 일이다. 이들은 단순히 감정을 극복하라는 말에서 그치지 않고 표현하도록 도와준다. 관계 속에서 무력해지거나 덫에 걸린 느낌이 든다면 아마도 당신은 안전한 느낌이 들지 않을 것이다.

자주 소외감을 느끼는 알코올 중독자들이 익명의 알코올 중독자들, 즉 에이에이의 회원이 되면 치유에 도움이 되는 소속감을 느끼게 된다. 에이에이의 어떤 회원들은 다른 회원들을 '형제'나 '자매'라고 부른다. "나는 알코올 중독자예요."라는 사실을 공유하는 것은 수용적인 분위기 속에서 자신의 병과 관련된 수치심을 드러내는 것과 같다. 에이에이의 전문가 어니스트 커츠(Earnest Kurtz)는 "중독자가 추구하려는 것은 다름 아닌 완벽한 안전감이다."[4]라고 말했다. 하지만 이들이 맨 정신을 유지하는 것은 에이에이의 두 창립자인 빌 윌슨(Bill Wilson)과 밥 스미스(Bob Smith)의 경우처럼, 회원들이 서로 협력한다는 원칙에 기초한다. 이 말은 각 회원이 도움을 '필요'로 한다는 것을 보여준다. 다시 말해서, 각 회원은 다른 회원들과 마찬가지로 혼자서는 일어설 수 없는, 결함과 제약이 있는 인간이라는 점을 보여준다.

이 개념은 모든 12단계 프로그램에 해당되며 각 단계에 의해 강화된다. 12단계 프로그램은 타인뿐만 아니라 자신에 대한 정직과 성찰을 강조한다. 또한 회원들에게 자신의 결점 목록을 만들어 신이나 고차원적 존재, 또는 다른 사람들과 공유하도록 제안한다. 이 단계들도 과거 행동을 죄책감으로 전환하여 자신의 잘못을 고치도록 회원들에게 요구하며 과거 행동에 대한 수치심을 줄여준다.

많은 사람들은 수치심을 공유하는 데 12단계 프로그램이 안전하다는 생각을 한다. 이 프로그램은 타인이 개입하면 안 된다는 규칙을 내세우고 있다. 즉 자신의 수치심을 공유한 후에는 타인이 개입할 수 없으며 조언과 의견도 제공할 수 없다. 누군가에게 나를 도와 달라는 요청은 큰 모임에서는 공유하고 싶지 않은 개인적인 문제를 드러낼 수 있는 기회이자 겸손에 이르는 또 다른 단계이다. 후원자와 함께 있을 때 안전한 느낌이 드는 것은 중요하다. 후원자가 당신을 심판하거나 수치심을 주지는 않는지, 그리고 당신의 감정에 관해서 소통하려고 하는지 알아차려라. 이 문제가 해결되지 않으면 후원자를 바꿀 수도 있다.

심리 치료사와 친밀감이 형성될 만큼 자신을 드러내면 훨씬 깊은 수준의 치유가 가능하다. 특히 트라우마를 포함한 어린 시절의 문제들을 다룰 때 그렇다. 12단계 모임에는 이런 문제들을 탐색할 충분한 시간이 없다. 또 그렇게 할 수 있도록 훈련받은 조력자도 없다. 인간 관계에서 누군가와 신뢰감을 쌓고 마음의 문을 열어 취약한 감정들을 공유하려면 시간이 걸린다.

취약한 면을 드러내더라도 마음이 편안한 사람이 있는가?

이름과 연락처를 쓴다.

참석할 수 있는 12단계 모임을 1~3곳 정도 찾아본다.

위치와 모임 시간을 기록한다. 모임에 적어도 5회는 참석하려고 노력한다. 마음이 편안하지 않다면 다른 모임을 찾으면 된다.

신뢰할 만한 사람에게 취약한 면을 드러내려고 노력한다.

자신의 취약한 면을 드러내는 쉬운 방법은 실수를 했을 때 바로 그 자리에서 인정하는 것이다. 믿을 만한 사람과 이것을 실천해본다. 어떤 느낌이 들었는가?

7단계: 어떻게 자존감을 높일까?

부정적인 혼잣말을 긍정적인 혼잣말로 바꾸는 것은 매우 중요하다. 자신을 긍정함으로써 역량과 자존감을 높일 수 있다. 그리고 진정한 자기가 강해지면 수치심에서 회복되고 덜 의존적인 사람이 될 수 있다. 이 과정은 자기 성찰뿐만 아니라 자신에 관해 더 많은 것을 발견하려고 위험을 받아들이는 것을 포함한다. 자기 주장을 적극적으로 하면 위험이 따르지만 힘과 안전감을 제공하는 방식으로 나의 감정을 공유하고 욕구를 전달하는 데 필수적이다. 본질적으로 이 말은 다른 사람의 입장을 언급하거나 평가하지 않으면서 자신의 입장을 분명히 하고, 요구를 하며, 경계선을 긋고 나의 생각과 감정을 전달한다는 의미이다. 진정한 자기와 자존감을 키우려면 더 자율적으로 행동할 필요가 있다. 이를테면 기술 배우기, 목표 이루기, 흥미로운 일 하기, 나를 지지해주는 친구 만들기, 즐거운 취미 활동이 있다. 사실 긍정적인 친구들이 주변에 많고 긍정적인 감정이 풍부할수록 어린 시절의 수치심을 삶의 일부로 통합하고 치유하는 데 도움이 될 수 있다.[5] 다음은 이것들을 시작할 수 있는 몇 가지 제안들이다.

'너'를 언급하지 않고 '나' 진술법으로 말하는 연습을 한다.

상대의 욕구, 의견, 요구, 감정과 관련된 질문을 하고 싶을 때 나에 대한 진술로 바꾼다. 이를테면 다음 예시들이 있다. "난 가족 구성원으로서 더 많은 일을 하고 싶어." "난 직장에서 지원을 받았으면 해."

교육과 직업상의 목표들을 목록으로 만든다. 이 목표를 단기 및 장기별로 우선순위를 정한다.

가장 높은 목표를 월별과 주간별로 나누고 매일 해야 할 것들을 단계별로 세분화한다. 자신감을 키우고 싶다면 자기 주장을 다루는 강좌를 들어보라.

자신의 긍정적 특성과 행동을 스스로 칭찬한다.

예를 들어 당신이 회피해 오던 임무를 완수하고, 이웃에게 친절하며, 내키지 않는데 운동을 할 때 자신을 칭찬한다. 수치심을 치유하기 위해 해야 하는 단계나 자신이 필요한 것과 간절히 바라는 것을 우선시하는 순간들을 알아차린다.

수치심을 일으키는 메시지에 반박하는 자기 확언 메시지를 만든다.

자기 확언 메시지들을 현재 시점으로 쓴다. 모두 긍정적으로 쓴다. 즉 '안 되는' 또는 '수치심'과 같은 부정적 어휘를 사용하지 않는다. 이를테면 "난 멍청하지 않아."라고 쓰는 대신에 "난 똑똑해."라고 쓴다. 이 확언 메시지들을 눈에 잘 띄는 곳에 붙여놓고 매일 큰 소리로 말한다.

매일 최소 한 가지의 긍정적 행동을 한다.

기분이 좋아지는 일들을 생각해본다. 이를테면 모험하기, 무언가를 수리하기, 집 청소하기, 가장 좋아하는 음식 요리하기, 아픈 친구에게 전화하기를 예로 들 수 있다. 에베레스트산 등반과 같은 엄청난 용기가 필요한 일을 하라는 뜻이 아니다. 내 경우 전기 콘센트를 처음 교체했을 때 엄청난 능력이 생긴 것 같았다. 늘 두려워했던 일이기 때문이다.

나의 필요, 가치, 실제 감정과 일치하는 행동을 한다.

이것은 자존감을 높여준다. 이렇게 행동하지 않으면 공의존적 자기가 형성된다. 이것은 내면 비판자에게 무기를 건네주는 것이나 마찬가지이다.

하루가 끝날 무렵 잘한 일을 세 가지 쓴다.

자신이 한 일을 스스로 칭찬한다.

자신에 대한 핵심 수치심을 기반으로 한 믿음을 바꾼다면 어떤 결과가 일어날까?

이를테면 다음 예시들이 있다. "난 매일 몸무게를 재지 않을 거야.", "나는 사람들을 더 솔직하게 대할 거야.", "내 의견을 직장과 단체 모임에서 공유할 거야."

자신에게 만족감이 들고 자격을 얻은 느낌이 들 때 삶이 어떻게 달라질지 떠올린다.

세세한 부분까지 모두 머릿속에 떠올리고 환상에 젖어본다. 오늘 '이 모든 것이 진짜인 것처럼' 행동하는 상상을 한다. 이것을 정기적으로 시각화한다. 마치 사실인 것처럼 행동하고 시도해보라. 이것을 못하게 방해하는 공포, 믿음, 느낌을 글로 적는다.

이 문장을 완성한다.

"내가 진실로 (어머니/아버지)가 나를 사랑한다고 믿는다면"이라는 문장을 "내 자신감이 훨씬 높아질 텐데.", "난 훨씬 더 친절해질 텐데.", "내 실수를 받아들일 수 있을 텐데."와 같이 완성한다. 이처럼 문장을 계속 덧붙여보라.

자신에게 격려 편지를 쓴다.

매일 반복해서 자신에게 격려의 말을 들려주고 편지에 추가한다.

자신의 긍정적 특성들을 목록으로 만든다.

이것을 하기가 힘들다면 친한 친구에게 물어본다. 당신 또는 다른 누군가가 자신에 대한 긍정적 측면을 알아차릴 때마다 그것을 목록에 계속 추가하라.

죄책감이 느껴지는 일과 자신이 해를 끼친 사람들을 목록으로 만든다.

자기 자신을 목록 맨 위에 넣는다. 수치심뿐만 아니라 자신이나 타인에 대한 죄책감과 억울함은 자존감을 망가뜨릴 수 있다. 자기 용서는 자비로운 마음과 자기 사랑하기의 문을 열어줄 수 있다.[6] 지금도 죄책감을 느끼는 사건들이 있다면 글로 써보라. 더 넓은 시각으로 자신의 동기, 믿음, 욕구, 감정을 분석하라. 어린 시절의 사건들이 떠오르는가? 우리의 이상적 기준을 채우지 못한 경우 외에도 우리는 아무런 합리적인 이유 없이 죄책감을 자주 느낀다는 점을 명심하라. 어린 시절의 실수를 사랑과 이해로 위로받지 않았다면 자기 용서를 배운 것이 아니다. 그 결과 자기 자신을 용서하기가 힘든 것이다.

해를 끼친 사람이 있다면 만회할 방법을 찾는다. 단, 이로 인해 당신 또는 상대가 더 큰 해에 노출되지 않는다는 전제를 둔다.

이것을 실행하기 전에 신뢰할 만한 사람과 당신이 계획한 만회 방법을 상의한다.

8단계: 자기 수용의 기적

우리는 치유를 통해 나에게 늘 문제가 일어나며 내가 불완전한 존재라는 것을 깨닫게 된다. 또한 나 자신을 있는 그대로 바라보고 좋든 싫든 '나의 본모습 그대로'를 받아들일 수 있게 된다. 그러면 지금까지 그랬듯 수치심과 자기 연민을 경험하는 대신, 우리는 불완전함이 인간 조건의 일부라는 것을 깨닫게 된다. 좋든 싫든 나에게 있는 모든 측면들은 전부 나의 것이다. 내가 결함이라고 여기는 것들은 나에게 보잘것없다는 느낌도 사랑스럽지 않다는 느낌도 줄 수 없다. 나의 결함은 오히려 내가 성장할 기회, 타인에게 공감할 기회, 타인의 지지를 얻을 기회를 준다. 정신분석가 카렌 호나이는 환자들이 자기 자신을 '특별히 대단하지도 않고 그렇다고 비겁하지도 않은, 늘 고심하고 상처받는' 인간으로 '측은하게 여기기'를 바랐다.[7] 12단계 구호도 자기 수용과 겸손을 북돋워주는데, 그 내용은 다음과 같다. "완벽해지려고 하지 말고 계속 나아가라." "너무 밀어붙이지 마라." "서로 자기 방식대로 살아가라." "누구라도 그런 상황에 처할 수 있다." "이 또한 지나가리라." 이 구호들은 수용력을 높여주고 자신과 타인에게 관대하도록 상기시켜준다.

자기 사랑하기는 자기 수용과 함께 시작한다. 특히 나의 모습을 그대로 유지하는 데 필수적인 자신의 욕구와 감정을 받아들이는 것에서부터 시작한다. 자기 수용은 다양한 평가가 가능한 자존감과 달리 한결같으며 조건이 없다. 어떤 판결도 내리지 않는다. 그렇기 때문에 우리는 자신도 모르는 사이에 자기를 받아들이게 된다. 자기 수용은 기적을 일으킨다. 자기 용서를 할 줄 아는 사람이 되도록 도와주며 어려움 없이 자기 비판적인 태도를 놓아버리도록 도와준다. 긍정적이든 부정적이든 우리를 자신의 이상이나 타인에 비교하지 않고 자신만의 독특한 개성을 알아보게 한다. 자신을 증명하거나 나아지게 해야 할 필요 없이 자신의 모습 그대로 충분하다는 사실을 깨닫는 것이다. 타인이 무슨 생각을 하는지 걱정하는 습관도 점차 그만두게 된다. 자기 수용은 우리를 진솔하고 자발적이며 자연스러운 존재로 만들어준다. 마음은 마침내 안정되고 우리는 내면의 실제 자기가 좀 더 드러나도록 허용할 수 있게 된다. 자기 자신을 조건 없이 수용하면 자신을 드러내더라도 수치심과 두려움은 사라지게 된다.

수용이 우리의 태도를 보여준다면 사랑은 감정과 행동이 합쳐진 것이다. 자기 사랑하기는 많은 사람들이 믿는 것과 대조적으로 우리에게 유익함을 준다. 자기 사랑하기는 이기적이거나 자기에게만 관대하다는 뜻이 아니며, 자기 중심적이지도 나르시시스트적이지도 않다. 에리히 프롬(Erich Fromm)은 사랑을 헌신과 연습이 필요한 기술이지 승리한다거나 '홀리는' 어떤 것이 아님을 정확히 꼬집었다. 더 정확히 말하자면, 타인을 사랑할 수 있음은 계발되어야 할 능력인 것이다. 이 능력은 노력을 통해 가능하며 그 시작은 자기 자신을 사랑하는 법부터 배우는 것이다.

서구 사회는 기독교적 믿음에 영향을 받았다. 그것은 모든 인간에게 기본적으로 죄가 있으므로 자기 사랑하기를 죄로 여기는 믿음이다. 하지만 성경에는 "네 이웃을 네 몸같이 사랑하라."라고 씌어져 있는데 어떻게 이웃을 사랑하는 것은 미덕이고 자기 사랑하기는 악이 될 수 있을까? 우리는 인류의 일부이며 내 옆에 있는 사람과 동일한 사랑을 받을 가치가 있다. 많은 사람들 또는 종교인들은 타인을 사랑할 수 있지만 자신을 사랑하는 것은 어려워한다. 어떤 사람들은 자신을 높이 평가하는 사람들을 제멋대로이고, 자만심이 많으며, 오만하거나 이기적이라고 믿는다. 하지만 실상은 정반대이다. 우리가 자신을 사랑할수록 우리는 더욱 타인을 사랑할 수 있다. 이것의 반대도 마찬가지이다. 즉 타인을 증오하는 것은 자기 혐오의 신호일지도 모른다.

누군가를 사랑할 때 우리는 사랑하는 사람이 경험한 것들과 세계관을 이해하고 싶어 한다. 또 상대방과 거리가 생기는 동정심보다는 관심, 존중, 지원, 자비, 공감, 수용의 태도를 보이려고 한다. 우리의 배려는 이해, 책임, 약속과 관련한 것이며 그 가치는 사랑의 가치에 높고 낮음이 없듯이 구분이 없다. 타인에게 관심을 유지하고 자애로운 마음을 내주는 능력은 훈련과 시간이 필요하다. 따라서 우리가 그것들을 계발하면 자신을 사랑하고 타인을 사랑하는 능력이 향상된다. 무언가를 배우려면 반드시 그것을 원해야 하고 노력을 기울일 만한 가치를 스스로 느껴야 한다. 자기 사랑하기는 분명 중요한 목표지만 우리 사회는 혼란으로 가득 차 있다. 그리고 빠른 속도, 성과, 생산성의 강조는 자기 사랑의 발전을 어렵게 만든다.

수용은 자기 공감으로 발전하며 이것은 사랑과 다르다. 자기 공감은 우리가 타인에 공감할 때처럼 자신의 감정, 생각, 행동을 알아차릴 수 있게 해준다. 수용하고, 배려하며, 이해하는 마음으로 말이다. 자기 공감은 영혼의 온화함, 부드러움, 관용의 정신으로 표현되며 이것은 자기 비판, 완벽주의, 몰아붙이기와 아주 다르다. 대부분의 사람들은 스트레스와 격한 감정, 피곤으로 지칠 때 자신을 보살피기는커녕 훨씬 더 많은 일을 하려고 한다. 만약 어린 시절에 보살핌을 받지 않았다면 자기 보살핌은 시간이 흐르면서 치료하는 과정에 포함될 수도 있다. 그리고 치료사로부터 받은 수용과 공감을 삶에 통합하는 법을 배우게 될 것이다.

자기 사랑하기는 개별화와 함께 발전한다. 그리고 어려움을 피하지 않고 삶의 좌절과 슬픔을 극복할 용기와 신념을 요구한다. 우리 안의 신념은 걱정이나 비판에 다시 빠지지 않고 어려움과 실패를 마주하도록 허용할 뿐 아니라, 우리가 자신을 위로하도록 허용한다. 현재의 감정이 어떻든지 간에 우리는 자신을 객관적으로 바라보는 능력을 발전시키고 살아남을 것이라는 것을 안다. 하지만 끊임없이 타인의 인정과 확신에 집착한다면 스스로 이런 내적 기능을 발전시킬 기회를 놓치게 된다.

자기 사랑하기와 자기 공감은 지속적인 연습이 필요한 감정이며 행동이다. 우리는 하루 종일 자기 자신을 사랑할 기회가 있다. 지속적으로 이것을 실천할 수 있는 몇 가지 방법이 아래에 있다.

혼자만의 시간을 보낸다.

조용한 시간은 세심하고 공감하는 마음으로 자신의 감정을 알아보고 경청하는 데 필수적이다.

자신의 욕구에 귀를 기울이고 욕구를 채운다.

모든 판단을 멈추고 매주 또는 매달 하루를 정해 그날은 온전히 자신의 욕구와 감정에 충실하게 보낸다.

명상한다.

명상과 함께 요가와 무술 역시 자기 인식력을 기르고 자신의 관심사에 집중하도록 도와준다. 또 자신의 감정을 알아차리고 억제하는 능력을 기르게 해준다.

자신과 한 약속을 이행한다.

그러지 않으면 스스로 포기하는 것이 좋다.

자기 연민 또는 피해자가 된 느낌이 드는 순간을 포착한다.

자기 공감과 달리 자기 연민에는 분노가 뒤따르며 수용력이 결핍되어 있다. 당신은 누구한테 또는 무엇 때문에 분노하는가? 자신(피해자)에게 다음의 훈련과 같은, 세심함이 묻어나는 편지를 써보라.

당신의 자기 비하적 자기를 사랑스러운 친구나 어린아이로 상상한다.

당신의 이런 측면을 2인칭으로 놓고 세심함과 자애로움이 느껴지는 편지를 쓴다. 필요에 따라 반복하라. 이런 태도를 매일 연습하라.

자기 관리와 자기 돌보기를 배운다.

이것들은 자기 사랑하기의 중요한 부분이다. 하지만 성장하면서 이것을 경험하지 않은 사람은 배우기를 힘들어한다. 1단계에서 한 것처럼 자신의 어린아이 자기와 매일 대화해보라. 어떤 식으로 돌보고, 사랑하며, 보호하면 가장 좋을지 물어보라. 시간이 부족하다면 어린아이 자기를 시각화하고 마음속으로 질문해도 된다.

자신을 쓰다듬어준다.

어루만지는 행동은 사랑을 표현하는 한 방식이다. 사랑하는 사람을 어루만지고 안아주는 것은 자연스러운 행동이다. 하지만 자신에게 그렇게 하는 것은 어색하게 느껴질 수 있다. 침대 또는 욕조에서 쉬고 있을 때 팔 안쪽과 목뒤, 그리고 배를 쓰다듬어보라. 가슴에 손을 얹고 자신의 호흡을 느껴보라. 스트레스가 쌓이고 마음이 불안하고 슬플 때 자기 자신을 달래는 데 이만 한 방법도 없다.

자기 자신에게 사랑의 메시지를 전한다.

낮 동안 어떤 스트레스를 받았든 숨을 깊이 들이마신다. 그런 다음 자신에게 사랑과 다정함이 듬뿍 담긴 메시지를 보낸다. "이게 얼마나 힘든 일인지 나도 알아. 하지만 내가 여기 있잖니. 난 널 사랑해."

소중하고도 취약한 자기를 사랑할 때 당신은 에너지가 샘솟는 느낌이 든다. 그리고 만족감을 얻으려고 방어 행동을 하거나 타인에게 기대는 행동은 이제 그만두게 된다. 자신을 사랑하라. 그래야 타인을 사랑할 수 있으며 마음 깊이, 그리고 진실하게 타인에게 공감할 수 있다.

자기 공감 테스트

크리스틴 네프(Kristin Neff) 박사는 자기 공감에 대한 연구를 진행했으며 다음의 테스트를 개발했다. 테스트의 답변을 선택할 때 자신의 혼잣말뿐만 아니라 행동에 대해서도 생각해본다. 이를테면 몸이 피곤한데도 일을 계속한다거나 외로운데도 혼자 있는 것처럼 자신의 욕구를 무시하는 행위를 예로 들 수 있다. 자신의 욕구 무시는 자기 자신을 돌보지 않는다는 것을 증명한다. 당신의 답변은 당신이 변화하고 싶은 영역에 대한 인식 능력을 높여준다. 하지만 이 답변을 내면 비판자에 대한 무기로 사용하지 않도록 유의해야 한다. 자신의 점수를 무능함의 증거로 사용해서도 안 된다.

어려운 시기가 닥쳤을 때 보통 자기 자신에게 행동하는 방식

답변을 고르기 전, 각 문장을 주의 깊게 읽는다. 각 항목의 왼쪽에는 진술된 내용의 방식대로 얼마나 자주 행동하는지 아래의 측정 단위를 참고해 표시한다.

거의 그렇지 않다 　　　　　　　 거의 언제나 그렇다

　　　1　　　2　　　3　　　4　　　5

_____ 1. 나는 나 자신의 결점과 무능함에 비판적이며 불만이 있다.

_____ 2. 마음이 울적할 때 잘못된 일들을 모두 병적으로 바로 잡으려 하고 집착하는 경향이 있다.

_____ 3. 상황이 나쁘게 돌아가면 모든 사람들이 삶의 일부로서 겪는 어려움으로 여긴다.

_____ 4. 나의 무능감을 생각하면 세상으로부터 더욱 단절되고 분리된 느낌이 든다.

_____ 5. 정서적으로 고통스러울 때 나 자신에게 사랑을 주려고 노력한다.

_____ 6. 중요한 일을 망쳤을 때 나는 무능하다는 느낌이 든다.

_____ 7. 인생의 밑바닥에 있다는 느낌이 들 때 세상에는 나와 비슷한 처지에 있는 사람들이 많다는 것을 떠올린다.

_____ 8. 힘든 시기가 닥치면 나 자신에게 엄격해지는 경향이 있다.

_____ 9. 어떤 일로 인해 마음이 언짢아지면 감정을 추스르려고 노력한다.

_____ 10. 어떤 점에서 무능하다는 느낌이 들면 대부분의 사람들도 그런 느낌을 받는다는 점을 떠올린다.

_____ 11. 마음에 들지 않는 나의 성격적 측면을 받아들이기 힘들고 참기 힘들다.

_____ 12. 매우 어려운 시기를 겪을 때 나를 보살피고 나에게 친절하

려고 한다. 내게 필요한 것이기 때문이다.

_____ 13. 마음이 울적할 때 대부분의 사람들은 나보다 행복할 것이라는 생각이 든다.

_____ 14. 고통스러운 일이 발생하면 균형 잡힌 시각으로 상황을 판단하려 한다.

_____ 15. 나의 실수를 인간 조건의 일부로 보려고 노력한다.

_____ 16. 나의 싫은 점들이 눈에 띄면 자신을 비난한다.

_____ 17. 중요한 일을 망쳤을 때 균형 잡힌 시각을 유지하려고 노력한다.

_____ 18. 정말 힘들 때 다른 사람들은 분명 쉽게 해결할 것이라는 느낌이 든다.

_____ 19. 고통을 겪을 때 나 자신에게 친절하다.

_____ 20. 무언가로 인해 언짢아질 때 격한 감정에 휩싸인다.

_____ 21. 고통을 경험할 때 나 자신에게 약간 냉담해질 때가 있다.

_____ 22. 마음이 울적할 때 호기심과 열린 마음으로 감정에 대처하려고 노력한다.

_____ 23. 나 자신의 결함과 무능함을 받아들일 수 있다.

_____ 24. 고통스러운 일이 발생하면 확대해서 해석하는 경향이 있다.

_____ 25. 중요한 일을 망쳤을 때 실패 속에 혼자 남겨진 느낌이 든다.

_____ 26. 마음에 들지 않는 나의 성격적 측면을 이해하고 참으려고 노력한다.[1]

다음 주제에 대한 평균 점수를 낸다:

자기 친절: 5, 12, 19, 23, 26번 질문

자기 심판: 1, 8, 11, 16, 21번 질문

보편적 인간성: 3, 7, 10, 15번 질문

고립감: 4, 13, 18, 25번 질문

마음 챙김: 9, 14, 17, 22번 질문

과도한 동일시: 2, 6, 20, 24번 질문

점수 설명

대략 자기 공감 종합 점수가 1~2.5점이면 낮은 수준이다. 2.5~3.5점은 보통이며 3.5~5.0은 높은 수준이다. 자기 심판, 고립감, 과도한 동일시 항목은 점수를 거꾸로 계산한다(1=5, 2=4, 3=3, 4=2, 5=1). 이 항목에서는 점수가 낮을수록 자기 공감은 더 높다는 뜻이다.[2]

1장 내가 쓸모없다는 느낌이 불쑥 찾아들 때

1. Michael Lewis, *Shame: The Exposed Self* (New York: Free Press, 1992), 125.

2. Silvan S. Tomkins, *Affect Imagery Consciousness*, vol. 2: *The Negative Affects* (New York: Springer Publishing Company, 1963), 118.

3. Donald C. Klein, "The Humiliation Dynamic: An Overview," *Journal of Primary Prevention* 12, no. 2 (1991): 117.

4. June Price Tangney, Jeff Stuewig, and Debra J. Mashek, "Moral Emotions and Moral Behavior," *Annual Review of Psychology* 58(2007): 345-72, http://www.ncbi.nlm.nih.gov/pmc/articles/PMC3083636/.

5. Ibid.

6. Robert Karen, "Shame," *Atlantic Monthly*, February 1992, 58.

7. Ibid.

8. Tomkins, *Affect Imagery Consciousness*, 123, 185-86.

9. Ibid., 144.

10. Gershen Kaufman, *Shame: The Power of Caring*, 2nd ed. (Cambridge, MA: Schenkman Publishing Company, 1985), vii-viii.

11. 수치심 내면화는 거션 코프먼이 최초로 만든 말이다. Gershen Kaufman in *Shame: The Power of Caring* (Cambridge, MA: Schenkman PublishingCompany, 1980), 8.

12. Tomkins, *Affect Imagery Consciousness*, 302-303.

13. Allen Wheelis, *How People Change* (New York: Harper & Row, 1973), 75.

14. Adapted from Donald L. Nathanson, *Shame and Pride: Affect, Sex, and the Birth of the Self* (New York: W. W. Norton & Company, 1992), 317.

15. William Shakespeare, *Macbeth*, act 1, scene 3.

16. Rollo May, *Man's Search for Himself* (New York: W. W. Norton & Company, 1953), 43.

27. Wheelis, *How People Change*, 73.

28. Ibid., 76.

2장 수치심은 내면의 성장을 어떻게 가로막는가

1. Maia Szalavitz, "It's the Orphanages, Stupid!" Forbes.com, April 10, 2010, http://www.forbes.com/2010/04/20/russia-orphanage-adopt-children-opinions-columnists-medialand.html. 다음을 참고하라. www.encyclopedia.com/topic/orphanages.aspx.

2. Gershen Kaufman, *The Psychology of Shame: Theory and Treatment of Shame-Based Syndromes* (New York: Springer Publishing Company, 1989), 33.

3. Leon Wurmser, *The Mask of Shame* (Baltimore, MD: Johns Hopkins University Press, 1981), 167.

4. Darlene Lancer, *Codependency for Dummies* (Hoboken, NJ: John Wiley and Sons, 2012), 97 – 98.

5. Lewis, *Shame*, 93 – 95.

6. Tomkins, *Affect Imagery Consciousness*, 74.

7. Karen Horney, *Neurosis and Human Growth: The Struggle toward Self-Realization*(1950; reprint, with a foreword by Jeffrey Rubin and Stephanie Steinfeld, New York: W. W. Norton & Company, 1991), 17 (page citations are to the reprint edition).

8. Wurmser, *Mask of Shame*, 163.

9. Horney, *Neurosis and Human Growth*, 18.

10. Leon Wurmser, "'Abyss Calls Out to Abyss': Oedipal Shame, Invisibility, and Broken Identity," *American Journal of Psychoanalysis* 63, no. 4 (December 2003): 299 – 316.

11. Horney, *Neurosis and Human Growth*, 21.

12. Christopher F. Monte, *Beneath the Mask*, 2nd ed. (New York: Holt, Rinehart

and Winston, 1980), 470-71.

13. Horney, *Neurosis and Human Growth*, 23.

14. Ibid., 24.

15. Lancer, *Codependency for Dummies*, 30.

16. Charles C. Whitfield, *Healing the Child Within: Discovery and Recovery for Adult Children of Dysfunctional Families* (Deerfield Beach, FL: Health Communications, 1987), 28.

17. Wurmser, *Mask of Shame*, 97.

18. Thomas F. Fogarty, "On Emptiness and Closeness," parts 1 and 2, *The Best of the Family* 3, no. 1 (1976): 3-10; 3, no. 2 (1978): 39-49.

19. Adapted from "Self-Discrepancy Theory2," by Christie88, Wikimedia Commons, page last modified April 7, 2012, http://commons.wikimedia.org/wiki/File:Self-Discrepancy_Theory2.jpg.

20. Lewis, *Shame*, 105.

21. Karen, "Shame," 62.

22. Tomkins, *Affect Imagery Consciousness*, 220.

23. Wurmser, "'Abyss.'"

24. Tomkins, *Affect Imagery Consciousness*, 306-12, 350-53.

25. Ibid., 105.

26. Ibid., 111, 317.

27. Ibid., 95-97.

28. Ibid.

29. Ibid., 419.

30. Karen Horney, *The Neurotic Personality of Our Time* (1937; reprinted London: Routledge, 1999), 85.

31. Tomkins, *Affect Imagery Consciousness*, 255.

3장 수치심을 감추기 위한 방어 행동

1. 나는 부정과 투사 같은 방어 기제, 공격과 시기심 같은 반응, 오만과 완벽주의 같은 심리적 방어와 보상을 따로 구분하지 않는다. 일반적으로 이것들은 모두 '방

어'로 볼 수 있어서 방어라는 표현을 쓴 것이다. 그 외에 불편한 감정, 생각, 행동 에 사용하는 다른 방어 기제도 있다. 하지만 이 장에서는 오로지 수치심 회피에 사용하는 방어만을 세부적으로 다룬다.

2. Linda M. Hartling et al., *Shame and Humiliation: From Isolation to Relationship Transformation* (Wellesley, MA: Wellesley Centers for Women Publications, 2000), 9.

3. Gershen Kaufman, *Shame: The Power of Caring*, 2nd ed., 85.

4. Horney, *Neurosis and Human Growth*, 296–97.

5. Lewis, *Shame*, 153.

6. Tangney, Stuewig, and Mashek, "Moral Emotions and Moral Behavior," 3 (page number is for the online version).

7. Horney, *Neurosis and Human Growth*, 231.

8. Monte, *Beneath the Mask*, 479. 카렌 호나이는 이 범주를 '확장형 해결책', '체 념형 해결책', '순종형 해결책'이라고 불렀다.

9. Søren Kierkegaard, *Fear and Trembling and The Sickness unto Death* (Garden City, NY: Doubleday and Company, 1955), 152.

10. Eric Fromm, *The Art of Loving* (New York: Harper and Brothers Publishers, 1956), 11.

11. Susan Miller, *The Shame Experience* (Hillsdale, NJ: Analytic Press, 1993), 133–34.

4장 이 채울 수 없는 허기는 어디서 오는가

1. May, *Man's Search for Himself*, 27.

2. Alphonse de LaMartine, "L'Isolement," translated by Geoffrey Barto, 2002, http://www.gbarto.com/hugo/isolementlm.xml.

3. Ibid.

4. 실존주의라는 용어는 사르트르가 만들었으며 신의 존재를 부정하는, 제2차 세계 대전 이후 사회의 허무주의와 소외로부터 발전했다. 실존주의는 마르틴 하이데 거, 쇠렌 키르케고르, 롤로 메이, 파울 틸리히, 에리히 프롬, 빅터 프랭클, 톨스토 이, 프란츠 카프카, 표도르 도스토옙스키, 어니스트 헤밍웨이, T. S. 엘리엇, 알베

르 카뮈, 에드바르 뭉크, 에드워드 호퍼를 포함한 많은 철학자, 작가, 영화 제작자, 예술가에게 영향을 주었다.

5. Gordon E. Bigelow, "A Primer of Existentialism," http://www.mrjeffrey.com/English%20IV/Existentialism/A_Primer_of_Existentialism.doc.

6. Viktor E. Frankl, *Man's Search for Meaning* (Boston, MA: Washington Square Press, 1948), 125.

7. Ibid., 125. 다음을 참고하라. Clive G. Hazell, "A Scale for Measuring Experienced Levels of Emptiness and Existential Concern," *Journal of Psychology* 117, no. 2 (1984): 177–82.

8. Clive G. Hazell, "A Scale for Measuring Experienced Levels of Emptiness and Existential Concern," *Journal of Psychology* 117, no. 2 (1984): 177–82.

9. James F. Masterson, *The Search for the Real Self: Unmasking the Personality Disorders of Our Age* (New York: Free Press, 1988), 59.

10. Wurmser, "'Abyss.'"

11. 유아들조차 어머니의 부재를 '젖이 없다'는 부정적 생각이나 어머니에 대한 갈망으로 채운다고 한다. Neville Symington and Joan Symington, *The Clinical Thinking of Wilfred Bion* (London: Routledge, 1996), 82–83.

12. Jiddu Krishnamurti, *On Love and Loneliness* (HarperSanFrancisco, 1993), 56.

13. Geneen Roth, *Women Food and God: An Unexpected Path to Almost Everything* (New York: Scribner, 2010), 53–54.

14. Susan Kleinman and Jennifer Nardozzi, "Hunger of the Soul in Eating Disorders: Insight from The Renfrew Center," 2010, http://blogs.psychcentral.com/weightless/2010/11/hunger-of-the-soul-in-eating-disorders-insight-from-the-renfrew-center/.

15. Ibid.

16. Sandy Richardson, with Susan Wilsie Govier, *Soul Hunger: A Personal Journey* (Ozark, AL: Remuda Ranch/ACW Press, 2006).

17. Otto Kernberg, *Aggressivity, Narcissism, and Self-Destructiveness in the Psychotherapeutic Relationship* (New Haven, CT: Yale University Press,

2004), 51.

18. Ernest Hemingway and Sean Hemingway, *A Moveable Feast: The Restored Edition* (New York: Scribner, 2010), 48.

19. Ibid., 52.

20. Masterson, *Search for the Real Self*, 74.

21. Darlene Lancer, "Recovery in the 12 Steps: How It Works," *The Therapist* (November 2004): 68–69, also available at http://www.whatiscodependency.com/recovery-in-the-12-steps-how-it-works.

22. Fogarty, "On Emptiness and Closeness," part 1, 7–9.

23. Roth, *Women Food and God*, 57.

24. May, *Man's Search for Himself*, 24.

25. Carl Jung, January 30, 1961, letter in C. G. *Jung Letters*, vol. 2 (Princeton, NJ: Princeton University Press, 1976).

26. Robert Stolorow, "I'll Be with You When the Deal Goes Down," http://www.psychologytoday.com/blog/feeling-relating-existing/201303/i-ll-be-you-when-the-deal-goes-down.

27. Lancer, *Codependency for Dummies*, 231–34.

28. Krishnamurti, *On Love and Loneliness*, 48, 50–53, 96.

29. Ibid., 127.

30. Clive G. Hazell, *The Experience of Emptiness* (Bloomington, IN: 1stBooks, 2003), 19–20.

31. Ken McLeod, "A Way of Freedom," http://www.unfetteredmind.org/a-way-of-freedom.

5장 낮은 자존감이 부르는 불안과 중독

1. Horney, *Neurosis and Human Growth*, 43.

2. Lewis, *Shame*, 93.

3. Wurmser, *Mask of Shame*, 192.

4. Etienne Benson, "The Many Faces of Perfectionism," *American Psychological Association* 34, no. 10 (November 2003): 18, http://www.

apa.org/monitor/nov03/manyfaces.aspx.

5. Kaufman, *Psychology of Shame*, 75-76.

6. Ibid.

7. 《바보들을 위한 공의존(Codependency for Dummies)》은 이런 증상뿐 아니라 그 외 증상도 매우 상세히 탐색하며 이것들을 치유하도록 훈련과 조언을 제공한 다.

6장 질투, 공포, 분노로 치닫는 중독적 사랑

1. Wurmser, *Mask of Shame*, 308.

2. Krishnamurti, *On Love and Loneliness*, 57, 74.

3. Robert W. Firestone and Joyce Catlett, *Fear of Intimacy* (Washington, D.C.: American Psychological Association, 1999), 4-5.

4. Ibid., 7.

5. May, *Man's Search for Himself*, 243.

6. Firestone and Catlett, *Fear of Intimacy*, 311.

7. Ibid.

8. Tomkins, *Affect Imagery Consciousness*, 277.

9. Heinz Kohut, *Search for the Self: Vol. 1: Selected Writings of Heinz Kohut, 1971-1981*, ed. Paul Orenstein (London: Karnac Books Ltd., 2011), 481.

10. Wurmser, *Mask of Shame*, 117.

11. Ibid., 64.

12. Thomas F. Fogarty, "The Distancer and the Pursuer," *The Best of the Family* 7, no. 1 (1978), 13.

13. Horney, *Neurosis and Human Growth*, 240.

14. Ibid., 246.

15. Firestone and Catlett, *Fear of Intimacy*, 25.

16. Ibid., 41.

17. Thomas F. Fogarty, "On Emptiness and Closeness," part 1, 6.

18. Darlene Lancer, "The Dance of Intimacy," 1992, http://www.whatiscodependency.com/the-dance-of-intimacy.

19. Lewis, *Shame*, 184.

20. Wurmser, *Mask of Shame*, 203.

21. Horney, *Neurosis and Human Growth*, 245, 252.

22. M. Scott Peck, *The Road Less Traveled* (New York: Simon and Schuster, 1978), 115.

23. Firestone and Catlett, *Fear of Intimacy*, 7, 9.

24. Donald L. Nathanson, *Shame and Pride: Affect, Sex, and the Birth of the Self* (New York: W. W. Norton & Company, 1992), 251.

25. Darlene Lancer, "Your Intimacy Index," 2012, http://www.whatiscodependency.com/intimacy.

26. Ernest Kurtz, *Shame and Guilt*, e-book (Lincoln, NV: iUniverse, 2007).

27. William E. Thornton, *Codependency, Sexuality, and Depression* (Washington, DC: The PIA Press, 1990), 83.

7장 성적 쾌락을 왜 수치스럽다고 느끼나

1. Albert Ellis, *Sex without Guilt* (Fort Lee, NJ: Barricade Books, 2003), 63-64, 93-99.

2. Marianne Brandon, "DEBATE — The Challenge of Monogamy: Bringing It out of the Closet and into the Treatment Room," *Sexual and Relationship Therapy* 26, no. 3 (August 2011): 271-77.

3. Judith Levine, *Harmful to Minors: The Perils of Protecting Children from Sex* (Minneapolis, MN: University of Minnesota Press, 2002), ix.

4. Joan Ohanneson, *And They Felt No Shame: Christians Reclaim Their Sexuality* (Minneapolis, MN: Winston Press, 1983), 37-44.

5. Silvana Paternostro, *In the Land of God and Man: Confronting Our Sexual Culture* (New York: Penguin Putnam, 1998), 83.

6. 미국인의 88퍼센트, 그리고 18~29세의 젊은 복음주의 기독교도 80퍼센트가 혼전 섹스를 한다. "Christian Teens Embracing 'Sinful' Sexual Relations," http://www.themonastery.org/blog/2011/10/christian-teens-embracing-sinful-sexual-relations; "Even Grandma Had Pre-Marital Sex, Survey Finds," Today

Health, http://www.today.com/id/16287113/ns/today-today_health/t/even-grandma-had-premarital-sex-survey-finds/#.Uf1cXKzYFjQ; and http://www.transformmn.org/wp-content/uploads/2010/06/Evangelical-Young-Adults-Confused-About-Sex.pdf.

7. Thornton, *Codependency, Sexuality and Depression*, 51–52.

8. Morningside Recovery, "Morningside Recovery Conducts National Survey on Excessive Masturbation," Boston.com, February 6, 2013, http://finance.boston.com/boston/news/read/23387951/Morningside_Recovery_Conducts_National_Survey_on_Excessive_Masturbation.

9. Anne Stirling Hastings, *Body & Soul: Sexuality on the Brink of Change* (New York: Insight Books, 1996), 106–7.

10. Ohanneson, *And They Felt No Shame*, 134.

11. 2008년 게이, 레즈비언, 양성애자인 미국 청년들은 일반 청소년보다 자살 시도 가능성이 7퍼센트 더 높다고 추정되었다. "Suicide Risk and Prevention for Lesbian, Gay, Bisexual, and Transgender Youth," Suicide Prevention Resource Center, 2008, http://www.sprc.org/library/SPRC_LGBT_Youth.pdf.

12. Jerome Hunt, "Why the Gay and Transgender Population Experiences Higher Rates of Substance Use—Many Use to Cope with Discrimination and Prejudice," Center for American Progress, March 9, 2012, http://www.americanprogress.org/issues/lgbt/report/2012/03/09/11228/why-the-gay-and-transgender-population-experiences-higher-rates-of-substance-use.

13. Shaun Sperling, "What the Same Sex Marriage Cases Mean for Gay Shame," *HuffPost Gay Voices* (blog), June 28, 2013, http://www.huffingtonpost.com/shaun-sperling/what-the-same-sex-marriag_b_3517563.html.

14. H. S. Kaplan, *The New Sex Therapy* (New York: Brunner/Mazel, 1974), 132, 220.

15. Hannah J. Davis, Genevieve M. Laliberte, and Elke D. Reissing, "Young Women's Sexual Adjustment: The Role of Sexual Self-Schema, Sexual Self-Efficacy, Sexual Aversion and Body Attitudes," Canadian Journal of Human Sexuality 14, no. 3–4 (Fall–Winter 2005): 77; Femke van den Brink and

Liesbeth Woertman, "Body Image and Female Sexual Functioning and Behavior: A Review," *Journal of Sex Research* 49, no. 2–3 (March–June 2012): 184; and B. L. Andersen and J. M. Cyranowski, "Women's Sexual Self-Schema," *Journal of Personality and Social Psychology* 67 (1994): 1079–1100.

16. Donald L. Nathanson, *Shame and Pride: Affect, Sex, and the Birth of the Self* (New York: W. W. Norton & Company, 1992), 268, 375.

17. Marilyn J. Westerkamp, "Puritan Women, Spiritual Power, and the Question of Sexuality," in *The Religious History of American Women: Reimagining the Past*, ed. Catherine A. Brekus (Chapel Hill, NC: The University of North Carolina Press, 2007), 61.

18. Emma Brockes, "Naomi Wolf: 'Neural Wiring Explained Vaginal v Clitoral Orgasms. Not Culture. Not Freud,'" *The Guardian*, September 2, 2012, http://www.theguardian.com/books/2012/sep/02/naomi-wolf-women-orgasm-neural-wiring.

19. Levine, *Harmful to Minors*, 136–37.

20. Ellis, *Sex without Guilt*, 134.

21. Brockes, "Naomi Wolf."

22. Ellis, *Sex without Guilt*, 134.

23. Deborah Schooler, L. Monique Ward, Ann Merriwether, and Allison S. Caruthers, "Cycles of Shame: Menstrual Shame, Body Shame, and Sexual Decision-Making," *Journal of Sex Research* 42, no. 4 (November 2005): 324–34.

24. Van den Brink and Woertman, "Body Image," 184.

25. Lorraine K. McDonagh, Brian E. McGuire, and Todd G. Morrison, "The Naked Truth: Development of a Scale Designed to Measure Male Body Image Self-Consciousness during Physical Intimacy," *Journal of Men's Studies* 16, no. 3 (Fall 2008): 253.

26. Patricia M. Pascoal, Hospital Julio de Matos, and Nuno Monteiro Pereira, "Young Men's Body Image Satisfaction and Sexuality: A Comparative

Study," *Journal of Sex Research* 43, no. 1 (February 2006): 7.

27. William B. Elder, "The Centerfold Syndrome: Exploring the Constructs of Heterosexual Male Sexual Self-Schemas," Master Thesis (Salt Lake City, UT: University of Utah, 2010), 5–6, http://content.lib.utah.edu/utils/getfile/collection/etd2/id/2047/filename/1330.pdf.

28. Ibid., 122–23.

29. Patrick Carnes, *Out of the Shadows: Understanding Sexual Addiction* (Minneapolis, MN: CompCare Publishers, 1992), 117; William Pollack, Real Boys: Rescuing Our Sons from the Myths of Boyhood (New York: Random House, 1998), 150–51.

30. Gary R. Brooks, *The Centerfold Syndrome: How Men Can Overcome Objectification and Achieve Intimacy with Women* (San Francisco, CA: Jossey-Bass, 1995), 6.

31. Kaufman, *Psychology of Shame*, 145.

32. Ellis, *Sex without Guilt*, 104.

33. William H. Masters and Virginia E. Johnson, chapter 2 in *Human Sexual Inadequacy* (1970; reprinted Bronx, NY: Ishi Press International, 2010).

34. G. B. Rahm, B. Renck, and K. C. Ringsberg, "'Disgust, Disgust beyond Description'—Shame Cues to Detect Shame in Disguise, in Interviews with Women Who Were Sexually Abused during Childhood," *Journal of Psychiatric and Mental Health Nursing* 13 (2006): 100–109.

35. Dana A. Menard and Alia Offman, "The Interrelationships between Sexual Self-Esteem, Sexual Assertiveness and Sexual Satisfaction," *Canadian Journal of Human Sexuality* 18, no. 1-2 (Spring–Summer 2009): 35.

36. Faith Auton-Cuff, Jose F. Domene, Kristelle D. Heinrichs, and Chuck MacKnee, "Factors Affecting Sexual Self-Esteem among Young Adult Women in Long-Term Heterosexual Relationships," *Canadian Journal of Human Sexuality* 18, no. 4 (Winter 2009): 183.

37. Levine, *Harmful to Minors*, 135–36.

38. May, *Man's Search for Himself*, 105.

39. Ibid., 65.

40. Horney, *Neurosis and Human Growth*, 302.

41. Carnes, *Out of the Shadows*, 16.

42. Ibid., 118, 142.

43. Ellis, *Sex without Guilt*, 226.

8장 수치심에서 나를 자유롭게 하려면

1. Tomkins, *Affect Imagery Consciousness*, 281-82.

2. 다음을 참고하라. Darlene Lancer, "How Did You Become Codependent?" *Codependency for Dummies*, 97-118.

3. Kurtz, *Shame and Guilt*.

4. Ibid.

5. Tomkins, *Affect Imagery Consciousness*, 342.

6. Read eighteen tips on "How to Overcome Guilt and Forgive Yourself" at http://www.whatiscodependency.com/ho-to-overcome-guilt-and-forgive-yourself.

7. Horney, *Neurosis and Human Growth*, 359.

부록

1. Test reprinted from Kristin D. Neff, "Development and Validation of a Scale to Measure Self-Compassion," Self and Identity 2 (2003): 223-50, http://www.self-compassion.org/Self_Compassion_Scale_for_researchers.pdf.

2. Scoring/scoring interpretations adapted from Kristin D. Neff, "Test How Self-Compassionate You Are," http://www.self-compassion.org.

옮긴이_박은숙

영문학을 전공하고 영국에서 영어를 공부했으며 오랫동안 영어를 가르쳤다. 사람들에게 마음의 양식이 되는 책을 소개하고 번역하고 싶다. 번역한 책으로는 《화내지 않고 말썽꾸러기 대하기》,《교사를 당황하게 하는 학생들》등이 있다.

관계 중독

2018년 11월 23일 초판 1쇄 발행
2024년 10월 11일 초판 6쇄 발행

- 지은이 ─────── 달린 랜서
- 옮긴이 ─────── 박은숙
- 펴낸이 ─────── 한예원
- 편집 ───────── 이승희, 윤슬기, 양경아, 김지희
- 본문 조판 ───── 성인기획
- 펴낸곳　**교양인**
　　　　우 04015 서울 마포구 망원로6길 57 3층
　　　　전화 : 02)2266-2776 팩스 : 02)2266-2771
　　　　e-mail : gyoyangin@naver.com

ⓒ 교양인, 2018
ISBN 979-11-87064-29-9　03180

이 도서의 국립중앙도서관 출판예정도서목록(CIP)은 서지정보유통지원시스템 홈페이지(http://seoji.nl.go.kr)와 국가자료공동목록시스템(http://www.nl.go.kr/kolisnet)에서 이용하실 수 있습니다.(CIP제어번호: CIP2018035946)